小团队管理的7个方法

全图解落地版

任康磊 著

人民邮电出版社

北京

图书在版编目（CIP）数据

小团队管理的7个方法：全图解落地版 / 任康磊著
. — 北京：人民邮电出版社，2019.11
ISBN 978-7-115-52073-9

Ⅰ．①小… Ⅱ．①任… Ⅲ．①团队管理－图解 Ⅳ.
①C936-64

中国版本图书馆CIP数据核字(2019)第211934号

内 容 提 要

团队氛围不和谐？总觉得自己的下属不好？下属总是不能"保质保量""又快又好"地完成工作？很多会最后都不了了之？下属工作不积极？老员工不学习、不上进？……

管人的目的，是经过不同个体的手，完成集体想做的事。如何解决上述问题，激发员工的主观能动性是多数管理者面临的难题。本书的作者积累了10余年管理经验，其阐述的小团队管理的7个方法几乎涵盖了团队管理的各个方面，以实际场景和应对策略为背景，介绍了小团队管理者在实施管理的过程中经常遇到的问题、用到的工具和应用的方法。

本书分为10章，主要内容包括识人和用人的方法、工作安排的方法、有效沟通的方法、高效开会的方法、团队激励的方法、适时授权的方法、下属培养的方法、销售型团队管理的方法、研发型团队管理的方法和生产型团队管理的方法。

本书采取全图解与对话的形式，通俗易懂，工具和方法丰富，贴近实战，尤其适合团队管理者、中层管理者、项目管理者、创业者、管理咨询师、各级人力资源管理从业人员、管理类相关专业在校生以及其他对带团队感兴趣的人员阅读、使用。

◆ 著　　　　　任康磊
　　责任编辑　　郭　媛
　　责任印制　　周昇亮

◆ 人民邮电出版社出版发行　　北京市丰台区成寿寺路11号
　　邮编　100164　　电子邮件　315@ptpress.com.cn
　　网址　http://www.ptpress.com.cn
　　固安县铭成印刷有限公司印刷

◆ 开本：700×1000　1/16
　　印张：22　　　　　　　　　　　　2019年11月第1版
　　字数：347千字　　　　　　　　　2025年9月河北第49次印刷

定价：69.80元
读者服务热线：(010)81055296　印装质量热线：(010)81055316
反盗版热线：(010)81055315

成为管人的专家

我曾经帮助一家大型的 A 股上市公司完善人才培养体系、建立企业大学，为这家公司的快速发展扩张提供了大量合格的各层级管理者。兄弟公司来参观学习时，惊叹于这家公司对管理者的人才培养成果，称这家公司的企业大学是管理者的"标准化生产工厂"。在培养管理者的过程中，我发现很多管理者对管人存在很深的误解。

1. 为什么很多管理者管不好人？

因为说起如何管理人，很多管理者潜意识中第一时间想到的，是如何"控制"人。很多人甚至认为评判管理水平的高低，就是看管理者能在多大程度上控制住人。在这种认知之下，很多管理者只会对员工发号施令，接到上级指令时，他变成一个"传话筒"；让员工做事时，他变成一个"播放器"。

如果做管理者这么简单，那人人都可以做管理者，何必还要训练呢？如果保持这样心态和方式做管理，一定管不好人。所以我们能看到很多公司员工的工作状态不佳、没有热情、离职率高。这种情况与各层级管理者的管理能力息息相关。

2. 如果管人不是一种控制，那应该是什么？

回到管理的初衷找答案，管人的目的，是让别人按照自己的意愿做事，是经过不同个体的手，完成集体想做的事。在这个过程中，如果以"激发"为初衷，通过引导，让人的主观能动性得到释放，让人们意识到自己行为的意义和价值，人们将会更积极主动、更有创造性、更自发地完成目标。

"控制"中暗含着管理者和员工之间等级与身份的差异，而"激发"中却不会体现这种层级差异；"控制"是告诉别人必须做，而"激发"是让人们自己意识到应该做；"控制"更注重强制性，而"激发"更注重自发性；"控制"是把目光聚焦在事的层面，而"激发"是把目光聚焦在人的层面。

3. 很多书中的学习内容太枯燥、很难读，该怎么办？

纯文字的书籍难免出现大段的叙事，很多管理者读起来比较吃力。有的书理论性很强，很难懂，就算懂了，管理者到了实战中也不知道怎么用；有的书没有方法和工具的总结，虽然看起来故事好，可离开了特定的场景就会失效，不能指导实践；有的书虽然给出了方法和工具，但结构性不强，应用解析不彻底，起不了作用。

根据管理者能力结构的需求和实战工作中遇到的问题，我提炼了要成为合格管理者所必备的方法和工具。为便于管理者快速阅读、有效理解，迅速掌握这些管人的方法和工具，我把书的内容图形化、场景化、结构化，用图解的方式来呈现管人的方法和工具在实战中是如何落地应用的。

文字是语言编码系统的记录，文字进入到大脑中需要被大脑重新解码、编排和储存，这正是很多人看文字书很累的原因。大脑更容易理解并记住可视性强、逻辑性强、结构性强的内容，图解书更贴近大脑对知识的记忆方式，更有利于学习。

我非常了解管理实战中的难点和痛点，也深刻地知道为什么市场上有那么多出版物让人们难以坚持学习。因此，我对自己的出版物的要求是"知识足、方法全、案例多、阅读易"，既要体现管理的基本理论知识，又要包含实战中的全套方法论和丰富的实战案例，还要考虑读者的阅读习惯，让读者既可以运用我的出版物系统地学习，又可以碎片化地学习，还可以遇到问题随时需要、随时查阅，定向解决问题。

我建议所有想成为优秀管理者的人都要学习一下人力资源管理知识。人力资源管理简称"人管"。要成为一名合格的管理者，需要学会"管人"。"人管"和"管人"之间存在非常强的联系，甚至可以说，它们几乎就是一回事，只是角度不同。

所有的 MBA 课程和几乎所有的世界 500 强公司，都把人力资源管理作为管理者训练的必修课。只要有人的地方就有人力资源管理。人越多，越需要人力资源管理能力。

1. 除了看书自学，你还有别的学习渠道吗？

如果你期望利用碎片化的时间学习，你可以关注我在喜马拉雅平台的专栏，每节 10 分钟左右的音频课程，可以快速提高你的人力资源管理技能，针对性地解决实际问题。打开"喜马拉雅"APP，关键词搜索"任康磊"，即可获得。

2. 你想更系统地学习人力资源管理知识，有渠道吗？

我有一整套人力资源管理线上课程，能够为你提供非常系统的人力资源管理学习的解决方案。我的线上课程可以为你提供标准化的知识产品，让你在学到原理和方法的同时，更全面地指导你的实践工作。关注我的公众号"tobehr"，在左下角就能看到系列课程的列表。

愿你成为"管人"的专家。

小团队指的是为完成某项任务、某个目标或解决某类问题而建立的最小人员组成单位。一般来说，30 人以下的团队都算小团队。当然，这与行业类别和组织类型有很大的关系，如果是技术密集型或资金密集型产业，不到 10 人就可以算小团队；而一些劳动密集型产业的生产或服务部门，也许人数要达到 50 人左右才算小团队。

小团队管理者带领小团队的能力决定了小团队的绩效水平，也决定了小团队所依附的大团队的价值输出能力。小团队管理是大团队管理的基础，没有小团队管理的成功，就没有大团队管理的成功。

带好小团队是个技术活儿。很多创业公司的管理者虽然手握很好的项目，但因为不会带小团队，导致公司在创业之初就陷入困境，失去继续发展的机会；很多部门管理者虽然自身业务能力很强，但因为不会带小团队，导致部门绩效差，上级不满意，失去继续晋升的机会；很多项目负责人虽然很懂产品和规划，但因为不会带小团队，导致项目失败，失去继续做管理者的机会。

养花的人一定要研究花，了解花的生长特性，按照花的生长规律来养花，不然花就养不好；养鱼的人一定要研究鱼，了解鱼的生存习性，按照鱼的生存规律来养鱼，不然鱼就养不活。可很多小团队管理者，手下带着很多人，却不想主动研究一下人性、按照人性的规律来做小团队管理。

人生病了以后去买药，在吃之前，一定要看一下药的说明书，不然可能会吃错药或者吃的量不对；人买了电器之后，发现不会用，一定会找出这个电器的说明书来看一下，不然可能会损坏电器或伤到自己。可很多小团队管理者，每天和人打交道，却不想主动看一下"人的说明书"、参照"人的说明书"做好小团队管理。

人性，或者"人的说明书"，就是大多数人通常具备的思维模式和行为模式，也就是当某种情况发生的时候，人们通常会如何思考、如何反应以及如何行动。例如，当我们早晨上班善意地向某位同事微笑着打招呼时，这位同事大概率也会马上对我们做同样的事。

人的这种思维模式和行为模式常常被人们忽视。没有忽视它，又善于运用它的小团队管理者能把人很好地组织在一起，形成强大的团队，发挥出个体和群体最大的价值。相反，忽视了它，又不能运用它的小团队管理者，通常在小团队管理中就会出现一系列问题。

《西游记》中唐僧师徒的取经团队就是一支小团队的缩影。在这支小团队里，每个人物既有优点，又有缺点。每个人物都有自己不同的性格、不同的诉求、不同的想法。他们凑在一起，形成了一支比较优秀的小团队。

在这支小团队当中，论打怪能力，唐僧是最弱的，别说有妖怪了，唐僧如果落单的话，普通的坏人也能很容易打败他。但我们不得不承认，唐僧领导的这支小团队，却是一支凝聚力和战斗力很强的团队。

为什么最弱的唐僧能管理好这支小团队呢？

因为唐僧非常懂得运用人的基本思维模式和行为模式来管理团队。

1. 唐僧懂得人性

唐僧通过给这支小团队设立一个共同的目标，把团队成员个人的目标与组织目标结合在了一起。

在取经小团队的成员中，除唐僧之外，没有一个是原本就想去取经的。孙悟空只是单纯地想从压着他的山底下出来，回花果山当美猴王；猪八戒只是想在高老庄跟媳妇过日子；沙和尚也只想在流沙河里当一个妖怪；而白龙马则是因为吃了唐僧的马，被迫去取经的。他们几个人都是戴罪之身，因为犯错误而受到了惩罚。现在，唐僧利用取经这件事让他们戴罪立功。

2. 唐僧懂得用人

唐僧让这支小团队中的人才实现了合理搭配。

想象一下，如果取经小团队里有两个孙悟空，那他们可能天天都在进行内部斗争；可如果没有孙悟空，只有猪八戒和沙和尚，可能唐僧早就被妖怪吃了；要是没有猪八戒，取经路上可能会很闷，《西游记》就变成了一个简单的"打怪升级"故事；要是没有沙和尚，谁来挑担？孙悟空和猪八戒都不愿做这类体力活儿。

在一个小团队中，各类属性的人都应存在，并保持一定的比例，不能全是孙悟空，也不能全是猪八戒或全是沙和尚，要让成员之间互为补充、互相协作。这种人才的合理搭配，能够实现"德者领导团队、能者攻克难关、智者出谋划策、劳者执行有力"这一理念。

3. 唐僧懂得管人

唐僧很会以权制人，以法服人，以情感人，以德化人。

孙悟空代表着小团队中能力很强的人。如果唐僧没有紧箍咒，可能早被孙悟空一棍子打死了，孙悟空根本不会听唐僧的。即便是实现小团队的目标，也得有规矩，紧箍咒就是这样一种规矩。制定规矩也是一个小团队管理者的必备技能。

唐僧从来不会随便滥用自己的权力，他只有在大是大非面前，才动用自己的惩罚权，这也是非常有借鉴意义的。小团队管理者的惩罚权不能不用，但也不能滥用，这是领导的艺术。

开始的时候，孙悟空并不尊重唐僧，取经团队内部经常闹矛盾。孙悟空老觉得这个师父肉眼凡胎、不识好歹。但是在经历艰险之后，唐僧的执著、善良和对自己的关心感化了孙悟空，让他甘愿一心一意地保护唐僧。

然而，很多管理者都不知道如何有效带好小团队，这往往会让小团队陷入困境。例如，有的小团队管理者把成员看成工具，抱着"铁打的营盘，流水的兵"的心态在用人；有的小团队管理者对成员非常苛刻，想尽办法来"控制"他们，要求员工无条件服从；有的小团队管理者把自己和成员之间的关系看成一场简单的买卖，不投入任何情感。

针对很多小团队管理者不懂人、不会用人、不会管人、不会激励人、不会培养人等问题，笔者总结了自己曾经指导某公司新提拔的一批中基层干部带小团队的经验，写成本书。根据带小团队时经常出现的实际问题及其解决方案，笔者总结了在实战中上手简单、实用方便又能够落地执行的 100 多种工具和方法。

为便于读者快速阅读、理解、记忆并应用，本书的问题场景、实用工具介绍和与工作相关的应用解析全部采用图解的形式呈现。

祝读者朋友能够学以致用，更好地学习和工作。

本书若有不足之处，欢迎读者朋友批评指正。

||||| **本书特色** |||||

1. 通俗易懂，上手迅速

本书采取图解的形式，对工具和方法进行了解构，保证读者能够看得懂、学得会、用得上，让读者以最快的速度掌握小团队管理的关键点。

2. 内容丰富，实操性强

本书包含小团队管理中能够用到的各类工具和方法，并将这些工具和方法图形化、可视化、流程化、步骤化，且注明了实战中的注意事项，让读者一目了然。

3. 立足实践，解析详尽

本书以小团队管理实战中的各类实际场景为背景，通过实际问题引出实战工具，对实战工具进行充分的解析，让读者不仅知其然，更知其所以然。

本书内容及体系结构

本书包含小团队管理者在实施管理的过程中经常遇到的问题、用到的工具和应用的方法。

第1章　知人善任

本章主要介绍小团队管理者如何向下属传达善意；如何正确认识下属；如何发现下属的优点；如何找到下属的需求；如何区分下属的特质；如何进行团队优化；如何提升组织能力；如何更好地成为团队管理者等。

第2章　工作安排

本章主要介绍小团队管理者如何设定目标；如何根据目标设定计划和行动方案；如何对目标和计划实施评估；如何有效地布置工作；如何布置棘手的工作；如何安排工作汇报；如何正确对待下属的工作汇报等。

第3章　有效沟通

本章主要介绍小团队管理者如何有效地倾听；如何引导下属表达想法；如何选择多种沟通方式；如何与下属做信息方面的充分交流；如何有效表达认可和表达不认可；如何正确地道歉；如何对待下属的抱怨；如何针对变化与下属沟通等。

第4章　高效开会

本章主要介绍小团队管理者如何在开会之前做必要性评估；如何做开会前的准备；如何运用技术手段达到开会的目的；如何召开自上而下的会议、自下而上的会议以及全员参与的会议；如何做好会议的结果和价值评估等。

第5章　团队激励

本章主要介绍小团队管理者如何有效实施激励，以激发员工的动机、调动员工的积极性；如何正确地实施表扬，鼓励员工采取行动；如何正确地实施批评，防止员工再出现某些行为；如何正确地实施奖励和惩罚，引导员工的行为等。

第6章　适时授权

本章主要介绍小团队管理者如何评估何种工作应当被授权；如何评估什么人适合被授权；如何做授权前的准备；如何做授权前的谈话；如何实施授权过程中的检查；如何

评价授权工作的质量；如何做授权后的工作改进等。

第 7 章　培养下属

本章主要介绍小团队管理者如何运用清单法培养新员工；如何运用故事做新员工培训；如何采取师徒制；如何激发老员工的学习热情；如何给老员工设计职业生涯发展路径；如何选拔接班人；如何培养接班人等。

第 8 章　销售型团队的管理

本章主要介绍小团队管理者如何应对员工的对抗情绪；如何处理员工的冲突；如何正视业务员的薪酬；如何通过设置销售提成来鼓励业务员提升业绩；如何设置激励开发新市场的销售提成；如何设置应对老业务员不努力的销售提成；如何找到市场的机会点；如何做业务员的评价等。

第 9 章　研发型团队的管理

本章主要介绍小团队管理者如何划分项目管理中的责、权、利；如何做项目的阶段性评价；如何评价项目工作成果；如何激发创新和创意；如何引导下属思考；如何查找工艺问题；如何不断实施工艺改进；如何更全面地了解工艺问题等。

第 10 章　生产型团队的管理

本章主要介绍小团队管理者如何将风险量化；如何防控风险；如何发动全员管控风险；如何使作业程序标准化；如何做好生产现场管理；如何管控生产设备；如何让成本与每个员工相关；如何发动全员提建议；如何优化作业动作以降低成本等。

//// **本书读者对象** ////

企业各级管理者。

各类团队管理者。

创业者。

中小企业主。

管理咨询师。

各级人力资源管理从业人员。

管理类相关专业在校生。

其他对带小团队感兴趣的人士。

新提拔的干部们能力不行，最近各部门问题频发，下属投诉严重，士气低落，部门氛围不好，绩效差，真愁！

既然你提拔了他们，说明他们都是业务上的骨干和精英，出现这些问题也许只是因为他们缺少带小团队的技巧。

源智公司董事长
张强

任康磊

源智公司新提拔的干部们

如果需要的话，我可以看看能不能帮到大家。

我也这么觉得！怎样快速提升这批干部带小团队的能力呢？

那我在你们公司待 1 周，其间会走访不同的部门，你可以让大家把自己的疑问提出来。

太好了！有了你的帮助，这批新晋干部一定能带好小团队！

背景介绍

源智公司（化名）近几年发展迅猛，正值用人之际。董事长张强（化名）迅速提拔了一批中基层干部。他们中最多的带 30 名下属，最少的带 3 名下属。这批干部都是各自业务领域的精英，但在带小团队方面缺少方法和经验，没能把团队的能力打造得像他们本人的业务能力一样优秀。

第1章 知人善任

小团队管理的 7 个方法（全图解落地版）

第 3 章　有效沟通

第 4 章　高效开会

第 5 章　团队激励

第6章　适时授权

第 7 章 培养下属

第 8 章　销售型团队的管理

第 9 章　研发型团队的管理

第 10 章 生产型团队的管理

第1章　知人善任

每天管这些下属真累，没一个人能让我省心的！真怀念以前一个人工作的时候呀！

管理小团队不一定要一直"管理"哦！如果懂得识人、用人，**能提升团队的主观能动性**，那么团队是能够自发运转的。

可团队里没有一个优秀的人员，他们问题很多。我当初被提拔靠的是工作认真踏实，业务能力过硬。在这一点上他们哪一个能比得过我呀？

也许他们也有优秀的一面，也有擅长的领域，只是你没有发现。

是吗？那我该怎么做呢？

我们一起来探讨一下如何**知人善任**吧！

背景介绍

源智公司（化名）财务部经理周云轩（化名），女，28岁，是一位性格泼辣、做事干练的职业女性，是典型的"工作狂"。她业务能力非常优秀，对下属要求很高，一言不合就发火训斥下属。在她眼中，下属总存在各种问题。她的下属们也不喜欢她，在背后给她取了个绰号——"母老虎"。

1.1 传达善意

著名的管理大师彼得·德鲁克（Peter F. Drucker）曾说：管理的本质，就是激发和释放每一个人的善意。管理者要做的是激发和释放人本身固有的潜能，创造价值，为他人谋福祉。

用什么来激发下属的善意呢？没有什么比善意本身更有效了。用管理者的善意激发下属的善意，是带团队的第一要务。

🔒 **问题场景** 如何构建和谐的团队氛围

我感觉自己的团队氛围很差，怎么样才能让团队氛围变好呢？

要构建和谐的团队氛围，首先需要让你的下属感到自己被你尊重。

我没有不尊重下属呀？

你的想法和下属的感受是两回事。问你一个简单的问题，你每天有主动问候下属吗？

有时会简单问候，但没有主动做过。我是团队的头，为什么要我主动问候？不应该是下属来主动问候我吗？

也许你的这种想法就是问题所在。**每天主动问候和关怀下属，会让你的团队氛围越来越好。**

这么简单吗？

说起来简单，做起来难。这需要你持之以恒，每天发自内心地表达善意。你的善意，将会换来下属们的善意。

问题拆解

如果管理者给下属一种高高在上、不易亲近的感觉，或者为了展示威严，和下属之间表现出各种类型的不同频，那么下属很可能会对团队管理者敬而远之。

当团队上下级之间的层级感过分强烈之后，会造成团队氛围紧张。长期这样下去，和管理者的每一次接触都会成为下属的心理负担。

工具介绍

主动问候

带团队时，想要优化团队的氛围，就要让下属感受到被尊重，这就需要管理者表现得谦和，让下属觉得管理者容易亲近。要改善团队氛围，可以从最简单的主动问候开始。

主动问候包括 3 步：点头、微笑、打招呼

点头

微笑

打招呼

打招呼问候的 4 种方法

用时间问候	用称谓问候	用节日问候	称呼 + 时间问候 称呼 + 节日问候
早上好! 中午好! 晚上好! 周末愉快! 生日快乐!	小明好! 小张好! 小李好!	春节好! 中秋快乐! 端午节快乐!	小明早上好! 小张周末愉快! 小李春节好!

工具介绍

关怀下属

下属渴望自己被重视，希望得到上级的关怀。关怀下属能够增强上下级之间的信任，稳固团队，在团队中形成正能量。

关怀下属包括 3 步：嘘寒问暖、传达善意、主动帮助

| 嘘寒问暖 | 传达善意 | 主动帮助 |

关怀下属的 5 个维度

衣	食	住	行	工
明天要降温了，记得多穿点衣服，当心着凉。 听说某地的衣服有特价活动。 我觉得你穿衣服很有品味。 我觉得你的穿衣风格很适合你的形象。	吃过饭了吗？ 饭菜的口味怎么样？ 看你最近瘦了，是不是吃得不好？ 晚饭一般在哪里吃？ 回家自己做饭吗？	住在哪里？ 租房还是买房？ 单独租房还是合租？ 住的环境怎么样？ 每月的月租多少？ 房子有贷款吗？ 离公司有多远？	平时怎么上下班？ 路上堵不堵车？ 上班时间要多久？ 上下班和谁一起走？ 上下班时间和家属的时间能否匹配？	对工作有什么样的感受？ 对工作哪里最满意或哪里最不满意？ 工作上有没有难题？ 工作过程中有没有疑惑？ 是否需要帮助？

小张，早！

经理早！

举例如下。
每天早晨见面的时候，可以问候下属"早安"或者"早"。
这里要注意称谓。例如"小张，早安"，而不要用"喂，早安"或者"嗨，早安"之类的语气词代替下属的称谓。

点头　　微笑

举例如下。
上班过程中与下属遇到，可以向对方点头、微笑或者加一句"嗨"。
而不要低头走过，不要扭头视而不见。

小张，一起吃午饭吧？

好的，经理！

举例如下。
中午吃饭的时候，可以笑着说"到午饭时间了，小张，咱们一起去吃午饭吧。"或者"小张，吃午饭了吗？"。
晚上下班以后，可以笑着问："小张，已经下班一个小时了，怎么还没走呢？"

小贴士

管理者在主动问候和关怀下属的时候，要注意3点。
1. 热情。见到下属要主动先开口问候，当下属问候自己的时候要立即回应。对待下属要主动表达热情，要注意称呼方式。
2. 善意。在与下属交流时，要保持友好、传达真诚，注意目光需注视对方，要面带微笑。做到眼到、口到、心到。
3. 大方。问候的过程要自然，不要让下属感觉到你是刻意为之，肢体上不要有不当的动作，声音要够大，能让对方听清楚。

1.1.2 十万个为什么

🔒 **问题场景** ## 如何查找下属工作出现问题的原因

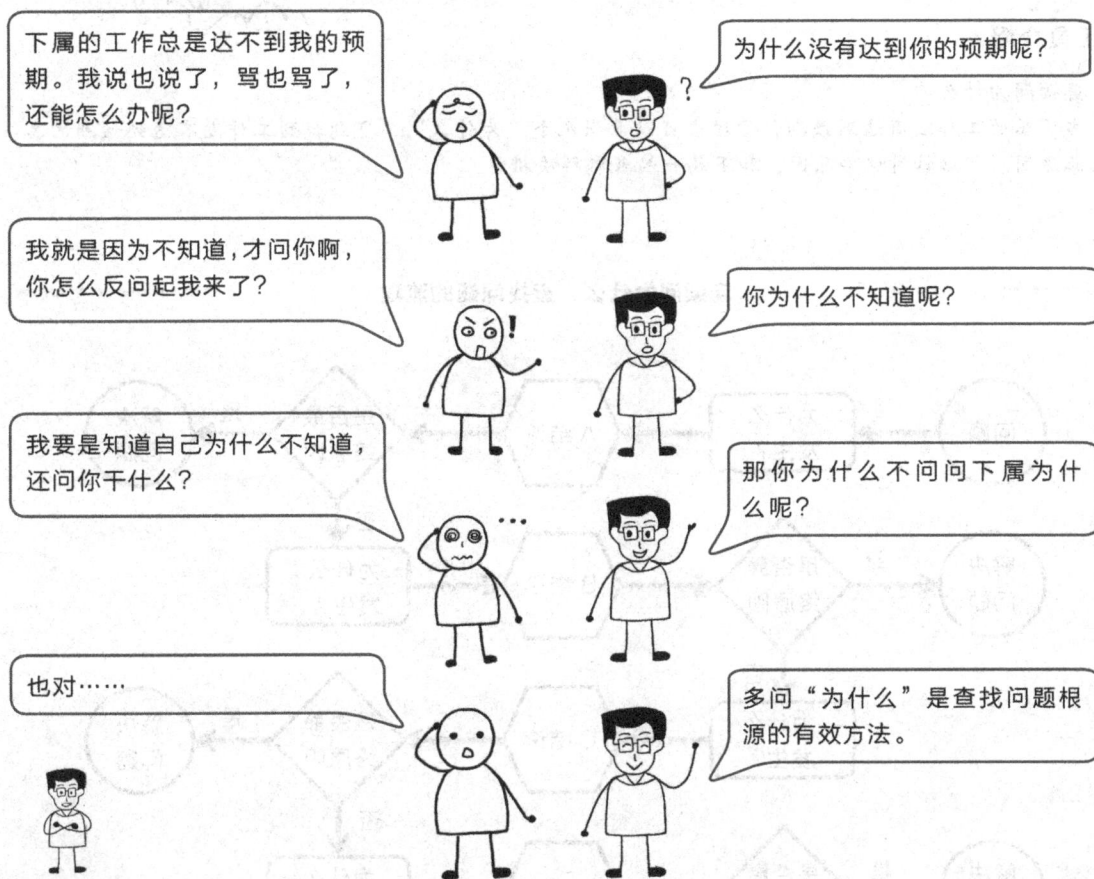

> 下属的工作总是达不到我的预期。我说也说了，骂也骂了，还能怎么办呢？

> 为什么没有达到你的预期呢？

> 我就是因为不知道，才问你啊，你怎么反问起我来了？

> 你为什么不知道呢？

> 我要是知道自己为什么不知道，还问你干什么？

> 那你为什么不问问下属为什么呢？

> 也对……

> 多问"为什么"是查找问题根源的有效方法。

问题拆解

下属工作达不到管理者预期，原因有很多。虽然可能有下属主观的原因，但也有很多其他原因。例如：有可能上级对下属的预期不现实；有可能下属的工作资源决定了他无法完成工作；有可能下属的个人能力没有达到完成工作的条件。如果是这些情况，责怪下属只会适得其反。

如果发现团队中下属的工作做得不到位，首先要做的不是对他们进行批评或否定，而是和他们一起查找问题的原因。通过连续问"为什么"，找到问题的根源。通过这种方式，我们可能会发现，下属工作达不到预期的根本原因其实不在他们身上。

就算确实是因为下属的个人原因没有达到工作预期，通过这种方式我们也可以帮助下属找到问题根源，从根本上解决问题。

why?

工具介绍

连续问为什么

当下属的工作没有达到预期，管理者可以多问几个"为什么"，直到找到工作没有达到预期的真正原因。然后针对这些原因，和下属一起采取解决措施。

连续问为什么，查找问题的流程

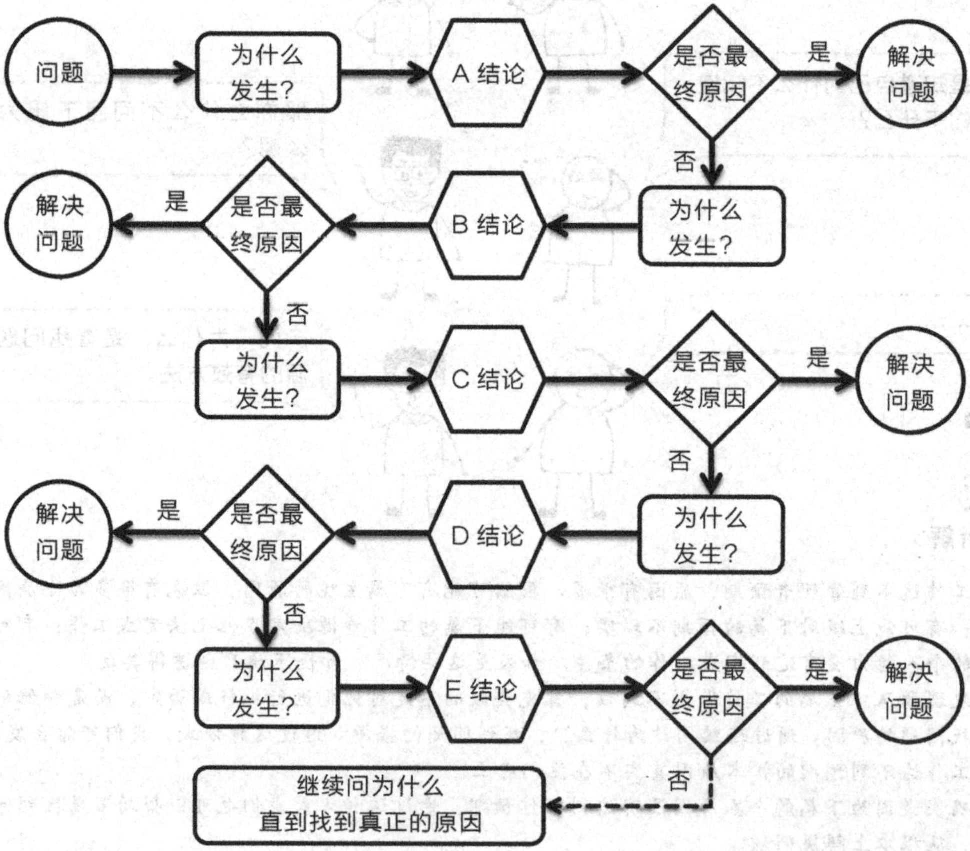

问题 → 为什么发生？ → A 结论 → 是否最终原因 —是→ 解决问题

是否最终原因 —否→ 为什么发生？

解决问题 ←是— 是否最终原因 ← B 结论 ← 为什么发生？

是否最终原因 —否→ 为什么发生？ → C 结论 → 是否最终原因 —是→ 解决问题

是否最终原因 —否→ 为什么发生？

解决问题 ←是— 是否最终原因 ← D 结论 ← 为什么发生？

是否最终原因 —否→ 为什么发生？ → E 结论 → 是否最终原因 —是→ 解决问题

继续问为什么 直到找到真正的原因 ←否— 是否最终原因

举例如下。
源智公司财务系统升级项目的阶段性进展比预期慢。运用连续问为什么的方法查找原因。

问题：财务系统升级项目停滞，导致项目完成时间节点晚于预期。

为什么
项目会停滞？

因为财务部门需要的一些数据业务部门没有提供

为什么
业务部门没有提供数据？

因为业务部门之前没有数据积累。财务系统升级是临时项目，业务部门需要临时统计

为什么
业务部门之前没有数据积累？

因为业务部门之前的工作内容中没有关于这些基础数据的统计

为什么
业务部门不统计这些基础数据？

一部分原因是业务部门平时用不上。但主要是因为公司没有这方面的管理要求

为什么
公司没有这方面的管理要求？

一是财务部门之前从没有告诉过业务部门平时统计这些数据的重要性；二是财务部门没有在公司层面让更高的管理层重视这项工作

小贴士

在针对问题以持续问为什么的方法来查找原因的时候，要注意以下几点。
1. 不要总找外部原因，要多从内部找原因。
2. 不要总找客观原因，要从主观上找原因。
3. 不要总找次要原因，要从顶层出发找主要原因。

🔒 问题场景　**与下属谈话的技巧**

我总觉得自己有不招下属喜欢的体质……

你怎么会有这种感觉?

前一阵来了个新人,刚开始相处起来挺好,后来就开始疏远我了。我平时明明有主动问候和关心下属啊!

你认为问题在哪呢?

有一次和下属谈心,他说每次工作期间和我说话,我都一边继续工作,一边说话,而且经常给他们的回复只有"嗯"。他说这让他们无所适从。可我手头也有重要工作呀!

这并不是一个小问题。

是的,下属在和你的沟通中,如果得到的反馈太少,确实会无所适从,而且会觉得自己没有被尊重。

啊?为什么?这样真的会显得我不尊重下属吗?

问题拆解

上级的反馈质量会影响下属的行为。所谓反馈,就是一种信息呈现。沟通交流中的反馈就是让对方知道自己就某个问题究竟持什么样的态度,有什么样的想法。

上下级之间沟通交流,如果一方的反馈度比较低,另一方就很难知道对方在想什么,而且有一些低反馈度的行为,还会给人不被尊重的感觉。

相反地,如果双方都采用高反馈度的语言,能让双方获得来自对方的比较充足的信息,同时能让双方都感受到对方非常认真地投入到交流中,感受到自己被尊重。

工具介绍

高反馈度的语言

语言反馈指的是双方交流时，当一方给出了一种信息后，另一方通过语言做出的反应。这里的语言可以是声音语言、肢体语言或表情语言。

团队管理者为了和下属拉近距离、传达善意、交流信息，就要对下属采用高反馈度的语言。与低反馈度的语言相反，高反馈度的语言指的是给予对方反馈的信息比较丰富、方式比较多样的反馈语言。

交流中，语言反馈非常重要

文件传输中……

70%	

剩余时间：2分钟

传输文件过程中显示的进度条、百分比及剩余时间，就是一种反馈。

想象一下，如果传输文件时没有这些反馈信息，不知道什么时候能传输完成，会不会让人很焦虑呢？

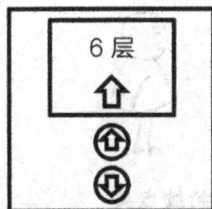

坐电梯时，电梯显示屏上的楼层信息、当前正在向上或向下的信息，也是一种反馈。

想象一下，如果没有这些反馈，人们不知道电梯现在处在什么位置，不知道电梯什么时候来、什么时候到达，会不会焦虑呢？

语言的分类

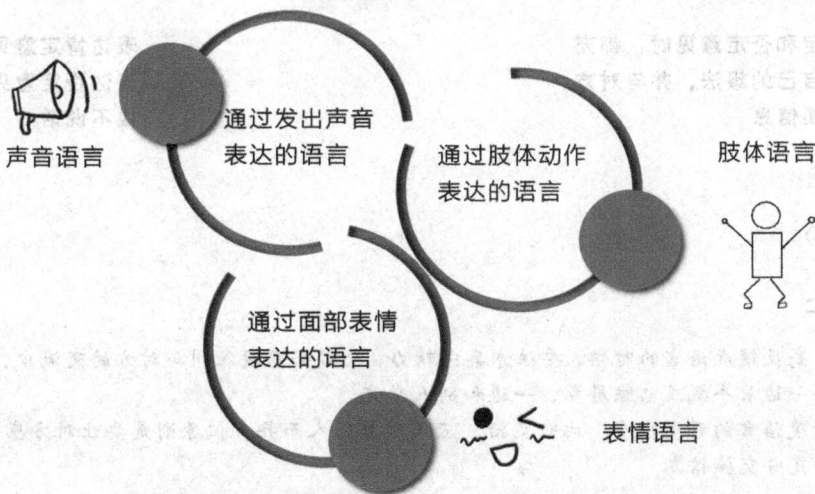

声音语言　　通过发出声音表达的语言

通过肢体动作表达的语言　　肢体语言

通过面部表情表达的语言

表情语言

高反馈度语言和低反馈度语言的差异

面对面直视对方，
向对方表达肯定的肢体语言

相互不看对方，
肢体语言传递出的信息不明确，让人感到疑惑

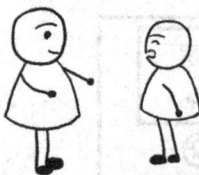

VS

表情投入，持续点头

神态冷漠，面无表情

表达肯定和否定意见时，都充分表达自己的想法，并与对方充分交换信息

表达肯定意见时只用"嗯"，表达否定意见时只说"不行"或不说话

小贴士

在运用高反馈度语言的时候，要注意集中精力，全心全意投入到与对方的交流中，不要左顾右盼，更不要一边看手机或电脑屏幕，一边和别人交流。

高反馈度语言的种类很多，比较灵活，应用时要因人而异，但原则是要让对方感受到被尊重，同时还要充分交换信息。

1.2 认识下属

　　想做成事情就要借用他人（团队）的力量，要运用他人（团队）的力量就必须先了解他人。要了解团队成员，管理者就要具备基本的"识人"本领。

1.2.1　没事多聊聊人生

我总觉得自己和下属之间只是纯粹的工作关系，很难交心……

你可以定期和下属交谈，多了解下属的情况。

交谈？我们平时工作中没少交谈啊？

不是工作类交谈，你应该定期和下属聊些其他的，例如人生、理想。谈话氛围轻松一些，谈话场合不限于工作场所，方式也不限于面谈。

有道理，我确实很少和下属谈非工作的话题。具体都可以谈什么呢？

谈话内容可以是团队成员的生活、家庭、健康、学习等，当然不要涉及太多个人隐私。

多久和下属谈一次呢？

一般每周至少和不同下属做一次简短交谈，时间不需要太长，如果没有特别事项，可以控制在 30 分钟以内。

问题拆解

当上级发现下属很难和自己交心，且双方在心灵上存在距离感的时候，说明彼此之间还不够了解、不够信任、不够团结。

团队中的上下级之间不应仅是纯粹的工作关系，而应该在工作时是好战友、好同事，分开之后是好朋友、好兄弟。

想要团队成员之间更加团结，彼此交心，团队管理者平时就要多了解下属，和下属定期交谈，不仅要了解下属的工作情况，更重要的是要了解下属除工作之外的生活、家庭、健康、学习等各种非工作情况。

工具介绍

与下属谈话的方法

团队中，上级应当定期和下属就非工作的话题进行交谈，多了解下属的非工作情况，以加深团队中上下级之间的了解，增强团队友谊，强化下属对上级的信任感以及下属对团队的归属感。

除工作外，上级可定期和下属交谈的四大领域

生活	家庭	健康	学习
有什么兴趣爱好？生活上有没有困难？有没有买房？买房有没有贷款？有没有买车？买车有没有贷款？	父母多大年纪？身体怎么样？孩子几岁？在哪里上学？现在有没有男/女朋友？老公/老婆是做什么工作的？	体检结果怎么样？如何健身？有没有超重？如何减肥？如何排解负面情绪？	有没有继续深造的打算？有没有考证的打算？最近在学什么？对哪方面知识感兴趣？

每次谈话结束后，做好记录

姓名	第1周谈话次数	第2周谈话次数	第3周谈话次数	第4周谈话次数	本月合计谈话次数
小张					
小王					
小李					
小刘					

团队中上级与下属交谈的案例

小王，看你最近愁眉苦脸的，有什么心事吗？

经理……也没……没什么啦……

跟我还有什么不能说的？有什么情况尽管说。

其实……我妈生病了，在住院，我爱人在照顾她，可能我心里总惦记这件事吧……

这事怎么不早跟我说呢？妈妈现在怎么样？有需要我可以批你的假去照顾她。

不用吧……医生说我妈恢复得不错，后天就可以出院了，之后在家静养就可以。而且，我手头还有几个比较重要的工作……

跟我客气啥呀！明天开始给你放两天假，在医院好好陪陪妈妈，后天一起回家安顿好。一会儿你带我去一趟医院，我和你一起去看看她。工作的事回来再说，不行我可以帮你做！

经理！太谢谢了！

小贴士

上级与下属交谈的注意事项如下。

1. **灵活**。具体谈什么内容可以根据每个下属的情况灵活掌握，但要注意尊重对方的隐私。

2. **时间**。时间过短，会显得没有诚意；时间过长，会影响工作。参考时间为每周每人30分钟。

3. **平均**。注意平均分配交谈时间，不要总和某个下属高频率交谈或交往过热，而冷落了某个或某些下属。

1.2.2 哪里好，哪里不好

🔒 **问题场景** 如何正确评价下属

我总觉得自己的下属不好，想换人，又怕换来的也不好。

你认为"好"的下属要具备什么样的条件呢？

至少要有能力、有水平吧！

具体是什么样的能力？多高的水平呢？

我还真没仔细想过……也许当我遇到"好下属"后就知道了吧！

人无完人，如果你从来没想过"好"的标准，有没有可能不论谁做你的下属，你都有不满意的地方呢？

这个，好像确实有可能……

看待下属，你应该用**"维度观"**，而不是**"是非观"**。

问题拆解

对简单、客观、明确的事件，可以用"是非观"判断。可对人的评价，就不能简单地用"是非观"来判断。运用"是非观"表现出来的样子，是对待某个下属，要么觉得好，要么觉得不好，可究竟哪里好，哪里不好，却说不清楚。运用"是非观"对下属的判断不是对，就是错；不是好，就是不好；不是行，就是不行。这样的判断存在很大的问题。

判断下属的"好"与"不好"，应当用"维度观"来全方位、多角度、辩证地判断。

工具介绍

维度观

评判下属，不应简单地判断他好或不好、行或不行，而是应该设定几个需要下属具备的维度的特质，根据下属在这几个维度特质上的情况做判断。

常见的使用维度观评判下属的方法有两种：一是按照工作评价来划分维度；二是按照岗位胜任力来划分维度。

按照工作评价划分维度

完成工作的行为倾向，一般包括工作的认真程度、努力程度、责任心等。

工作输出的成果，绩效目标一般会事先约定好。

态度

绩效

胜任力

完成工作需要具备的特质，一般包括素质、知识、能力和经验等。

按照工作评价划分维度的表格工具

姓名	态度情况	胜任力情况	绩效情况	综合评价
小张				
小王				
小李				
小刘				

按照岗位胜任力划分维度

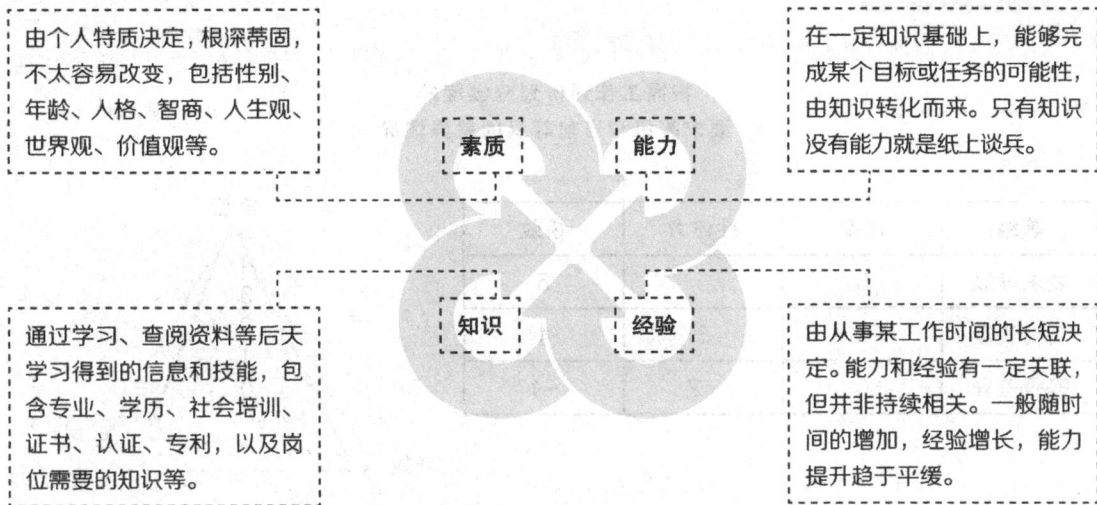

由个人特质决定,根深蒂固,不太容易改变,包括性别、年龄、人格、智商、人生观、世界观、价值观等。

在一定知识基础上,能够完成某个目标或任务的可能性,由知识转化而来。只有知识没有能力就是纸上谈兵。

素质　能力

知识　经验

通过学习、查阅资料等后天学习得到的信息和技能,包含专业、学历、社会培训、证书、认证、专利,以及岗位需要的知识等。

由从事某工作时间的长短决定。能力和经验有一定关联,但并非持续相关。一般随时间的增加,经验增长,能力提升趋于平缓。

按照岗位胜任力划分维度的表格工具

姓名	素质情况	知识情况	能力情况	经验情况	综合评价
小张					
小王					
小李					
小刘					

岗位胜任力维度举例:某行政岗位

比较	素质情况	知识情况	能力情况	经验情况
岗位预期	性格温和 中等智力水平 追求平稳 年龄 20 ~ 30 岁	本科以上学历 行政管理类专业 能力优秀者专业不限 具备办公软件操作技能	沟通能力 组织协调能力 解决问题能力 办公软件应用能力 文字速录能力	1 ~ 3 年的相关经历 能力优秀可无经验
小张情况	性格温和 中等智力水平 追求平稳 年龄 32 岁	专科学历 工商管理专业 具备办公软件操作技能	沟通能力 组织协调能力 解决问题能力 办公软件应用能力 文字速录能力	5 年工作经验
小张综合评价	年龄比预期大 2 岁	学历与预期有差异	能力与预期匹配	经验高于预期

按照工作评价划分维度的
要求等级和当前等级的差异情况

等级	态度	胜任力	绩效
要求等级	5	5	5
当前等级	5	3	4
等级差异	0	−2	−1

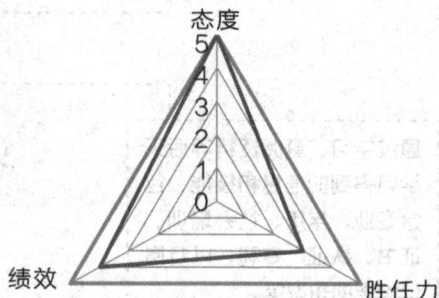

按照岗位胜任力划分维度的
要求等级和当前等级的差异情况

等级	素质	知识	能力	经验
要求等级	5	5	5	5
当前等级	5	2	3	4
等级差异	0	−3	−2	−1

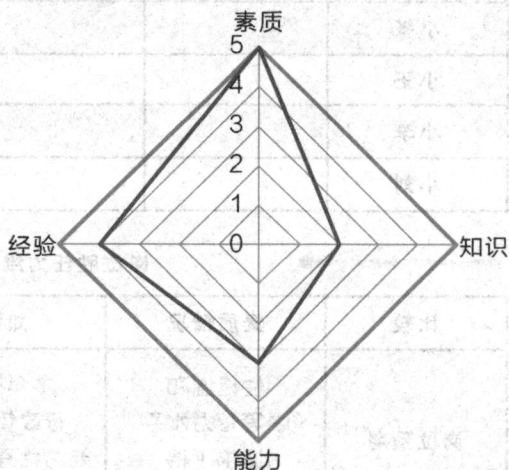

小贴士

表面看起来再优秀的下属也有不足之处，表面看起来再差的下属也有可取之处。对下属不能全盘肯定或全盘否定。上级通过多维度对下属做评价，能够准确知道下属究竟哪里好、哪里不好。针对下属"好"的部分，上级可以用人所长，扬长避短；针对下属"不好"的部分，上级可以帮助下属改进，有针对性地进行强化训练。

1.2.3 他没你想的那么差

🔒 **问题场景** 如何发现和运用下属的优点

团队里没有一个下属能让我省心，每个人都有一大堆问题！

你为什么不多**发现下属的优点**，根据他们的优点来安排工作呢？

发现下属的优点好难啊，缺点我倒是随随便便就能想到一大堆……

你可以试试强制让自己发现每个下属的 5 个优点，然后记录下来。

5 个优点，这也太多了吧……

如果你从来没这么做过，可能会觉得有点多，但如果你坚持发现下属的优点，5 个优点可能不一定够呢。

仔细想想，其实小张挺认真，小王有冲劲儿，小李挺灵活，小刘很仔细……他们都有优点，不知道我能不能分别找够 5 个。

拿出纸和笔，来试一试吧！

问题拆解

如果人们充满爱心来看待这个世界，这个世界到处都充满善良；如果人们总是以警惕的心来看待这个世界，这个世界就到处都是邪恶。

看待下属也是同样的道理，如果团队管理者注意寻找下属的优点，每个下属都是可用之人；如果只盯着下属的缺点，那么可能没有一个下属是可用的。

工具介绍

发现下属的优点

每个人都有优点，也有缺点。用人，要用人所长，避其所短，通过团队配合来取长补短。

发扬人的优点比改善人的缺点更容易。发现下属的优点、根据下属的优点安排工作，比发现他的缺点、改变他的缺点更高效。

发现下属优点的表格工具

序号	优点总结	具体行为表现	有可能对团队 / 工作带来的帮助
1			
2			
3			
4			
5			

发现下属优点的 3 步法

第 1 步
拿出一张纸和一支笔，总结某位下属的 N 个优点，并且从 1 到 N 排出优先级顺序。
这一步可以运用发散思维，尽可能多地列出该下属的优点。

第 2 步
针对不同的优点，分别思考总结出这些优点具体的行为表现。这一步要做到聚焦，是第 1 步总结优点的佐证。如果在这一步发现第 1 步的某个优点没有具体行为佐证，应当将其删掉。

第 3 步
针对该下属不同的优点，总结其可能会给团队或工作带来的帮助。
思考下属的优点除了有利于当前负责的工作内容之外，还可以应用于哪些工作，以及哪些下属之间可以形成优势互补。

发现下属优点的注意事项

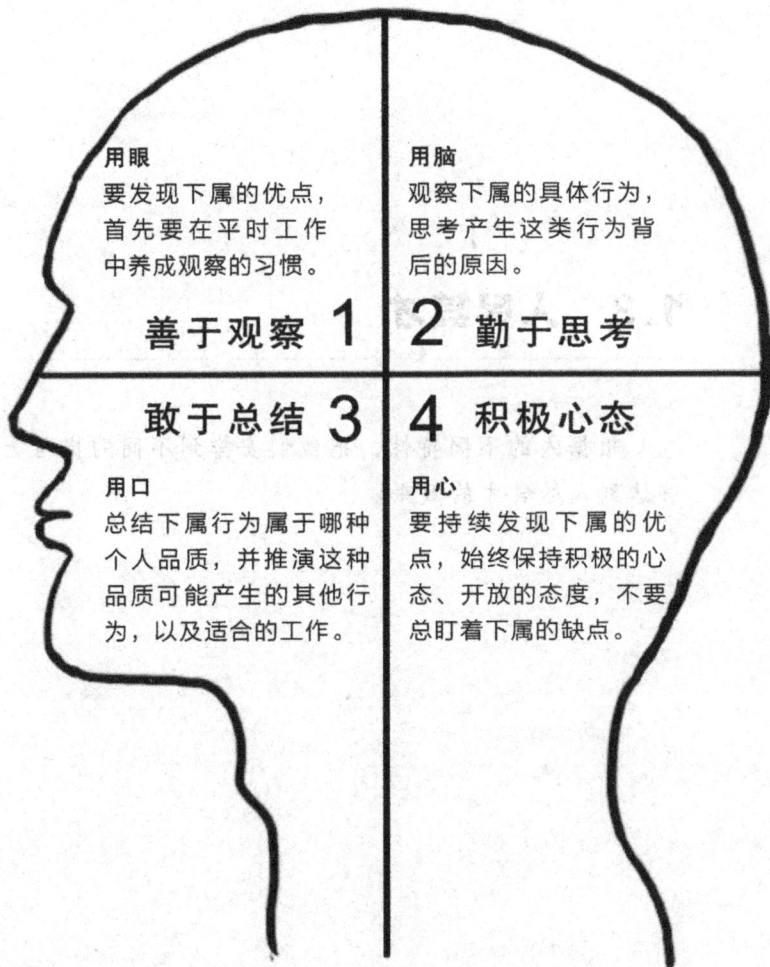

用眼
要发现下属的优点，首先要在平时工作中养成观察的习惯。

善于观察 1

用脑
观察下属的具体行为，思考产生这类行为背后的原因。

2 勤于思考

敢于总结 3

用口
总结下属行为属于哪种个人品质，并推演这种品质可能产生的其他行为，以及适合的工作。

4 积极心态

用心
要持续发现下属的优点，始终保持积极的心态、开放的态度，不要总盯着下属的缺点。

小贴士

对于平时从来不主动发现下属优点的管理者来说，行动的第1步是拿出纸和笔来写出下属的优点。

在持续运用这种方法一段时间之后，管理者可能会发现下属越来越多的优点。

一般来说，管理者对每个下属总结出的优点应当为5～10项。

1.3　人尽其才

　　根据人的不同特性，把他们安排到不同的岗位上，才能够达到人尽其才的效果。

1.3.1　诗和远方，想要哪个

🔒 **问题场景**　如何发现下属的核心诉求

根据下属的优点，我可以准确地给下属安排工作。

光知道优点可能还不够，我们还得了解下属的需求。

需求？什么需求？

需求就是人们心里想要的东西，它影响着人对事物重要性的排序，以及人的行为。

这个我之前好像听说过，叫什么需求理论吧？

是的，叫**马斯洛需求层次理论**。

要怎么用呢？

人们偏向于满足自己当前最大的需求采取行动。找到下属的需求，针对下属的需求用人，能最大程度地提高下属的主观能动性。

问题拆解

人们的需求影响着行为，没有得到满足的需求比较能够激发人们的行为。相反地，已经满足了的需求则较难激发人的行为。

人们的需求有一定的重要性排序规律，往往是从最基本的生存需求过渡到较为复杂的精神需求。一般来说，人们在较低需求得到满足之后，会产生较高的需求。当然，也有人不遵循这种规律。

针对下属的需求安排工作，能够激发下属的主观能动性。

工具介绍

马斯洛需求层次理论

马斯洛需求层次理论最早是由美国的心理学家亚伯拉罕·马斯洛（Abraham H. Maslow）在 1943 年提出的。马斯洛需求层次理论的核心含义是人们因为心智、环境等的不同，个体的需求各不相同，可以分成不同的层次，由低到高分别是生理需求，安全需求，情感和归属需求，尊重需求，自我实现需求。

马斯洛需求层次理论介绍

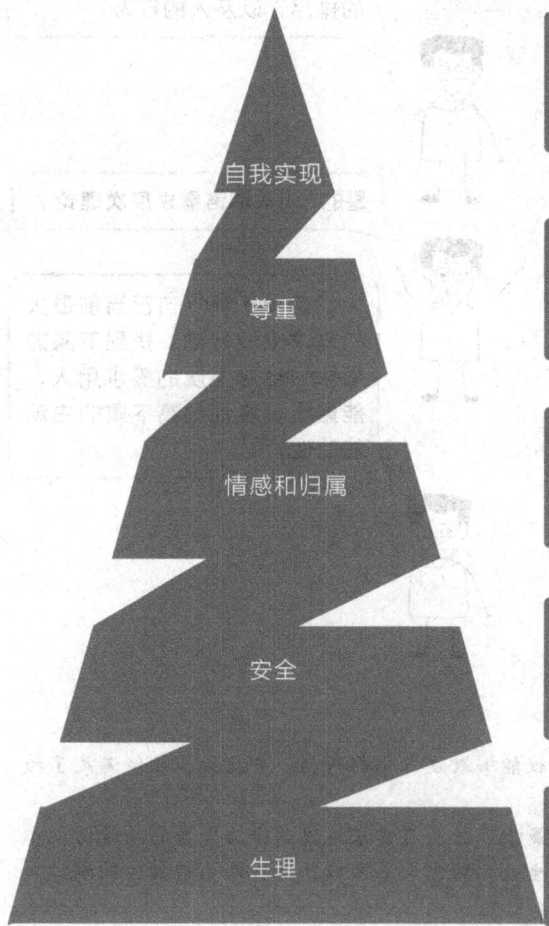

自我实现

尊重

情感和归属

安全

生理

自我实现需求是人类最高层次的需求，是人类希望通过自己的努力和付出，能够实现自己的理想、完成自己的目标及自己能力范围内的事情，以得到满足感的需求。或者简单地说，是人们都希望通过努力不断发掘自己的潜能，成长为自己想成为的那个人。

尊重需求是人类渴望能够被自己、他人及社会认可，获得某种认同感的需求。这里的认同感来源于两个层面：一是自己对自己的尊重，也就是自尊；二是他人和社会对自己的尊重。人们渴望通过行为获得来自这两方面的尊重。

情感和归属需求是人类通过社交寻找感情寄托，获得忠诚感和归属感的需求。人与人之间的交往会产生不同的感情。人们都希望得到正向的感情，如上级对下级的关怀、朋友间的友情、亲人间的亲情以及恋人间的爱情等。

安全需求是人类获得安全感的需求。人类不论是身体还是心灵都需要一个"避风港"，需要有一种形式让人类感受到没有这样或那样的风险，以获得安全感。当人们不再为最基本的生存问题烦恼后，就会开始努力追寻这种安全感。

生理需求指的是人最原始、最基本的生存需求。如饮食、睡眠、穿衣、交通等都属于生理需求。这类需求构成了人类存活下去的最基本需求。生理需求是人类的求生本能，在某些极端情况下，会成为激发人类行为最强大的动力。

《西游记》中主要人物对应马斯洛需求层次理论举例

唐僧表现出的是比较强的自我实现需求。目标、意义和价值是他的关键词。他一心只想到西天取经，然后回到东土大唐普度众生，希望通过完成西天取经这个宏伟的目标，实现自己的人生价值。

孙悟空表现出的是比较强的尊重需求。成就感、被欣赏和被尊重是他的关键词。不论是自封名号，还是他不断地告诉别人自己是齐天大圣，其实都是内心中渴望得到他人的尊重和认可。

白龙马表现出的是比较强的情感和归属需求。友情和归属感是白龙马的关键词。他非常忠诚、任劳任怨，因为吃了唐僧的白马被罚与团队一起取经，在取经过程中与唐僧团队结下了深厚的友谊。

沙和尚表现出的是比较强的安全需求。秩序、安全是他的关键词。他默默无闻，忠心耿耿，任劳任怨，有执行力。在加入取经团队之后，他就找到了组织，有了安全感。

猪八戒表现出的是比较强的生理需求。吃、喝、睡是他的关键词。他诙谐幽默，很有心计，但他贪吃、牢骚满腹。对猪八戒来说，似乎最重要的就是吃、喝、睡这一类事情。

小贴士

马斯洛需求层次理论能够帮助我们认清人们因成长背景不同、生存环境不同、所处时间阶段不同而产生的不同层次的需求。要激发人们的行为，需要考虑到人们的不同需求，针对人们独特的需求满足人们的需要，这样激励效率更高。

但马斯洛需求层次理论也有一定的局限性。例如人们的需求有时候是复杂多样的，并不一定在低级需求没有得到满足的时候就没有高级需求。各层次之间也不一定有那么明确的界限，有些需求可能是融合在一起的。

🔒 **问题场景** | 如何区分人才特质

> 知道了下属的优点，清楚了下属的需求，这下我用人应该没问题了!

> 如果可以把用人和下属的性格特质匹配起来，不是更好吗?

> 哦，那还得分清楚下属是内向还是外向是吧?

> 性格特质如果只用内向和外向来划分，就太过简单了。

> 那还可以怎么划分呢?

> 根据人才的不同性格，可以把他们分成唐僧型人才、孙悟空型人才、猪八戒型人才、沙和尚型人才和白龙马型人才。

> 还是《西游记》?

> 是的，用《西游记》角色的性格特征来给下属做性格特征分类有一定的科学性和实用性，而且比较容易记住。

问题拆解

有一个经典的问题——如何使一头猪上树? 这个问题的答案是：如果要上树，为什么不在一开始就找一只猴呢? 从这个答案就可以看出特质对用人成本的影响。

每个人都有不同的性格特质。不同的性格特质有具体不同的特点，适合从事不同的工作。

团队管理者在用人时，如果不考虑下属的性格特质而随意任用，就很可能引起下属的抵触情绪，而且下属完成工作的质量也会大打折扣。

工具介绍

人才性格的 5 种类型

人才根据性格不同，可以分成唐僧型人才、孙悟空型人才、猪八戒型人才、沙和尚型人才和白龙马型人才。这种人才性格划分的理论基础是 PDP 性格测试（Professional Dyna-Metric Programs），用《西游记》中的主要人物命名定义更容易让人们理解和记忆。

5 种人才性格类型的特点

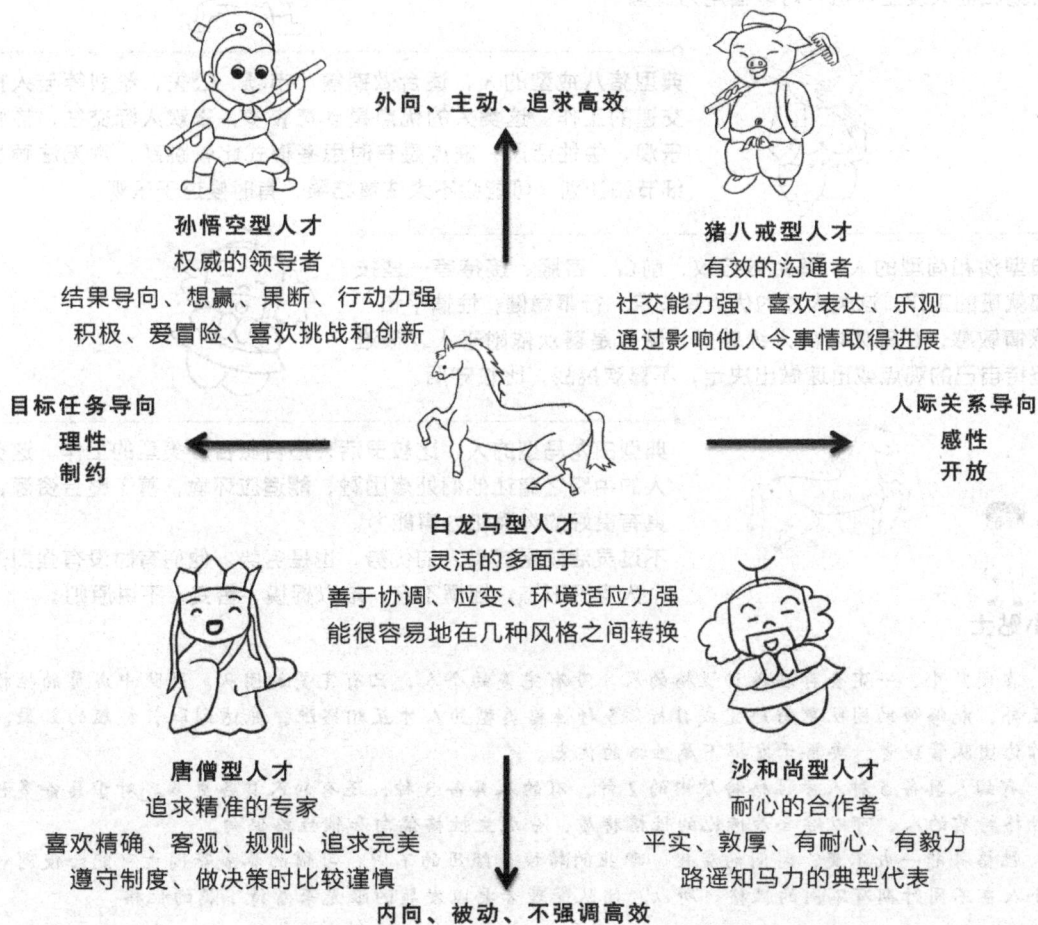

外向、主动、追求高效

孙悟空型人才
权威的领导者
结果导向、想赢、果断、行动力强
积极、爱冒险、喜欢挑战和创新

猪八戒型人才
有效的沟通者
社交能力强、喜欢表达、乐观
通过影响他人令事情取得进展

目标任务导向
理性
制约

人际关系导向
感性
开放

白龙马型人才
灵活的多面手
善于协调、应变、环境适应力强
能很容易地在几种风格之间转换

唐僧型人才
追求精准的专家
喜欢精确、客观、规则、追求完美
遵守制度、做决策时比较谨慎

沙和尚型人才
耐心的合作者
平实、敦厚、有耐心、有毅力
路遥知马力的典型代表

内向、被动、不强调高效

5 种人才性格类型的应用

典型唐僧型的人，适合做财务、数据分析、设计、编程、产品研发等研究型的工作，他们能安静地做好一件事。这类人才的优点是精确度高，逻辑性强，遵守规则和制度；缺点是往往把事实和精确度置于感情之前，容易被认为感情冷漠，有时候过分关注细节，钻牛角尖，让人觉得吹毛求疵。

典型孙悟空型的人，适合做开拓新市场、内部变革的先驱者，也比较适合做管理者。这类人的优点是有决断力，善于控制局面，能果断地做出决定；缺点是在决策上容易专断，不易妥协，容易和他人发生争执，可能会用力过猛。

典型猪八戒型的人，适合做销售、市场、公关、策划等与人打交道的工作。这类人的优点是创意较多，喜欢人际交往，热心乐观，生性活泼；缺点是有时思考模式比较跳跃，常无法顾及细节和计划，可能会不太注重结果，有时候过于乐观。

典型沙和尚型的人，适合做行政、前台、客服、接待等一些按部就班的工作。这类人才的优点是安稳，行事稳健，性情平和，感情敏感，在集体内部人缘较好；缺点是喜欢依附于人，很难坚持自己的观点或迅速做出决定，不喜欢挑战，比较守旧。

典型白龙马型的人，比较灵活，适合做各种类型的工作。这类人的中庸之道让他们处事圆融，能适应环境，善于整合资源，具有良好的沟通和办事能力。
不过灵活既是这类人的优势，也是劣势。他们有时没有强烈的个人意识形态，摇摆不定，难以捉摸，善变，不讲原则。

小贴士

1. 在团队中，一定会存在各种性格的人。没有完美的个人，只有完美的团队。团队中成员的性格互补，能够帮助团队更好地完成目标。5 种性格类型的人才互相搭配，能达到取长补短的效果。作为团队管理者，要善于发挥下属性格的优点。

2. 有的人具备 5 种人才性格特质中的 2 种，有的人具备 3 种，还有的人具备更多。对于具备多种性格特质的人，可以综合看待他的性格特质，分成主性格偏向和辅性格偏向。

3. 性格并非一成不变，时间的变化、职业的转换、经历的不同、习惯的养成等因素可能会使同一个人在不同时期有不同的性格。所以，团队管理者要以发展的眼光来看待下属的性格。

1.3.3 抓少数优于抓多数

🔒 **问题场景** 如何用有限的精力抓住核心人才

下属太多了，都有点管不过来了。

你可以抓住头部20%的下属，给他们更多的资源和支持。

好奇怪，为什么要这样？

这是80/20法则，一般头部20%的人才能创造80%的价值。

给头部20%的人才更多资源，是为了让他们创造更大的价值吗？

没错！这样做，会让管理更高效。

听起来倒有些道理，可其他80%的下属就不管了吗？

当然不是不管，其他80%的下属可以让他们追赶头部20%的下属。

问题拆解

团队管理者的时间是有限的，当团队中的人员较多、事务较多时，可能会消耗团队管理者大量的精力，有时候会有"人管不过来"或者"工作做不完"的感觉。这时候，团队管理者不要被纷扰的人员和繁多的事务扰乱了阵脚。学会"抓大放小"，抓住关键点，就能够事半功倍。

工具介绍

80/20 法则

也叫二八法则，或者 80/20 定律，指的是在任何群体中，重要因子通常占少数，大约为 20%，它们的贡献和影响却占多数，大约为 80%；相反地，不重要的因子占多数，大约为 80%，它们的贡献和影响却占少数，大约为 20%。

运用到团队中，一般表现为大部分贡献（大约 80%）是由重要的少部分人（20%）提供的。例如，80% 的利润来自 20% 的优秀员工；团队中 20% 的优秀成员，创造了整个团队 80% 的价值。

除了在团队管理中的应用外，80/20 法则还可以应用在客户管理和产品开发方面。例如，80% 的收入来自 20% 的重点客户；80% 的收益源于 20% 的重点产品或服务。

除此之外，80/20 法则还可以应用在时间管理、财务管理、资源管理等方面。

团队中的 80/20 法则示意图

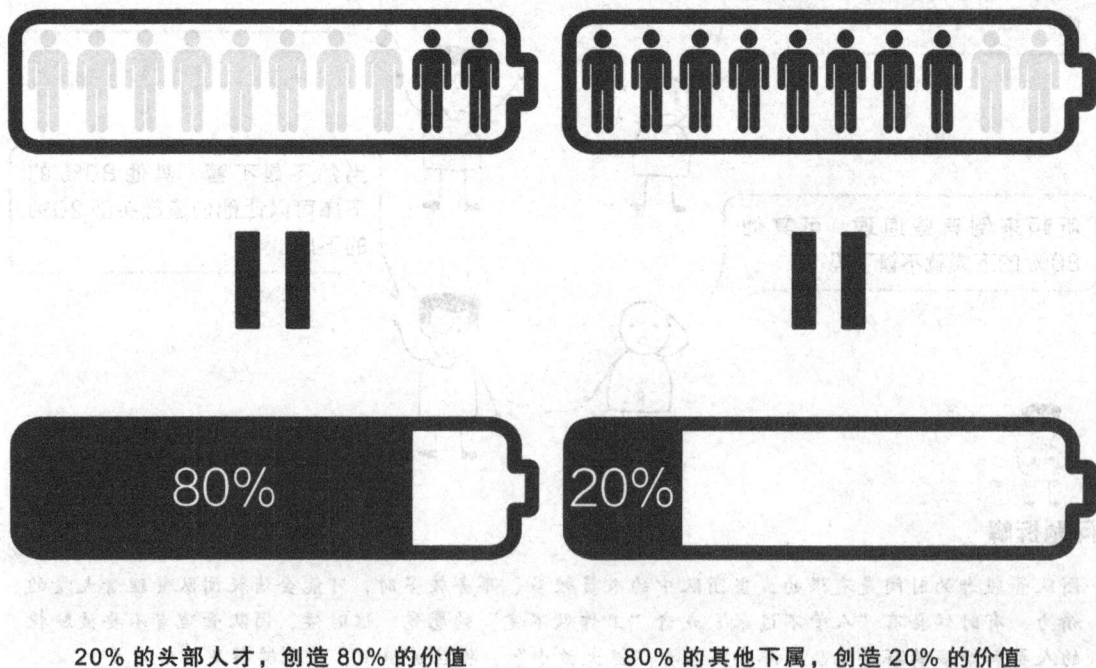

20% 的头部人才，创造 80% 的价值　　　　80% 的其他下属，创造 20% 的价值

应用 80/20 法则提高团队效能举例

①

20% 头部人才创造的价值　　　　　　　　80% 其他下属创造的价值

假设团队管理者的时间、精力、奖金等"资源值"是 100，当前团队创造的价值也是 100。当团队管理者把资源值中的 20 分配给 20% 的头部人才、80 分配给 80% 的其他下属时，根据 80/20 法则，20% 的头部人才创造 80% 的价值，80% 的其他下属只能创造 20% 的价值。

②

20% 头部人才创造的价值　　　　　　　　80% 其他下属创造的价值

把第 1 种情况中，团队管理者资源值中的 50 分配给 20% 的头部人才，资源值中的另外 50 分配给 80% 的其他下属。此时，20% 头部人才获得的资源值为原来的 2.5 倍（50÷20），理论上创造的价值提升为原来的 2.5 倍，也就是 200（2.5×80）；80% 其他下属获得的资源值为原来的 62.5%（50÷80），创造价值减少为原来的 62.5%，也就是 12.5（62.5%×20），创造价值总和为 200+12.5=212.5。

③

20% 头部人才创造的价值　　　　　　　　80% 其他下属创造的价值

把第 1 种情况中，团队管理者资源值中的 80 分配给 20% 的头部人才，资源值中的另外 20 分配给 80% 的其他下属。此时，20% 头部人才获得的资源值为原来的 4 倍（80÷20），理论上创造价值提升为原来的 4 倍，也就是 320（4×80）；80% 其他下属获得的资源值为原来的 25%（20÷80），创造价值减少为原来的 25%，也就是 5（25%×20），创造价值总和为 320+5=325。

小贴士

管理者可以运用 80/20 法则，把资源适当向头部人才倾斜，有效提高团队效能，提升团队创造的整体价值。但这不代表应该把资源无限向头部人才倾斜，因为团队中总有分工，有"主角"，也有"配角"。只有主角没有配角，戏可能也演不成。

运用 80/20 法则的关键，在于团队中"主"与"次"的平衡。主次之间，既不应按照人数平均分配资源，也不应把资源全部向"主"方倾斜，忽略"次"方。

1.4 团队优化

《左传·宣公十六年》中有"称善人，不善人远"，指的是称赞举荐了好的人，不好的人自然就远远地离开。优化团队也是这个道理，选准了人，用对了人，构建出了强大的组织能力，团队才会战无不胜。

1.4.1 赛马，而不相马

🔒 **问题场景** 如何在面试时看准人

我总觉得自己面试的时候看不准人！

表现在哪些方面呢？

有时候我觉得某人学历和能力挺优秀的，可他实际工作起来表现并不好。

每个人都像一座冰山，有容易被别人看到的部分，也有更多很难被看到的部分。

这是冰山模型的观念。学历和能力是显性的，还有很多隐性的特质，我们在面试的时候很难发现。

这个比喻挺贴切的，确实是这样！

有两个办法，一是面试时多问候选人**曾经的行为**，借此判断他隐性的特质；二是采取**"赛马不相马"**的策略，试用一段时间之后再评判。

那应该怎么办呢？

问题拆解

人是复杂的，团队管理者在面试过程中看到更多的是候选人外显的相貌、身躯、学历、经历等，很难看到深层的特质。这需要管理者在面试的时候刻意观察，关注细节，或者通过试用期工作中的实际接触来继续观察候选人员深层的特质。

工具介绍

冰山模型

冰山模型是由美国著名的心理学家戴维·麦克利兰（D.C. McClelland）提出的。这个模型把人们的特质分成了"冰山上的部分"和"冰山下的部分"。

"冰山上的部分"包括知识、技能、经验等，是比较容易测评的部分。相对来说，这个部分也比较容易通过培训来发展或改变。

"冰山下的部分"包括自我认知、人格特质、动机等，是人们内在的、难以测评的部分。这个部分对人们的行为起着关键作用，比较难受外界的影响而改变。

专业的测评工具、面试中有意识的观察以及与人们长时间的工作接触与行为观察，有助于发现人们"冰山下的部分"。

冰山模型示意图

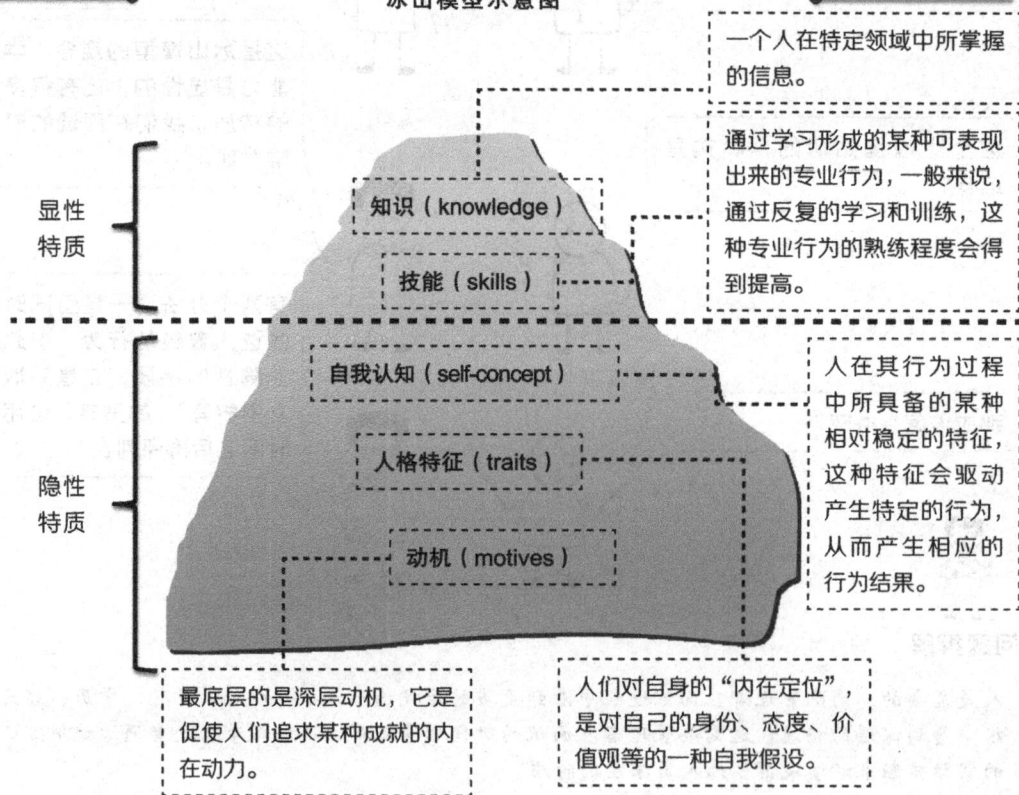

一个人在特定领域中所掌握的信息。

通过学习形成的某种可表现出来的专业行为，一般来说，通过反复的学习和训练，这种专业行为的熟练程度会得到提高。

显性特质

知识（knowledge）

技能（skills）

隐性特质

自我认知（self-concept）

人格特征（traits）

动机（motives）

人在其行为过程中所具备的某种相对稳定的特征，这种特征会驱动产生特定的行为，从而产生相应的行为结果。

最底层的是深层动机，它是促使人们追求某种成就的内在动力。

人们对自身的"内在定位"，是对自己的身份、态度、价值观等的一种自我假设。

面试中的 STAR 模型

STAR 模型是用来测评候选人曾经的行为的工具。它也是一个"面试问题生成器"。根据候选人曾经的行为可以深入评价他的特质,预见他未来可能做出的行为。

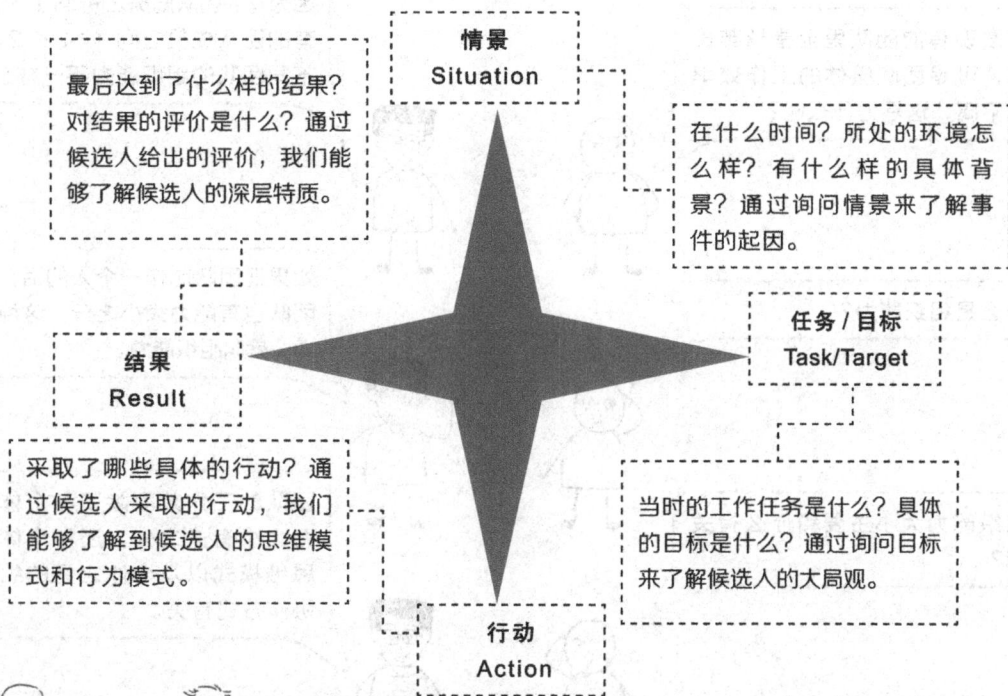

情景
Situation

最后达到了什么样的结果?对结果的评价是什么?通过候选人给出的评价,我们能够了解候选人的深层特质。

在什么时间?所处的环境怎么样?有什么样的具体背景?通过询问情景来了解事件的起因。

结果
Result

任务 / 目标
Task/Target

采取了哪些具体的行动?通过候选人采取的行动,我们能够了解到候选人的思维模式和行为模式。

当时的工作任务是什么?具体的目标是什么?通过询问目标来了解候选人的大局观。

行动
Action

举例如下。

某人来面试技术人员,简历上写着参与过很多技术开发项目。

面试官可以选择其中的一个项目来询问以下问题。

请问你当初为什么要做这个项目?有什么样的背景?(情景)

这个项目的目标是什么?你在项目中负责什么?你的任务目标是什么?(任务 / 目标)

为了达到你个人的任务目标和项目目标,你都做了哪些工作?(行动)

这个项目最终结果怎么样?你的任务目标结果怎么样?你对结果怎么看?(结果)

小贴士

在运用 STAR 模型进行面试时,可以在最后的环节再加一部分问题,就是评估改进类的问题。例如,这个结果你是否满意?还有哪些问题和不足?你为此做了哪些总结?做了哪些评估?做了哪些改进?改进之后又得到了什么样的结果?通过候选人的回答来判断他的深层特质。

1.4.2 人多不一定力量大

问题场景 如何强化组织能力，让 1+1 > 2

我发现有的团队里全是精英员工，可是团队整体的工作效率却不高，这是为什么呢？

因为有的团队成员之间 1+1 > 2；有的团队成员之间 1+1 < 2。不同团队的组织能力不一样。

什么是组织能力？

如果把团队比作一个人的话，那团队也有能力大小之分。这种能力，就叫组织能力。

组织能力大小主要和什么有关呢？

团队的工作效率除了与个体能力大小有关之外，还和个体的思维模式以及个体之间的组织协作方式有关。

怪不得，就算全都是精英员工，也并不一定能提升组织能力。

没错，一味追求个体的质量或数量，不是提升组织能力的有效方法。

问题拆解

组织能力和个人能力并不是一回事，即使组织中成员的个人能力普遍比较高，组织能力也并不一定强。组织能力和员工数量也没有直接关系，员工数量多，并不代表组织能力强。相反地，如果员工之间的协作方式有问题，员工数量越多，组织能力反而可能越差。

工具介绍

组织能力三角框架

团队的成功，靠的不是某个员工的个人能力，也不是员工数量，而是靠正确的战略和一定的组织能力。组织能力是一个团队发挥出来的整体战斗力，是一个团队能够超越竞争对手、为用户创造价值的核心竞争力。

组织能力主要体现在员工治理方式、员工能力和员工思维模式这3个方面。要想提升组织能力，管理者可以分别从这3个方面入手。

组织能力三角框架示意图

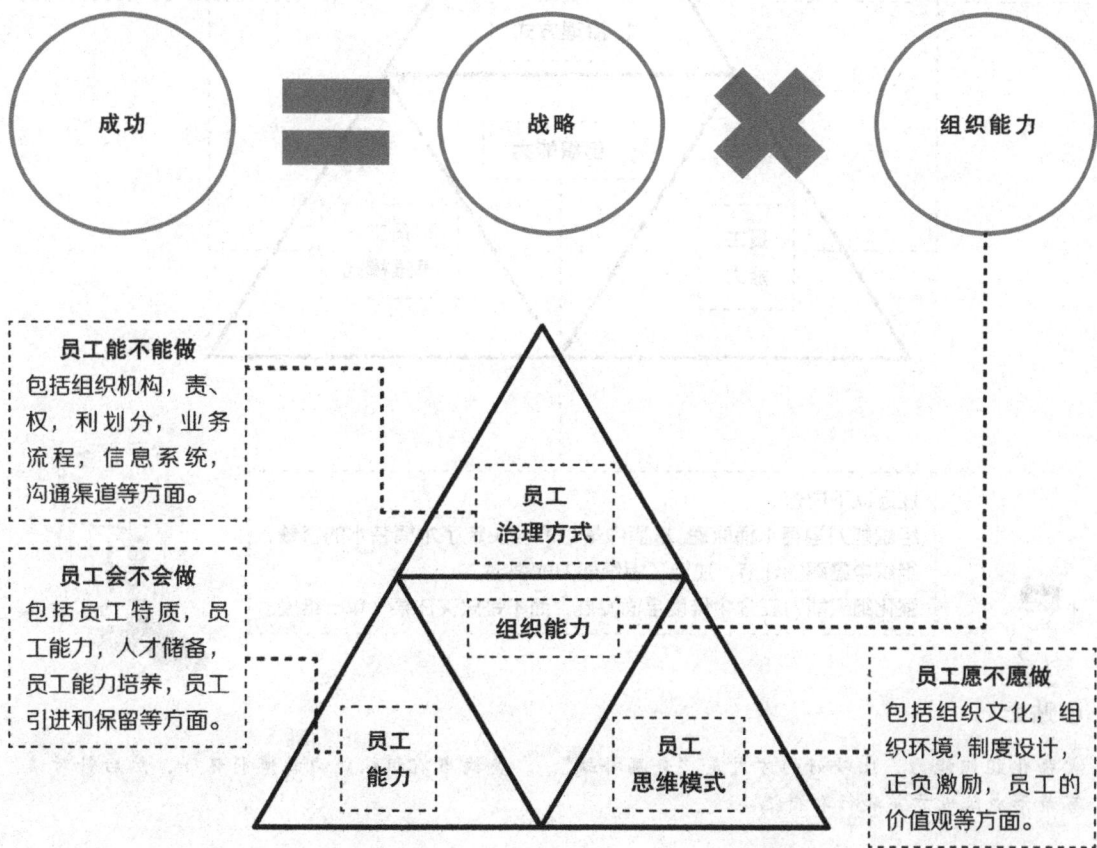

成功 ＝ 战略 ✕ 组织能力

员工能不能做
包括组织机构，责、权，利划分，业务流程，信息系统，沟通渠道等方面。

员工会不会做
包括员工特质，员工能力，人才储备，员工能力培养，员工引进和保留等方面。

员工
治理方式

组织能力

员工
能力

员工
思维模式

员工愿不愿做
包括组织文化，组织环境，制度设计，正负激励，员工的价值观等方面。

强化组织能力的方法

通过组织机构调整，流程优化，知识管理，精益生产管理，构建信息系统等打造员工治理方式。

通过员工能力评估，人才盘点，师徒制，构建体系，形成人才梯队，培养人才能力等方法来整体提升员工能力。

团队管理者应以身作则，贯彻组织文化，实施绩效考核，实施正负激励，形成人才评价机制。

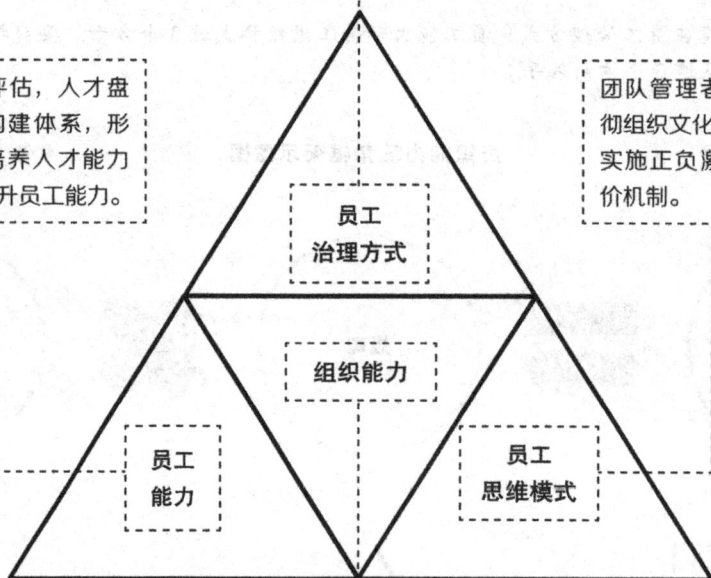

员工
治理方式

组织能力

员工
能力

员工
思维模式

注意以下内容。
组织能力遵循木桶原理。木桶中最短的板决定了木桶装水的容量，组织中最弱的环节，决定了组织能力的强弱。
强化组织能力应3个维度全面发展，而不是只关注某个单一维度。

小贴士

要强化组织能力，比较好的方式是"查漏补缺"。查找当前组织能力的薄弱环节，然后针对该环节形成改进方案和行动措施。

1.4.3　唐僧为什么能做领导

管理者如何做好角色转换，抓住工作重点

我现在对带团队越来越没信心了。

为什么这么说呢？

因为我觉得自己在管理工作上总抓不住重点。

管理者的工作重点与非管理者不同，你要做好角色转换。

而且我懂得太少了，现在已经有员工在业务能力上超过我了。有的员工问我业务问题，我已经不知道怎么回答了。

团队管理者不需要什么都懂，也不需要是整个团队中能力最强的那个人。

业务能力不足也能带团队吗？

唐僧是取经团队中武力最弱的，但他也可以做一个很好的团队管理者呀。只要抓住重点，就能做好团队管理工作。

问题拆解

很多人对带团队有误解，以为要做一名合格的团队管理者，就必须在某个业务领域做到精通。甚至有人觉得团队管理者就应该什么都懂、什么都会。实际上是不需要的，团队管理者和非管理者的工作分工不同，关注的重点不同，评价的方式也不同。所以即使业务能力不足也依然可以成为优秀的团队管理者。

工具介绍

团队管理者需要重点关注的四大领域

"经理"这个词常被用来作为团队管理者的称谓。"经理"中的"经"指的是"经营","理"指的是"管理"。做"经理"就是要经营事，管理人。要经营事，就要针对事情设立好目标和行动计划；要管理人，就要关注人所处的环境和人的状态。

团队管理者不论工作再纷杂、每天再忙碌，都需要做好团队管理工作。归根到底，就是需要关注目标、计划、环境和人这四大领域的内容。

● 团队管理者需要重点关注的四大领域示意图 ●

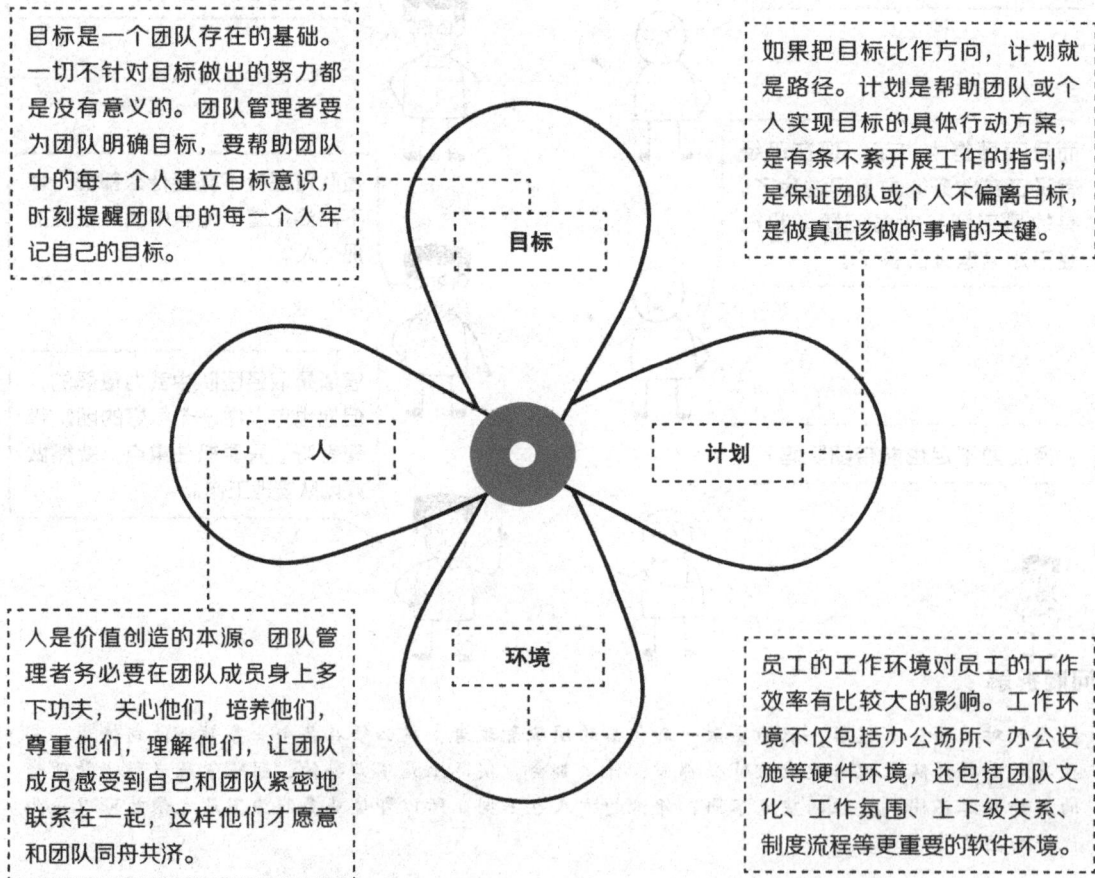

目标是一个团队存在的基础。一切不针对目标做出的努力都是没有意义的。团队管理者要为团队明确目标，要帮助团队中的每一个人建立目标意识，时刻提醒团队中的每一个人牢记自己的目标。

如果把目标比作方向，计划就是路径。计划是帮助团队或个人实现目标的具体行动方案，是有条不紊开展工作的指引，是保证团队或个人不偏离目标，是做真正该做的事情的关键。

目标

人　　　**计划**

环境

人是价值创造的本源。团队管理者务必要在团队成员身上多下功夫，关心他们，培养他们，尊重他们，理解他们，让团队成员感受到自己和团队紧密地联系在一起，这样他们才愿意和团队同舟共济。

员工的工作环境对员工的工作效率有比较大的影响。工作环境不仅包括办公场所、办公设施等硬件环境，还包括团队文化、工作氛围、上下级关系、制度流程等更重要的软件环境。

《西游记》中的取经团队为什么如此稳固而强大？
为什么武力最弱的唐僧能够管理团队？

给贫僧来个C位！

坚定且明确的目标

唐僧作为团队领导，能够为团队设定西天取经这个明确的目标，而且能给团队描述美好的未来。即便途中历经了那么多磨难，他也丝毫没有动摇过，这让唐僧成为了整个团队的精神领袖。

①

团队人才搭配合理

取经团队并不全是能人，也不全是庸才，各类属性的人都存在。通过这种人才的合理搭配，实现了德者领导团队、能者攻克难关、智者出谋划策、劳者执行有力。

③

以情感人，以德化人

团队管理者对下属的感情投资非常重要。孙悟空最初并不尊重唐僧，觉得唐僧肉眼凡胎、不识好歹。但是在经历艰险之后，唐僧的执著、善良、品德和对孙悟空的关心感化了孙悟空，让他甘愿一心一意地保护唐僧。

⑤

②

把个人目标和团队目标结合起来

取经团队的成员除唐僧以外都是戴罪之身，他们都因为曾犯过错误，受到了惩罚。唐僧用取经让他们戴罪立功。如果团队目标完成，他们不仅可以完成自己的目标，而且可以立功。

④

以权制人，以法服人

实现团队目标得有规矩，紧箍咒就是一种规矩。唐僧通过紧箍咒这一工具，为自己树立了权威，让孙悟空臣服。但唐僧从不随便滥用权力，他只在大是大非面前，才动用自己的惩罚权。

小贴士

《西游记》的取经团队是一个小型团队的缩影。这个团队中每个人既有优点、又有缺点，每个人都有自己不同的性格、不同的诉求、不同的想法。论武力，唐僧是最弱的，别说是妖怪，他连普通的坏人也打不过。但不得不承认，唐僧领导的这支取经团队有很强的凝聚力和战斗力。

一群不完美的人聚在一起，通过有效的团队管理，能够形成一支非常优秀的团队。

第 2 章　工作安排

◆ 本章背景

我给下属安排了工作，下属总是做不到我想要的结果。我的下属怎么都那么差啊……

有没有可能是你安排工作的方式出了问题呢？

你是说这有可能是我的问题？

如果下属的工作态度和能力都没问题，但工作却总达不到你的要求，那有可能问题就出在你身上。

我从来没想过自己有什么问题呢……

我们可以一起来检视一下你在**工作的安排、布置和追踪**上有没有问题。

背景介绍

源智公司（化名）采购部经理陈志刚（化名），男，26 岁，忠厚老实，原则性强，但性格绵软，统筹规划能力比较弱，不知道如何安排工作，布置下去的工作总是得不到预期的结果。

2.1 目标和计划

目标和计划是团队保质保量完成工作的两大关键要素，它们就像方向和路径。选择好方向，明确了路径，团队才会往良性的方向发展。没有目标的团队就没有存在的价值和意义。没有计划的团队就算再努力，也可能是在做无用功。

2.1.1 比方说，先赚它一个亿

如何有效地设定目标

我的下属总是不能"保质保量""又快又好"地完成工作！

"保质保量""又快又好"这类词未免太抽象了，有没有具体的、目标没有完成的场景呢？

说起具体，我想想……好像还真想不到什么具体的……反正就是觉得下属做得不好……

你有没有给团队制定过目标？

有啊，我给团队定的目标是：每天做一件实事，每周做一件好事，每月做一件新事，每年做一件大事。

这个更像一句口号吧……什么叫实事？好事？新事？大事？怎么定义？怎么衡量呢？

这个……确实是呀……有什么好方法吗？

制定目标的时候，你可以使用 SMART 原则和 VBR 原则。

问题拆解

团队没有明确有效的目标是一个非常危险的信号。这代表整个团队和团队成员的工作没有方向，工作内容无法分配，工作质量无法衡量。这样下去，团队的工作会变得模模糊糊，团队成员也会变得得过且过。如果出现这种情况，责怪下属又有什么用呢？

有的管理者自认为自己的团队有目标，可实际等于没有目标。抽象的目标、无法衡量的目标、与工作没有关联的目标、不切实际的目标、没有时间限制的目标都是无效的目标。

工具介绍

SMART 原则

SMART 原则是指制定目标的 5 个原则，它们分别是：具体的（Specific）、可衡量的（Measurable）、可达到的（Attainable）、具有相关性的（Relevant）、有时间限制的（Time-bound）。

制定目标的 SMART 原则

目标有特定的时间限制，有完成时间或截止日期

目标是与本职工作相关的，是和其他目标相关联的，并在团队内部有共同指向和关联性

目标应当是具体的、明确的，不能笼统，不能模糊

T

Time-bound
有时间限制的

R

Relevant
具有相关性的

S

Specific
具体的

目标要是数量化或行为化的。验证目标是否完成的数据或信息是可以被获取的

Attainable
可达到的

A

目标来源于实际，而非空想，在付出努力之后是可以实现的，不应设立过高或过低的目标

M

Measurable
可衡量的

举例如下。

采购部门下月目标：在下月底之前，在非生产原因造成的采购总量上升不超过 20% 的前提下，把 A 原材料的单位采购成本降低 3%。

工具介绍

VBR 原则

在制定目标的过程中,团队管理者要考虑目标能够创造的价值(Value)、团队当前的基础(base),以及团队可以运用的资源(resource)。综合考虑这 3 个方面,平衡三者之后,再来制定目标。不然的话,目标可能会制定得过高、过低或价值较低。

VBR 原则应用原理

价值指提高某类效率,增加某种效益;降低某项成本,减少某些风险。价值应尽可能量化,归结为财务结果。

价值

目标

基础　　　　　资源

基础指当前具备的素质、知识、技能等软实力,以及物资、设备等硬实力。它是内部的、能够控制的,是能通过主观努力提高的。

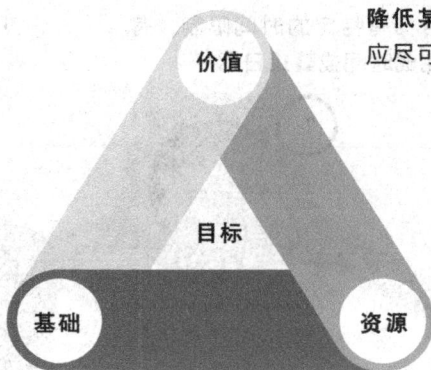

资源指当前拥有的人脉、财力、权属等各类可以动用的资源。它是外部的、不受控制的、需要他人配合的,是不能仅凭主观努力提高的。

VBR 原则表格工具

事务	价值	基础	资源	目标
A				
B				
C				

制定目标时，从宏观到微观的关注重点

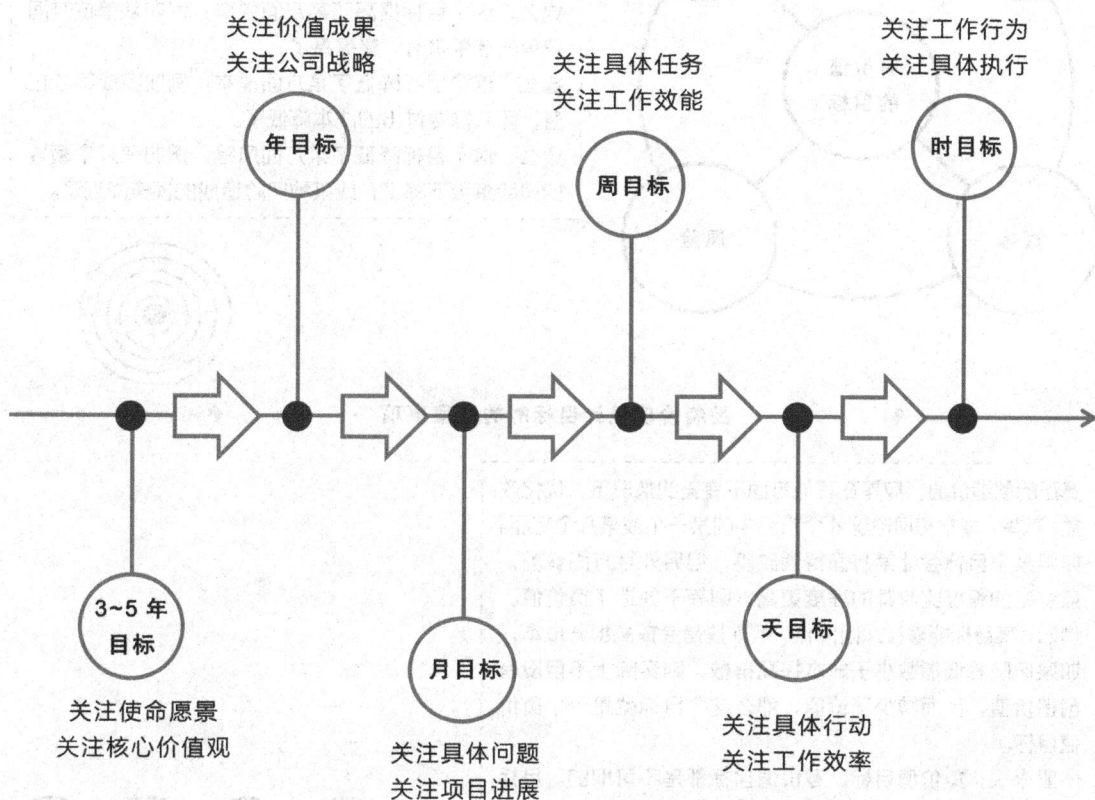

关注价值成果
关注公司战略

年目标

关注具体任务
关注工作效能

周目标

关注工作行为
关注具体执行

时目标

**3~5 年
目标**

关注使命愿景
关注核心价值观

月目标

关注具体问题
关注项目进展

天目标

关注具体行动
关注工作效率

小贴士

管理者在制定目标时，应当按照时间进行分解，不同时间点的目标关注的重点是不一样的。
越远期的目标，管理者的视野就应放在越宏观、长远、全局的层面；越近期的目标，管理者的视
野就应放在越微观、短期、具体、可操作执行的层面。

围绕价值制定目标的靶心图

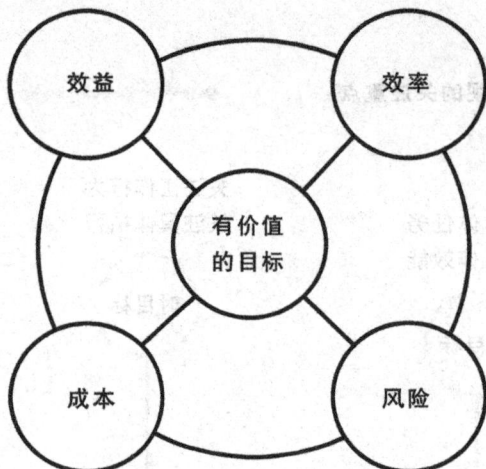

价值，可以归结为效益、效率、成本和风险4个维度。如何判断一个目标是否创造了价值呢？

要么，这个目标提高了某方面效益，例如从财务结果来看，某方面的销售额提高了。

要么，这个目标提高了某方面效率，例如从单位时间获得的结果来看，量提高了。

要么，这个目标降低了某方面成本，例如完成某个任务，团队需要付出的成本降低了。

要么，这个目标降低了某方面风险，例如在某个领域的风险系数下降了，或某种风险造成的损失降低了。

围绕价值设计目标时的注意事项

真正的创造价值，应是在其他方面不变差的情况下，优化效益、效率、成本和风险这4个方面中的某一个或某几个方面。如果某个目标会让某方面得到改善，但另外某方面变差，且变差的程度比改善的程度更高，则等于创造了负价值。例如，某目标能够让风险降低，但前提是会提高部分成本，如果风险降低指数小于成本提高指数，则实际上不但没有创造价值，反而减少了价值，那么这个目标就是一个负价值目标。

一般来说，负价值目标、零价值目标都是不可取的。目标应当提供正价值。

注：左边的"√"号代表"创造了价值"，"×"号代表"没有创造价值"，向上箭头代表"提高"，向下箭头代表"降低"，向右箭头代表"不变"。

小贴士

岗位职责不一定是价值，工作任务也不一定是价值，围绕岗位职责和工作任务制定目标，很可能得不到正价值的目标。

管理者最好和下属一起制定目标，让下属全面了解目标的背景和价值、全面了解自己工作的真正意义，这有助于下属更好地完成工作与目标。

2.1.2　不相信吗，我是认真的

🔒 **问题场景**　如何将目标分解成任务和行动

学会了如何制定目标，我现在的问题就都解决啦！

先别急，明确了目标只是知道了想要达到的结果。过程中要做些什么来保证结果实现也很重要。

有了目标，就要把目标分解成工作任务，把工作任务分解成具体行动。如果目标过大，也可以先把大目标分解成小目标，再分解成任务和行动。

确实，只有结果没有过程肯定是不行的。

恩，这样一分解，工作就很清晰了。不过，具体怎么操作呢？

这里可以用到GTA目标分解法，把目标分解成任务和行动。

太好了，这样分解目标之后，就清楚要做什么了！

没错！

问题拆解

很多团队管理者在安排工作时没有目的性和目标感，工作任务不讲顺序，行动方案不分主次，不按照部门的工作目标和下属一起制定工作任务和具体的行动计划，而是遇到什么任务就给下属安排什么工作。

工作安排的随意性大，下属的工作也就没有方向感，从而产生大量与目标无关的行为，做了大量低效的工作。一段时间后，团队管理者发现最初制定的目标没有实现，又反过来责怪下属。其根本原因却是团队管理者没有按照从目标到工作任务，再到具体行动的管理逻辑安排工作。

工具介绍

GTA 目标分解法

GTA 目标分解法指的是从目标（goal）到任务（task）再到行动（action）的工作分解法。有了目标之后，为了保证完成目标，需要将目标分解成较小的、更易于管理的具体任务和具体行动。任务和行动也应有各自相应的目标，以便团队管理者检查和评估工作。团队管理者应当根据目标分解的任务和行动来给下属安排工作。在目标完成前，团队管理者不仅应该观察和评估下属在工作中有没有实施相应的行为，还要做到对目标进行过程管控。

GTA 目标分解法原理

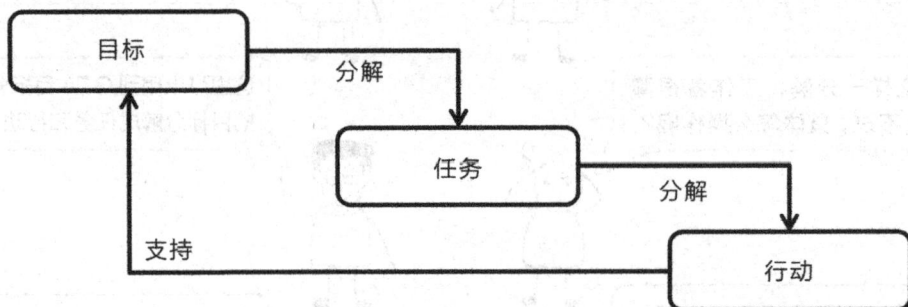

GTA 目标分解法表格工具

事务	目标	任务	行动
A			
B			
C			

目标、任务与行动的优先级顺序

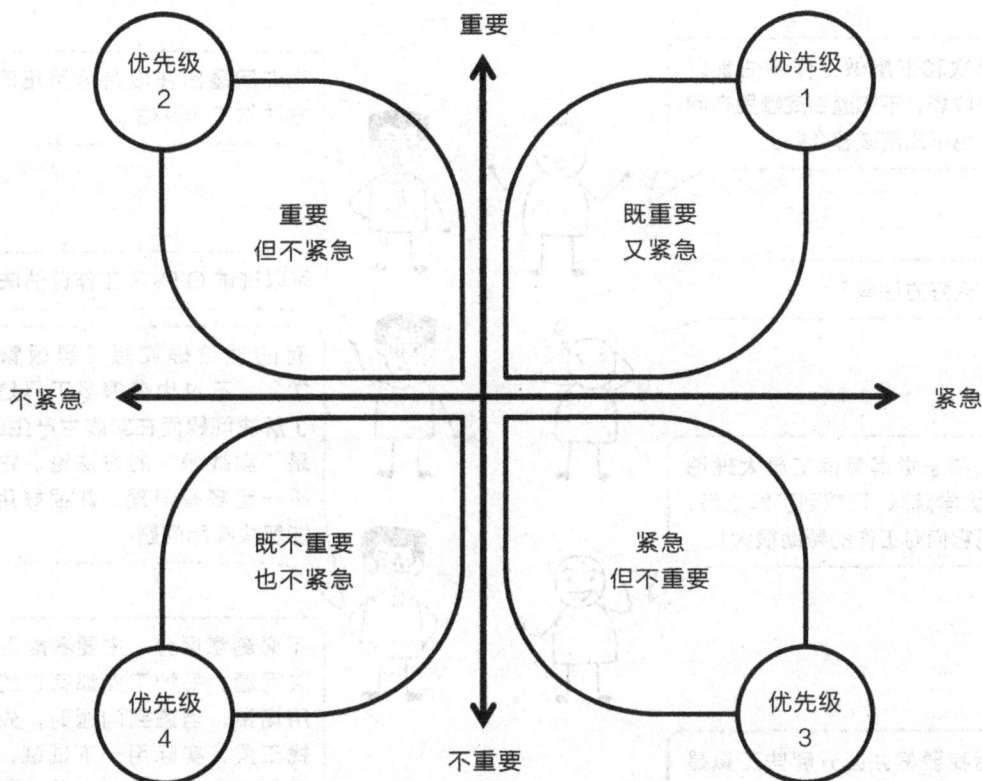

重要

优先级 2

重要
但不紧急

优先级 1

既重要
又紧急

不紧急 ←————→ 紧急

既不重要
也不紧急

优先级 4

紧急
但不重要

优先级 3

不重要

小贴士

纷繁杂乱的工作、持续变化的环境、随时变化的需求，都很容易让团队管理者感到混乱与迷惑，以致忘记了本来的目标。

工作的目标、任务和行动都有优先级顺序，主要按照紧急程度和重要程度划分。优先级最高的是既重要又紧急的事务，优先级最低的是既不重要又不紧急的事务。重要但不紧急的事务应当优先于紧急但不重要的事务。

团队管理者不应被大量临时的、紧急的，但不重要的事务消耗太多时间，应当把主要精力聚焦在比较重要的目标、任务和行动上。

在重要程度和紧急程度相同的事务中，可以先做相对比较容易的、较短时间内能完成的事务。

2.1.3　当初的愿望实现了吗

🔒 **问题场景**　如何评估目标、计划、行动、任务的完成情况

我每次和下属做工作评估都以争吵收场，不知道到底哪里有问题，也不知道该怎么办。

也许问题出在没有运用正确的方法做工作评估。

有什么好方法吗？

可以试试 GTVR 工作评估法。

我以前总觉得管理工具太理论化、太学院派，没想到了解之后，发现它们对工作的帮助很大！

有的理论确实是"黑板管理学"，不过也有很多工具是为了解决问题而在实践中产生的，是"实战派"的方法论。它们不一定多有道理，却很好用，能解决实际问题。

以后我要怎么区分哪些工具是"学院派"的，哪些工具是"实战派"的呢？

不必刻意区分，主要看能否解决问题。每种工具都有它的应用场景，当遇到问题时，先寻找工具，实际用一下试试，好用就继续用并不断完善；不好用就找原因，如果应用的方式没问题，那就换一种工具。

问题拆解

如果只是一味安排工作，不做工作质量的评估，就如同航海时只在出行前看了一眼方向，出行之后就再也不看指南针一样。

在制定出目标，并分解成任务和行动之后，团队管理者和下属之间还需要就工作的完成情况做定期的评估。不然的话，就不知道工作有没有偏离预期目标，不知道完成的工作质量怎么样，也不知道下一步的努力方向。

工具介绍

GTVR 工作评估法

对工作进行评估时，可以按照评估目标完成情况（Goal Achievement）、评估任务 / 行动完成情况（Task/Action Completion）、评估价值完成情况（Value Completion）、复盘和收获（Restructuring and Harvesting）4 个方面来做工作评估，即 GTVR 工作评估法。

这个工具能帮助上级和下属更全面地进行思考，能把问题空间化、维度化、结构化，有助于更好地解决问题。运用这种方法能使上级和下属一起快速找到工作做得到位和做得不到位的地方，双方都能够更清楚工作的完成情况，也能够快速聚焦问题点，从而进行改进并得到提高。

GTVR 工作评估法应用步骤

第 1 步，从总体上评估长期目标和短期目标的完成情况

第 2 步，从工作步骤上评估任务 / 行动的完成情况

第 4 步，复盘整个工作，总结在知识、技能和经验方面取得的收获

第 3 步，从工作成果上评估价值的完成情况

GTVR 工作评估法表格工具

评估事务	评估时间	目标完成情况	任务 / 行动完成情况	价值完成情况	复盘和收获

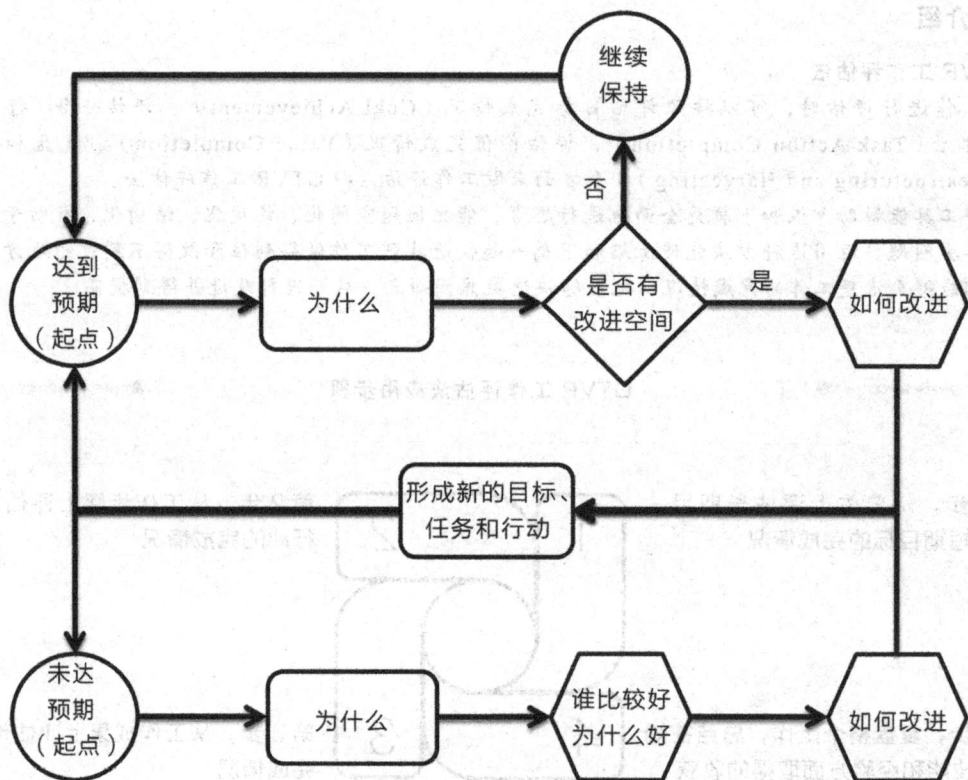

工作评估与改进的流程原理

```
                              ┌─────────┐
                              │  继续   │
                              │  保持   │
                              └─────────┘
                                  ↑
                                 否
    ┌──────────┐    ┌──────────┐    ◇ 是否有    是   ⬡
    │  达到    │    │          │ →  改进空间  →  │ 如何改进 │
    │  预期    │ →  │  为什么  │ →  ◇           ⬡
    │ (起点)   │    └──────────┘
    └──────────┘

              ┌─────────────────┐
              │  形成新的目标、  │  ←
              │  任务和行动      │
              └─────────────────┘

    ┌──────────┐    ┌──────────┐    ┌──────────┐    ⬡
    │  未达    │    │          │    │ 谁比较好 │    │ 如何改进 │
    │  预期    │ →  │  为什么  │ →  │ 为什么好 │ →  ⬡
    │ (起点)   │    └──────────┘    └──────────┘
    └──────────┘
```

小贴士

工作评估不仅能对过去工作的质量进行评判，还能够通过总结过去的工作来提高未来的工作质量。所以，在工作评估的过程中，要注意以下 3 个重点。

1. 问"为什么"，不论工作有没有达到预期，都要问"为什么"。

2. 问"怎么做"，不论工作有没有达到预期，都要考虑如何做得更好，如何产生更大价值。

3. 问"做什么"，为了在工作评估结果的基础上做到更好，要形成新一轮的目标、任务和行动。

2.2　布置工作

　　布置工作不像人们想象的那么简单。如果团队管理者布置工作只是简单地向下属说一句："喂，你去办一下某件事。"下属就能把事情做好的话，那带团队也太容易了。正是因为现实中不可能这样，团队管理者才需要掌握布置工作的方法和技巧。

2.2.1 一遍听不明白，那我就说六遍

🔒 **问题场景** 如何有效地布置工作

为什么我给下属布置的工作任务，下属总是做不好？为什么下属总是理解不了我的意思呢？

因为在布置工作任务的过程中，难免会有"信息流失"。

下属和我相处的时间长了，不是应该我一个眼神，他就知道我想让他做什么吗？

不可能的，那只是个美丽的神话……

那我该怎么办呢？

下次布置任务，你可以试试"**说6遍**"。

什么！说6遍？这也太啰唆了吧？

说6遍指的不是像机器人一样重复6遍，而是你和下属之间要就工作问题做多次交流和讨论，保证信息完整传达。

上级心里想的 100%
上级嘴上说的 80%
下属听到的 60%
下属听懂的 40%
下属行动的 20%

问题拆解

上级"传话筒"式的管理方式起不到预期效果。

在布置工作时，上下级之间的视野高度、思维宽度和信息广度是不对称的，这就会造成上级向下级布置工作时有"信息流失"的情况。如果上级心里想的有100%，他能够表达出来的可能有80%，下属听到的也许是60%，下属能够听懂的只有40%，下属最终理解并采取行动的可能仅剩下20%。从心里想的100%到最后采取行动的20%，这就是上级的很多指令无法被贯彻执行的原因。所以管理者在布置工作时，要有一定的"技术含量"，需要使用一些工具和方法。

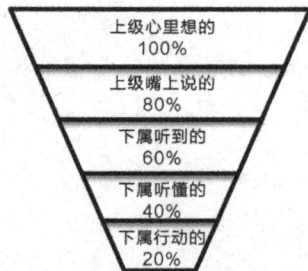

工具介绍

布置工作可以"说 6 遍"

"说 6 遍"当然不是指把要布置的工作任务简单地重复 6 遍，而是指管理者可以利用"6 个步骤"和下属就布置的工作任务进行交流，提出问题，从而达到信息对称的效果。

布置工作的 6 个步骤

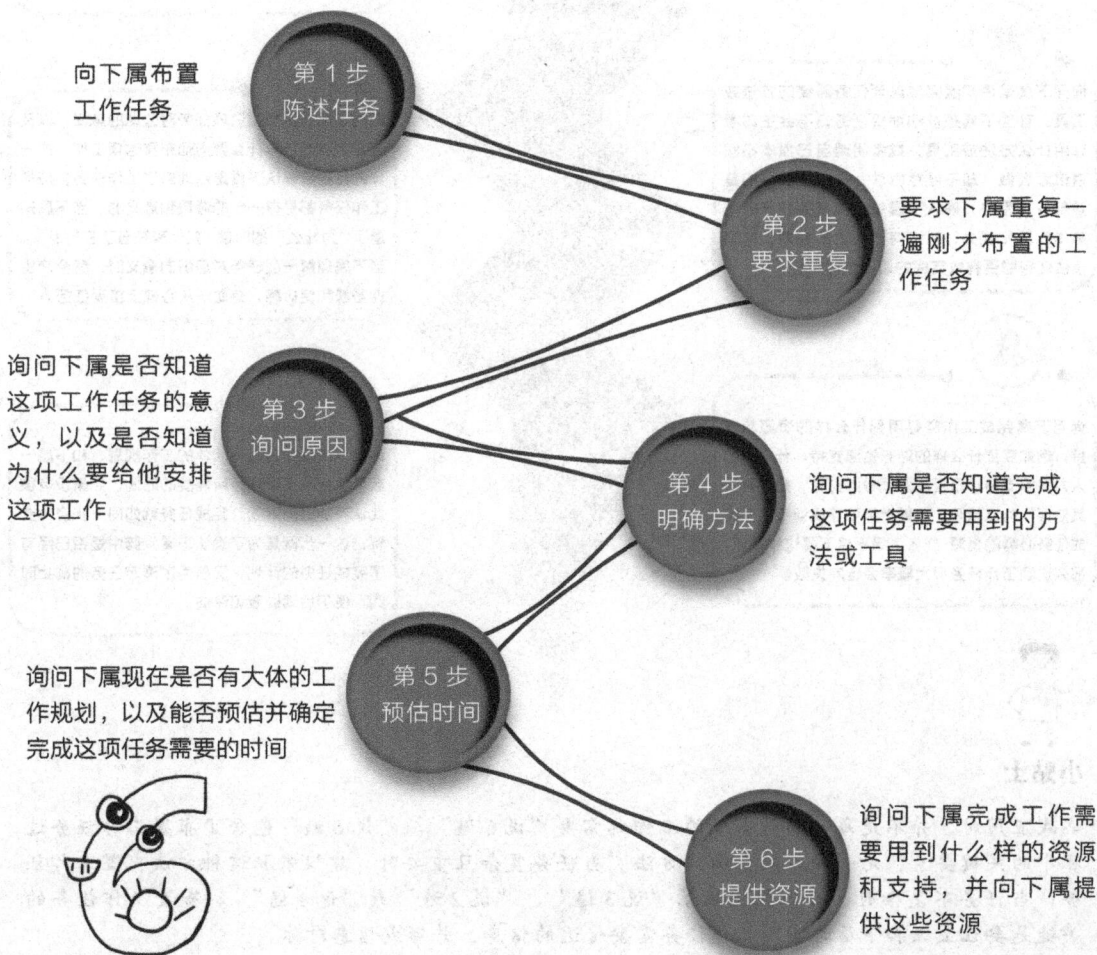

向下属布置
工作任务

**第 1 步
陈述任务**

**第 2 步
要求重复**

要求下属重复一
遍刚才布置的工
作任务

询问下属是否知道
这项工作任务的意
义，以及是否知道
为什么要给他安排
这项工作

**第 3 步
询问原因**

**第 4 步
明确方法**

询问下属是否知道完成
这项任务需要用到的方
法或工具

询问下属现在是否有大体的工
作规划，以及能否预估并确定
完成这项任务需要的时间

**第 5 步
预估时间**

**第 6 步
提供资源**

询问下属完成工作需
要用到什么样的资源
和支持，并向下属提
供这些资源

布置工作的 6 个步骤应用注意事项

这一步并不是上级自己把任务重复一遍，而是要求下属重复一遍刚才所说的任务。这样做的目的既是确认下属是否完整接收到任务信息，也是为了检验自己刚才说的话中有没有遗漏，如果有，可以在下属重复完之后给予补充。这种从"我说"到"你说"再到"我再说"的方式，真正把单向的"传达"过程变成了"交流"与"沟通"的过程。

上级要把任务的背景、预期的目标、期望达到的结果、不同结果可能对公司带来的影响、下属能够掌握的尺度等能想到的关键要素用最精炼的语言表达清楚。管理者在布置任务过程中语言描述的完整和精炼程度，直接决定了下属的接受理解程度。

第 1 步
陈述任务

第 2 步
要求重复

第 3 步
询问原因

询问下属是否知道完成这项任务需要的方法或工具。有些下属是被动地接任务，不会主动考虑用什么方法或工具，或者明明自己根本不知道该怎么做，却不好意思说。这一步的目的是强制下属思考，确认下属是否具备完成任务的基本思路和能力，有没有方法上的偏差。这是预估任务能否有效完成的必要过程管控。

询问下属是否知道这项任务对公司的意义，以及告知下属自己为什么要向他布置这项工作。这一步的目的是确认下属是否理解了工作任务。任何工作任务都是有一定的背景和意义的。当下属知道了"为什么"的时候，就代表知道了它的意义。当下属理解一项任务对组织的意义时，就会产生神圣感和使命感，有助于从心理上接受任务。

第 4 步
明确方法

第 5 步
预估时间

询问下属完成工作需要用到什么样的资源和支持，例如需要什么样的财务资源支持、什么样的人力资源支持、是否需要领导的支持、是否需要其他部门的支持等。如果上级和下属都不清楚完成任务必需的资源，或者上级不给下属这些资源，那么这项工作任务很大概率会走向失败。

第 6 步
提供资源

询问下属现在是否有大体的工作规划，和下属一起预估完成工作任务所需要的时间。如果没有彼此认可的时间限制，完成任务就如同一张空头支票。这一步既是为了确认下属头脑中是否已经有了完成任务的计划，又是为了确定任务的截止时间，便于后续检查和评估。

小贴士

实战应用时，并不是每一项待布置的工作都需要"说 6 遍"。"说 6 遍"包含了布置工作任务过程中的关键要素，是一种比较全面的方法。当任务复杂且重要时，建议采取这种方法布置工作任务；当任务不复杂时，可以根据场景"说 3 遍"、"说 2 遍"或"说 1 遍"。布置工作任务的关键是要让上级和下属都明确工作任务需要传达的信息，并形成信息对称。

2.2.2　确认过眼神，不知道你想要啥

🔒 **问题场景**　如何调整布置工作的态度，让下属更易接受

布置工作的 6 步法确实好，但上级布置工作不到位，不应该下属主动来问吗？为什么做上级的要这么累？

这种观念有问题，团队中的上下级只是分工不同，关系是平等的。

有必要说那么多吗？直接让他们做事不就好了吗？

直接说确实可以，不过要注意布置工作时的态度。你平时对下属布置工作会采取什么态度呢？

这个……我好像……我布置工作的态度确实有一点讨厌……有种使唤下属的感觉……觉得这是他们应该做的……有点……太理所当然了……

这是个很大的问题，你都会感受到这么做很讨厌，那下属的感受会更强烈。

看来我要改一改布置工作时的态度了……

是的，上级布置工作的态度影响着下属最终完成工作的质量。

问题拆解

上级给下属布置工作，理论上确实是理所当然的，不过没有人愿意接受冷冰冰的命令。如果团队管理者长期采取比较霸道的方式布置工作，容不得半点商量的余地，那么上下级之间必然会形成隔阂。所以，团队管理者切记不要搞唯我独尊式的管理，更不要给下属一种自己凌驾于他们之上的感觉。布置工作需要有正确的态度。

工具介绍

布置工作的正确态度

用什么样的态度布置工作直接决定了下属对工作的接受程度。团队管理者布置工作时如果态度消极、懒散、无所谓、不自信，下属会觉得这项工作任务似乎并没有那么重要；如果态度积极、坚决、果断，而且适度表现出紧迫感，下属可能就会重视这项任务。当然，如果布置工作时态度蛮横、盛气凌人，以高高在上的指挥官姿态命令下属，下属肯定会反感。

布置工作的 3 种好态度

1. 尊重	2. 谦和	3. 鼓励
布置工作时不应抱着等级观念，要给予下属充分的尊重	谦和的态度会让下属感到被尊重，这种态度也并不会影响团队管理者的权威	肯定下属之前的某项工作成果，以鼓励的话开头或收尾

布置工作的参考话术

布置一般任务

小王，上次的工作做得很出色，客户很满意。这里有个比较重要的任务，是给 A 公司报方案。A 公司是潜在的大客户，能拿下的话对公司贡献很大。我认为这项工作非你莫属，所以由你全权负责。我们一起努力，相信你一定能做好，加油啊。

布置紧急任务

小王，咱们正在和 A 公司谈合作，未来业务规模大约一年有 300 万，据了解竞争对手也已经开始和 A 公司接触了。咱们要赶在竞争对手之前把方案给 A 公司报过去，最好今天结束之前完成。时间紧迫，咱们团队一起齐心协力，加快进度，争取按时把这项工作完成！

说清楚
起因和背景

布置工作话术
的 3 点注意
事项

表意清晰
不要模糊

强调团队
共同努力

布置工作时要避免的 3 种态度

1. 满不在乎

有些团队管理者觉得给下属布置工作是天经地义的。这种态度的潜台词是：你对我来说无关紧要，这项工作也不是那么重要，我是把一项无关紧要的工作交给了一个无关紧要的人来做；你不能做，我还可以找别人做，反正结果都一样。这就在无意之中显示出了对下属和工作的不关心与不尊重，会引起下属强烈的反感。

2. 盛气凌人

有些团队管理者为了显示"威严"，喜欢用盛气凌人的态度指使下属做事。这种态度的潜台词是：我是你的领导、我地位比你高、我比你高明，我给你布置工作你就应该乖乖照着我的话去做。这是人为地把自己和下属划分到了不同的"阵营"，会让下属感到非常不舒服。

3. 暗藏心机

有些团队管理者为了显示高明，说话办事阴阳怪气，不干净利落，有时候故意不把话说明，让下属去猜测他的想法和意图。这种态度的潜台词是：我给你布置的任务该怎么办你可要好好想一想，这个任务如果有了功劳，可能是我的；一旦出了问题，很可能让你来背锅。

小贴士

上级对下级的态度就像是一面镜子，终会投射到工作成果上。善会换来善果，恶会换来恶果。上级以什么样的态度布置任务决定了下属会以什么样的态度对待任务，下属对待任务的态度决定了任务完成的结果和质量。上级在布置任务时，一定要保持对下属和任务的充分尊重；即便这个任务很简单，也不能在态度或言语上表现出轻蔑。

如果上级不在乎，下属也会不在乎。如果上级希望下属迅速完成任务，那么自己在态度上要表现出紧迫感；如果上级希望下属重视任务，那么首先自己在态度上要表现出重视。

2.2.3 上月球还是拿业绩，选一个吧

🔒 **问题场景** 如何布置棘手的工作

我有时候要布置一些比较艰难的工作，这类工作下属很不愿意接受，有没有什么办法可以解决呢？

除了前面说的布置工作的方法、态度之外，面对这类情况，还有一个小技巧。

什么技巧？

让下属做选择题。

要考试吗？

当然不是考试，是让下属主动选择工作任务。

那如果下属选的工作不是我想让他做的怎么办？

所以需要设定选择范围，设计好选项，引导下属主动选择某项工作。

问题拆解

人们不喜欢被安排，不喜欢被命令，喜欢掌握主动权。但上级给下属布置工作，又免不了要安排下属，这就让上级和下属之间存在天然的矛盾。如果上级布置的是普通工作还好，如果是比较难的工作，就可能出问题。

上级向下属布置工作有时候可能会陷入一种困境。下属怎么想的，上级可能并不知道，也不关心。如果工作任务很棘手，下属即便接受，也可能心不甘情不愿，而且还有可能借故推脱，不想接受任务。

工具介绍

给下属做选择题

选择权是一种主动权，当上级向下属布置有难度的任务时，可以让下属做选择。

这套方法的原理是提前准备A和B两套任务，A任务是上级想让下属完成的任务，但这项任务比较难；B任务是比A任务还难的"不可能完成的任务"。

上级可以先说B任务，听完B任务后，下属的内心通常是绝望的。停顿几秒钟后，再说出A任务，让下属选择，这时下属内心会转悲为喜，主动选择A任务。因为A任务是下属主动选择的任务，所以他对A任务的接受度相比上级直接给他安排A任务会更高。

给下属做选择题的4个步骤

为了让下属更好地完成工作，上级应和下属共同面对艰难的工作，而不是把工作全部扔给下属。上级要给下属提供完成工作所需要的各种资源与支持。

如果某项工作从客观上来讲并不难，只是下属主观地认为难，那么上级可以帮助下属认清情况，寻找方法；如果客观上很难，下属不易接受，就进入第2步。

第4步
共同面对

第1步
评估难度

工作
任务

第3步
引导选择

第2步
设计选项

在下属选择的过程中给予肯定，肯定下属曾经的成绩，帮助下属建立起对完成任务的信心，引导下属做出选择。

设计1～2项更艰难、下属不会选择的工作任务，把它们和这项工作放在一起，让下属选择。先向下属说难的选项，再说容易的选项。

如果强行安排艰难的工作会有什么结果？

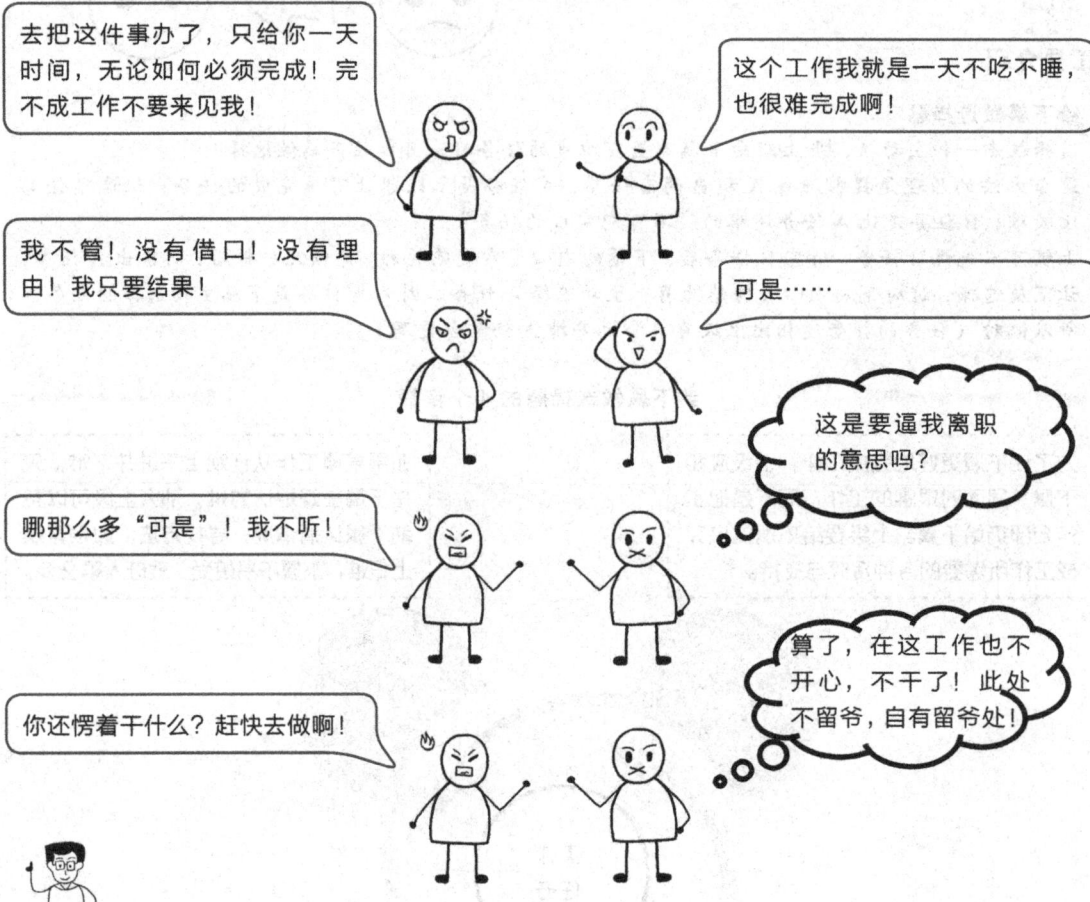

去把这件事办了，只给你一天时间，无论如何必须完成！完不成工作不要来见我！

这个工作我就是一天不吃不睡，也很难完成啊！

我不管！没有借口！没有理由！我只要结果！

可是……

这是要逼我离职的意思吗？

哪那么多"可是"！我不听！

算了，在这工作也不开心，不干了！此处不留爷，自有留爷处！

你还愣着干什么？赶快去做啊！

小贴士

无脑地给下属安排棘手的工作且只看结果、不管过程的粗放式管理，最终只会换来悲惨的结果。《三国演义》中有这样一个桥段：张飞命令范强、张达在 3 天时间内搜集齐全军需要的白旗和白甲，以便全军将士挂孝去讨伐东吴；如果集不齐，延误了战机，就要军法处置。这是个"不可能完成的任务"。两天后，范强和张达做了大量的努力也没有集齐，两人苦苦哀求张飞宽限几天。张飞不但不同意，还把他们绑到树上各打五十鞭。打完后，张飞冷冷地命令他们明天必须把白旗、白甲备齐，如果没做到，就杀了他们示众。结果当晚范强和张达便杀了张飞，提着张飞的人头去投奔东吴了。

2.3　工作汇报

　　下属主动地汇报工作应当得到鼓励。下属应该在什么时间汇报、如何汇报、汇报什么内容，都是能够被管理的。对下属的工作汇报进行有效管理，能够让团队管理者和下属之间形成一种默契，从而更高效地开展工作。

2.3.1 我和时间有个约定

🔒 **问题场景** 如何与下属约定工作汇报的时间

在听取下属工作汇报的环节，我总觉得自己差点什么……

关于工作汇报，你的下属表达过他们的不满吗？

确实有，我经常听下属抱怨说我一会儿让他们汇报，一会儿又说太忙，没空听他们汇报。

这就是问题点了。我们先针对这个问题来进行改进吧。

怎么改进呢？

你可以让下属做阶段性汇报。

阶段性汇报？意思是每隔一段时间让下属做一次工作汇报吗？

可以这么理解。阶段性汇报的重点是让下属的工作汇报有规律、有计划，从而让下属和你保持同频。

问题拆解

下属向上级做工作汇报是上下级之间就工作进度进行交流沟通的好机会。然而，有时候下属想向上级汇报工作，上级没时间；有时候上级想听下属汇报工作，下属手头恰好又有比较紧急的工作要处理，这就导致了上下级之间在工作汇报的问题上不同频。

如果下属出于好意想向上级汇报工作的进展情况，却不巧碰到上级比较忙，没时间听他的汇报，就会不利于上下级之间就工作的阶段性进展做交流，而且还会打击下属汇报工作的积极性。

工具介绍

阶段性工作汇报

上级和下属可以就工作的进展情况约定几个阶段性汇报的时间。这个时间最好具有一定的规律性和计划性，例如约定每周一、周三、周五的 9:30 ~ 11:30 是下属向上级做工作汇报的时间。对某项特定工作，可以约定特定的工作汇报时间。例如，对于 A 工作，上级和下属约定在每周三上午 10:00 讨论工作进展情况。

与下属约定阶段性汇报的 3 点注意事项

1. 在向下属布置工作的时候，对布置的每一项工作都要和下属一起确定阶段性汇报的时间。

2. 上级和下属约定的汇报时间最好相对固定，以保证彼此都有提前准备的时间，保证工作汇报的质量。

3. 对需要阶段性汇报的工作，上级要把握工作汇报的节奏和整个项目的进度，不要被动等待下属的汇报。

阶段性工作汇报的 3 种形式

上下级之间通过正式的书面文书形式传递工作进展的信息，流程如下。

书面报告

下属形成书面报告 ➡ 上级对书面报告批示意见 ➡ 下属根据上级批示的意见做调整

上下级之间通过面谈的形式，就工作进展的问题展开一对一的讨论，流程如下。

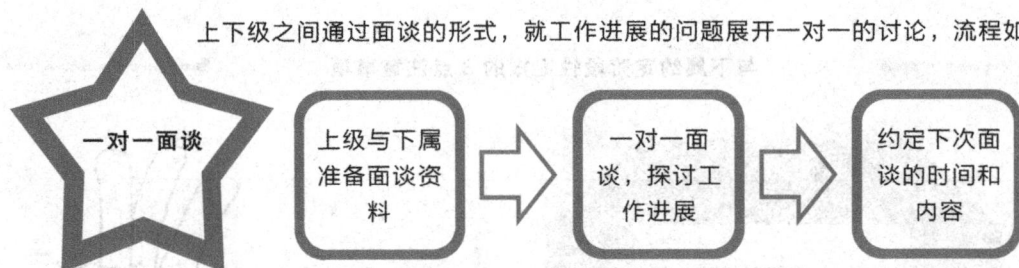

一对一面谈

上级与下属准备面谈资料 ➡ 一对一面谈，探讨工作进展 ➡ 约定下次面谈的时间和内容

上下级之间采取多人会议的形式对某项工作的进展问题共同进行探讨，流程如下。

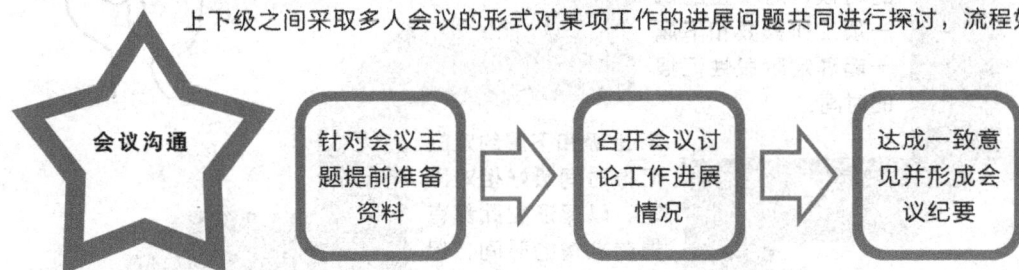

会议沟通

针对会议主题提前准备资料 ➡ 召开会议讨论工作进展情况 ➡ 达成一致意见并形成会议纪要

小贴士

这 3 种阶段性工作汇报的形式属于比较正式的形式。它们没有绝对的优劣之分，分别适用于不同的管理情况、不同的文化背景、不同的关注重点、不同的工作场景等。

除此之外，工作的阶段性汇报还可以采取非正式的形式，如走动式管理、非正式会议、非正式交流等。只要能达到阶段性工作汇报的目的、让团队管理者掌握下属各项工作的进展情况就可以了，汇报的形式可以更加多元和开放。

2.3.2 先称赞是个好习惯

听下属汇报工作应该也不是只听听就好了，是不是也有方法啊？

确实，例如在听取下属工作汇报的时候，可以先给他"点个赞"。

什么？不对吧？不管他说什么我都要先称赞他吗？

对，不论他汇报的工作是好消息还是坏消息，不论他汇报的质量怎么样，先给他"点个赞"！

别误会，称赞是因为下属汇报工作这个行为本身是值得赞扬的，而不是因为别的。

这会不会使称赞显得太随意了？

这么做有什么好处呢？

人们会因为获得正反馈而持续做某件事。称赞下属就是对他汇报工作行为本身的正反馈。

问题拆解

有时候下属兴冲冲地来向上级汇报工作，结果却因为汇报内容本身是坏消息，或者下属汇报工作的方式不对，换来上级的批评。长期这样下去，下属可能会畏惧工作汇报。当然，如果下属工作本身有问题可以后续指出，但对下属按时汇报的态度，上级应当首先给予肯定。上级在听取下属汇报的过程中，也应当遵循一些基本的步骤。

工具介绍

听取下属汇报的 6 个步骤（适用于口述类工作汇报）

上级听取下属工作汇报的时候，可以遵循以下 6 个步骤。

1. 就下属主动的工作汇报行为给予称赞。

2. 听取下属的工作汇报内容。

3. 与下属一起发现工作中的异常状况。

4. 与下属一起制订下一步的工作计划。

5. 与下属约定下次工作汇报或交流的时间。

6. 称赞下属工作中的成果，或再次称赞下属主动汇报工作的行为，以正能量的赞扬收场。

听取下属汇报的 6 个步骤

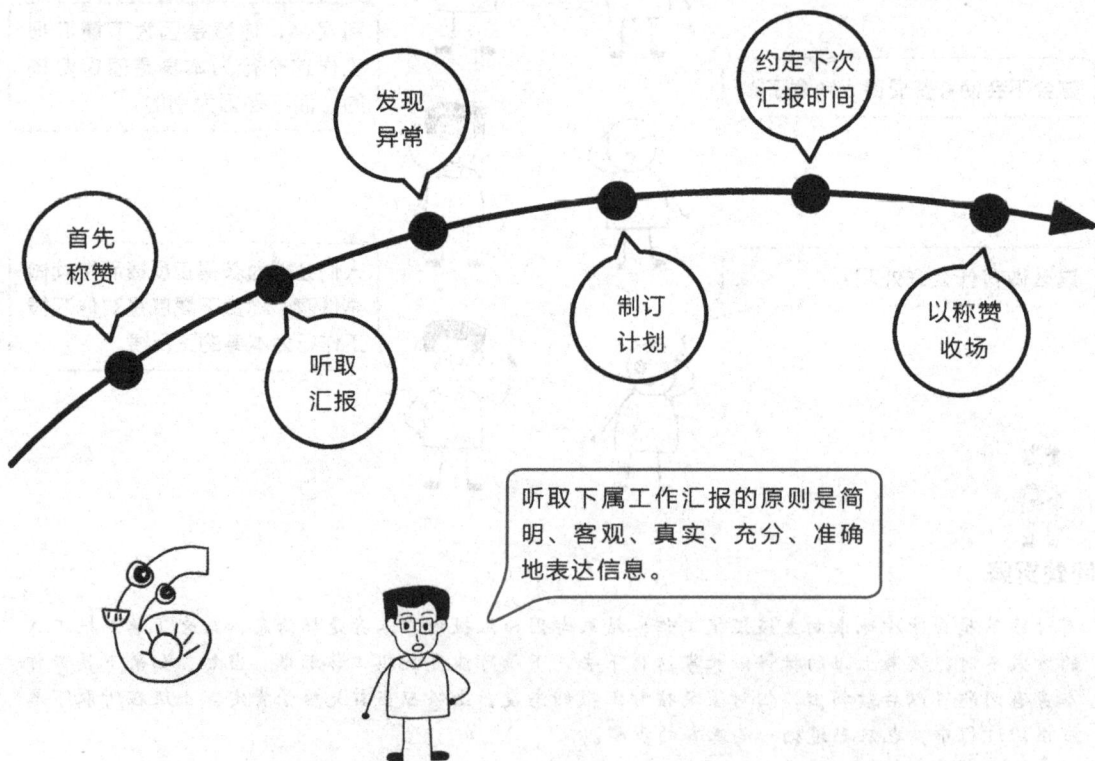

首先
称赞

听取
汇报

发现
异常

制订
计划

约定下次
汇报时间

以称赞
收场

听取下属工作汇报的原则是简明、客观、真实、充分、准确地表达信息。

听取下属汇报的 6 个步骤的注意事项

1. 称赞下属工作汇报这一行为时，不要刻意，不要每次都以相同的方式称赞，也不需要每一次都称赞。

2. 听取下属汇报时，要多听少说，最好不要打断下属。如果觉得下属的工作方向或方法有偏差，先记录下来，在下属汇报结束后说出意见，并和下属一起讨论。

3. 在对待下属工作上的异常时要尊重事实和数据，就事论事，不要凭感觉判断，不要做无谓的争论。另外还要注意措辞，不要用极端的字眼否定下属。工作细节上要做到抓大放小，求同存异。

4. 在制订计划的环节要明确具体的完成时间、具体的改进事项、计划中各方的责任、计划跟进的方式等。如果有必要，可以形成书面文件。

5. 可以根据制订的工作计划来与下属约定下次工作汇报的时间。还要做好备忘，持续跟进。

6. 不论下属有多少不足之处，在汇报的结尾都要给予积极的肯定，要让下属感受到信心、期许、力量和希望。

小贴士

听取下属工作汇报的整个过程要围绕当初设定的目标展开，如果目标发生了变化，就应当按照当前最新的标准评价下属的工作。

上级听取工作汇报除了可以明确当前的工作进度、评价下属的工作质量之外，还可以借机培养下属的思考能力。上级要表现出对下属的关心，不能总以问责的态度对待下属，不能只盯着工作任务本身，下属在工作过程中获得的成长和提高同样非常重要。

2.3.3　生下来就会跑的是哪吒

🔒 **问题场景**　如何对待不会汇报工作的下属

有的下属表达能力差，有的下属个性内向，他们不会汇报工作，表达不清楚，抓不住重点。听他们汇报工作，真让我生气！

没有谁生来就会汇报工作。生下来就会跑的那是哪吒。

对待这样的下属，你要多包容和**培养**，教他们**汇报工作的正确方法**。

哈哈，也对。

那我具体该怎么办呢？

态度上还是要以鼓励和引导为主，不应该立即给出负面评价。

还是为了给他们正反馈吧？

没错，持续的正反馈能让下属的内心建立起汇报工作的信心，这样他们才会主动接受、不畏惧工作汇报，并且会主动去学习汇报工作的技能。

问题拆解

有很多下属因为性格、能力等原因，不愿做工作汇报或者不懂如何汇报工作。这时候，作为上级如果一味地苛责他们，他们的这种"不愿"或"不会"只会进一步加深，让情况越来越糟。

工作汇报其实是一项能力，既然是能力就可以培养。团队管理者要注意培养下属这方面的能力，同时引导下属主动提高这方面的能力。

工具介绍

下属做工作汇报和计划的步骤

下属做工作汇报的时候，不论是口述类汇报还是文书类汇报，都要先说结论，再说明这个结论是根据怎样的分析得出的，最后说明做出这些分析的事实依据是什么。如果工作汇报是以报告形式出现的，结论最好作为报告的标题。以大结论作为大标题，小结论作为小标题。

下属就工作计划做工作汇报的时候，不论是口述类计划还是文书类计划，都要先说目标，再说明完成这个目标需要执行哪些任务，最后说明完成这些任务需要哪些具体的行动。

下属做工作汇报的参考步骤

下属就工作计划做工作汇报的参考步骤

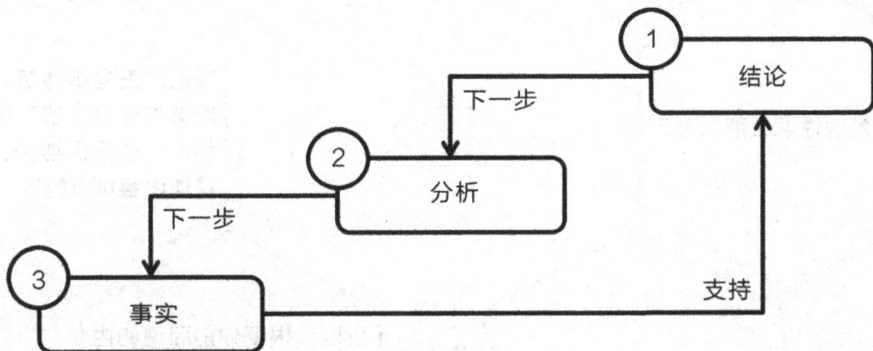

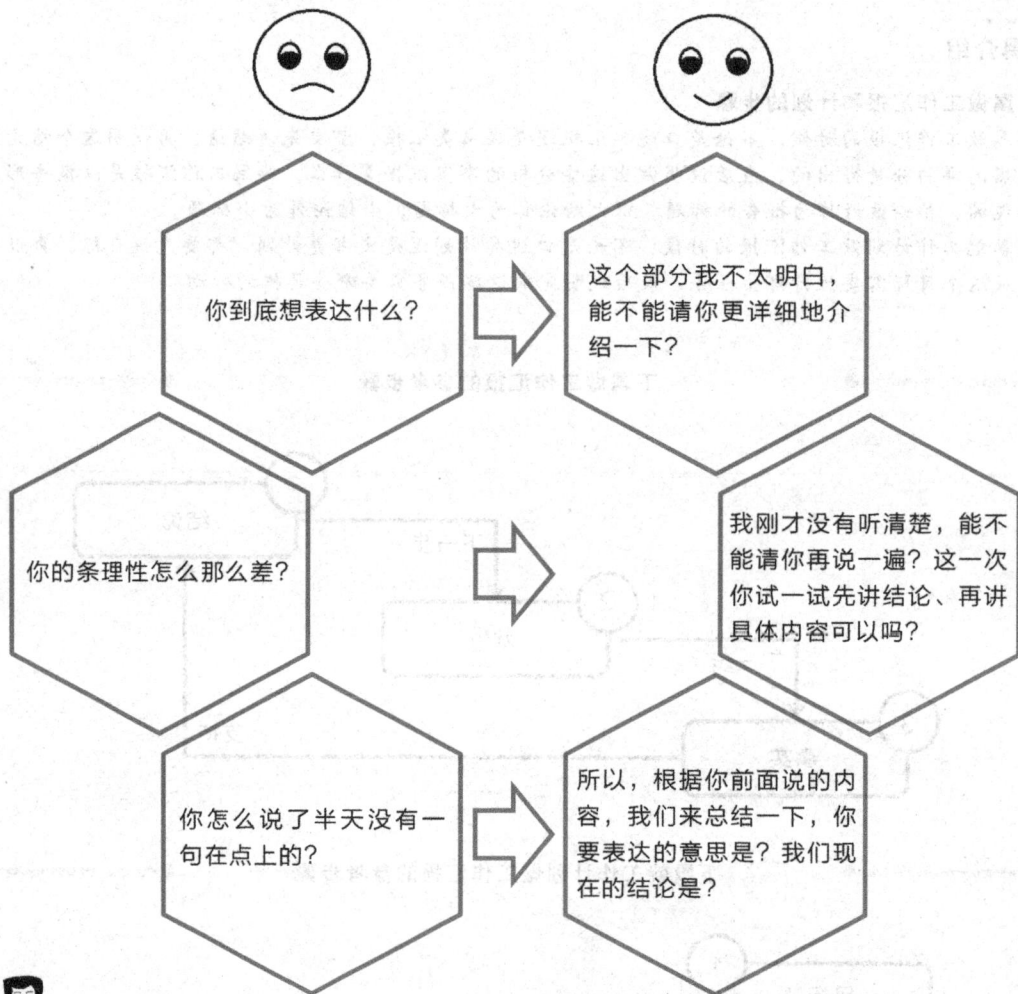

引导下属汇报工作的话术

你到底想表达什么？ ➜ 这个部分我不太明白，能不能请你更详细地介绍一下？

你的条理性怎么那么差？ ➜ 我刚才没有听清楚，能不能请你再说一遍？这一次你试一试先讲结论、再讲具体内容可以吗？

你怎么说了半天没有一句在点上的？ ➜ 所以，根据你前面说的内容，我们来总结一下，你要表达的意思是？我们现在的结论是？

小贴士

话术是死的，人是活的。与其死记硬背话术，不如掌握其中的原理，做到活学活用。对待不会汇报工作的下属，要以鼓励、引导和培养为主。上级要持续给他们正反馈，让他们建立起汇报工作的信心，而不是一味地责怪和埋怨。

第3章 有效沟通

我总觉得自己和下属的沟通有问题。

具体有什么表现呢?

很多……例如,下属不喜欢我,不愿意和我交心,总躲着我……

那看来真有问题……

我们一起来探讨一下如何有效沟通吧。

怎么办呢?

背景介绍

源智公司(化名)办公室主管刘佳乐(化名),男,27岁,优点是心思缜密,执行力强,能将上级布置的各项工作执行到位,办事周到;缺点是为人有些高傲,不愿意与下属沟通,平常对下属爱搭不理。所以下属们对他敬而远之。

3.1 有效聆听

　　沟通是双向的，除了表达之外，还有另一个关键词是"聆听"。沟通中的许多误解都源于人们不懂如何聆听。懂得聆听的人，可能看起来什么也没做，却能够让对方感到自己被理解，能温暖人心；不懂聆听的人，就算内心善良，真心实意地想帮助别人，也很难让别人买账。

3.1.1 紧睁眼，慢张嘴

🔒 **问题场景** 如何通过聆听寻找关键信息

进行有效沟通应先从哪方面开始呢？

首先要学会聆听。

不仅要听，而且在听的过程中要多观察，耐心等下属把话说完，完全了解他表达的意思之后，再表达看法。

聆听？这个谁不会啊？

不是那么回事儿……聆听绝不是什么都不做，只傻傻地听。它是有方法的。

以后我就往那儿一坐，微笑地看着下属，啥也不说，不就好了吗？

例如，聆听除了多听少说外，还有两个关键词——寻找信息和重复事实。

什么方法？

问题拆解

每个人都有表达和被了解的欲望，有一个会聆听的听众，这种欲望才能得到满足。懂得聆听的人，能让别人舒畅地把内心的话都吐露出来；不懂聆听的人，不会被人们选择为再次沟通的对象。想象一下，如果对着一个冰冷的雕塑倾诉心声，人们会觉得心情好吗？如果对着一块木头吐露情感，人们会觉得心灵得到了安慰吗？

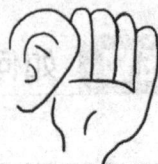

工具介绍

聆听

很多人只知道在聆听中"听比说更重要",但如何有效地听是讲究方法和技巧的。有效聆听的两个关键分别是**寻找信息和重复事实**。

通过下属的声音语调、诉说内容、表情神态、情绪表露等细节,上级可以寻找到下属想传达的关键信息。有时候为了避免主观价值判断,也为了防止下属有信息没有完全表达出来,上级可以重复下属说的关键信息。这里的重复不是把下属的每一句话像复读机一样重复一遍,而是表达和总结出自己听到的核心信息,然后与下属核对有没有错。例如可以说"不知道我有没有听错,你刚才说的是……吗"。

在聆听中重复事实,一方面可以与下属确认信息,让下属知道上级在认真听他的话;另一方面,也是给上级一个缓冲的时间,帮助上级进一步消化理解下属表达的信息。

聆听中寻找信息的 4 个关键

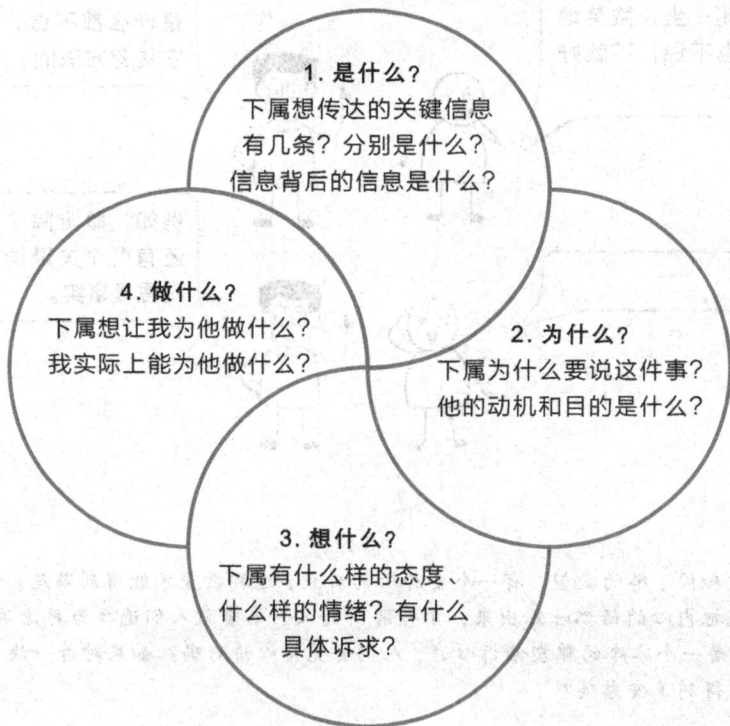

1. 是什么?
下属想传达的关键信息
有几条?分别是什么?
信息背后的信息是什么?

4. 做什么?
下属想让我为他做什么?
我实际上能为他做什么?

2. 为什么?
下属为什么要说这件事?
他的动机和目的是什么?

3. 想什么?
下属有什么样的态度、
什么样的情绪?有什么
具体诉求?

无效聆听的常见表现

没等听完就急于发表个人意见

没等听完就有了个人情绪，如生对方的气

使用情绪化的言辞回应对方

不耐心，急于下结论

思想开小差，注意力不集中

没等对方说完，早有了结论

没听明白的地方，不要求对方说明

神情茫然，姿态僵硬

只听表象，不思考背后的情感

小贴士

聆听最大的敌人是诉说的冲动。在聆听时，不论你认为对方的观点多么荒谬、可笑、幼稚、无聊，都不要急于表达自己的观点，要把关注点放在对方身上，在完全搞清楚对方想传达的信息及对方的情绪之后，再发表自己的观点。

有时候为了更好地理解对方，可以客观总结对方的话，并重复一遍，与对方确认。此时即便不认同，也注意不要马上做出主观的价值判断，也不要主观加工对方的话。

3.1.2 然后，还有然后

🔒 **问题场景** | 如何应对表达能力差的下属

遇到表达能力差、说不清楚问题的下属，我该怎么办呢？

不是每个下属都是沟通达人，遇到表达上有问题的下属，可以多一点耐心，多进行引导。

遇到这种情况，有没有什么技巧可以帮助我和他沟通呢？

确实有两个技巧，一是**表达认可**，二是**引导反馈**。

它们分别是什么意思呢？

表达认可是对下属主动表达这件事给予认可，鼓励他继续表达；引导反馈是运用反馈的方式，引导下属表达出他想表达的意思。

这样下属就不会"茶壶里面煮饺子"——有话说不出了！

是的，而且这个过程也可以培养下属的表达能力。

问题拆解

上级在和下属沟通时，难免会遇到比较害羞的下属，这些下属在反映问题的时候想说却又不好意思说，来回绕弯子；也可能会遇到表达能力比较差的下属，说话抓不住重点。这时候，上级着急、埋怨、责怪都是没有用的，反而会让下属的表达更加混乱。

在这种情况下，上级不能急，不能乱，要耐心地引导和培养下属。

工具介绍

反馈

沟通中，来自对方的反馈非常重要。当人们对着木头、雕像或玩具说话的时候，它们不会有反馈。人们对着其他人说话的时候，总会期望得到某种反馈。有了对方的反馈，人们才能感受到自己被尊重、被重视，才会感到自己的存在感。

要想激发下属的表达欲望，让下属充分地表达，上级可以表现出自己的专注，以及对下属的认可、关心和在意。这时候可以通过有声或无声的方式给下属反馈。要引导下属继续表达，上级可以用"然后呢""接下来呢""你认为呢""比如说呢"等语言来引导下属继续表达或引发思考。

当上级与不善于表达的下属沟通时，这种方法尤其有效。

沟通中常见的反馈类型

1. 无声（肢体语言反馈）
适时点头、凝视对方，偶尔触碰对方的上臂或肩膀表示理解或认同

2. 有声
"嗯""哦"
"好""明白"

3. 想知道后续
"然后呢""接下来呢""后来怎么样了"

4. 表示吃惊
"啊？""真的假的？""怎么会这样？"

常见
反馈

5. 表示高兴
"太好了""太棒了""非常好"

6. 表达同理心
"能体会""确实""我也遇到过"

引导反馈的应用案例

主任……年终奖……发得不公平……

比如说呢？

例如小李，他明明工作做得比我差，可为什么拿的年终奖却比我多？

你认为问题出在哪呢？

我觉得可能是因为小李的职级比我高。

然后呢？

职级高的人就算工作做得差也可以拿比较高的年终奖，我认为这不公平！

你的建议呢？

我觉得公司应该修改一下年终奖的制度！

感谢你告诉我这些。你先安心工作，我会核查。两天后给你答复。

小贴士

在上级聆听下属表达的过程中，为了激发出下属表达的欲望，上级可以时不时地给下属一些反馈，引导其继续表达，把心里的话都说出来。这时候，可以多运用"然后呢""接下来呢""你认为呢""比如说呢"等语言来引导下属思考和表达。另外，在对话的最后，要对下属表达认可。注意，反馈的时候不要轻易说"我理解你"或"我明白"这类"廉价"表达理解的话。

3.1.3 心比耳朵更会听

🔒 **问题场景** 如何防止聆听时出现主观价值判断

我和下属交流时常常没等他们说完就抢话，觉得已经知道他们要说什么了，后来发现自己并不知道……

这是一种主观价值判断的表现，人们很容易用自己的价值观和认知去判断别人。

这种情况有没有好方法能够破解呢？

可以在聆听的时候传达**共情**。

共情就是感同身受。把自己想象成对方，站在对方的立场，体会对方的感觉。

共情是什么？

其实不论我们用什么方法聆听，背后的核心都是**真诚用心**，而不是敷衍了事。

这我真得练练！

问题拆解

当管理者聆听下属的表达时，很容易下意识地说"你说得不对，这件事应该是……"或者"你理解错了，是这样的……"。同一件事情，一百个人就有一百种理解。人们的理解不同，是因为知识结构、思维模式和站的角度不同，有时候没有绝对的对或错。

人们在某个具体场景下做出的判断和选择会呈现一定的相似性，离开了那个具体的场景来探讨、判断和选择，就会很难理解。

工具介绍

用心聆听

不论如何聆听，其背后的核心都是真诚用心，而不是敷衍了事。如果上级怀着一颗善心，用心聆听下属说的话，就会自然表露出对下属的尊重，下属也会感受到这一点。另外，如果下属传达的内容比较多，上级也应当认真记录，毕竟好记性比不过烂笔头。这样做既可以防止信息遗漏，又可以在未来提醒自己，还体现了对下属的尊重。

既然聆听要用心，上级就要站在下属的立场，体会下属的感觉。如果上级恰巧认同下属说的话，就可以向下属表达出自己的认同；如果并不认同，也要尊重下属，等他完全表达完之后再试探性地提出自己的想法，例如"我感觉这件事有点……"。即便下属最后表达的内容对上级来说毫无用处，为了表示尊重，上级也可以说："感谢你对我的信任，愿意和我分享这些。"

用心聆听的 4 个步骤

第 1 步，聆听前的心理准备
团队管理者要抱着开放的态度，要做好聆听到的内容可能会与自己意见不同的心理准备。要锻炼自己站在对方的角度思考、为对方着想的能力。

第 2 步，聆听中的引导和记录
团队管理者在聆听中要尝试了解下属想表达的真实含义，要集中精神，有目标地聆听。同时要不断反馈，给予下属认可和引导。对于重要的信息还要做好记录。

第 4 步，聆听后做出必要的解答
团队管理者在完全理解下属的意图之后，可以对下属做必要的解答。解答可以是即时的，也可以另外约定时间。

第 3 步，交流中要做到双方理解一致
团队管理者要就自己没有听清楚、没有理解的信息与下属确认，确保双方信息对称、理解一致。

● **用心聆听的九大注意事项** ●

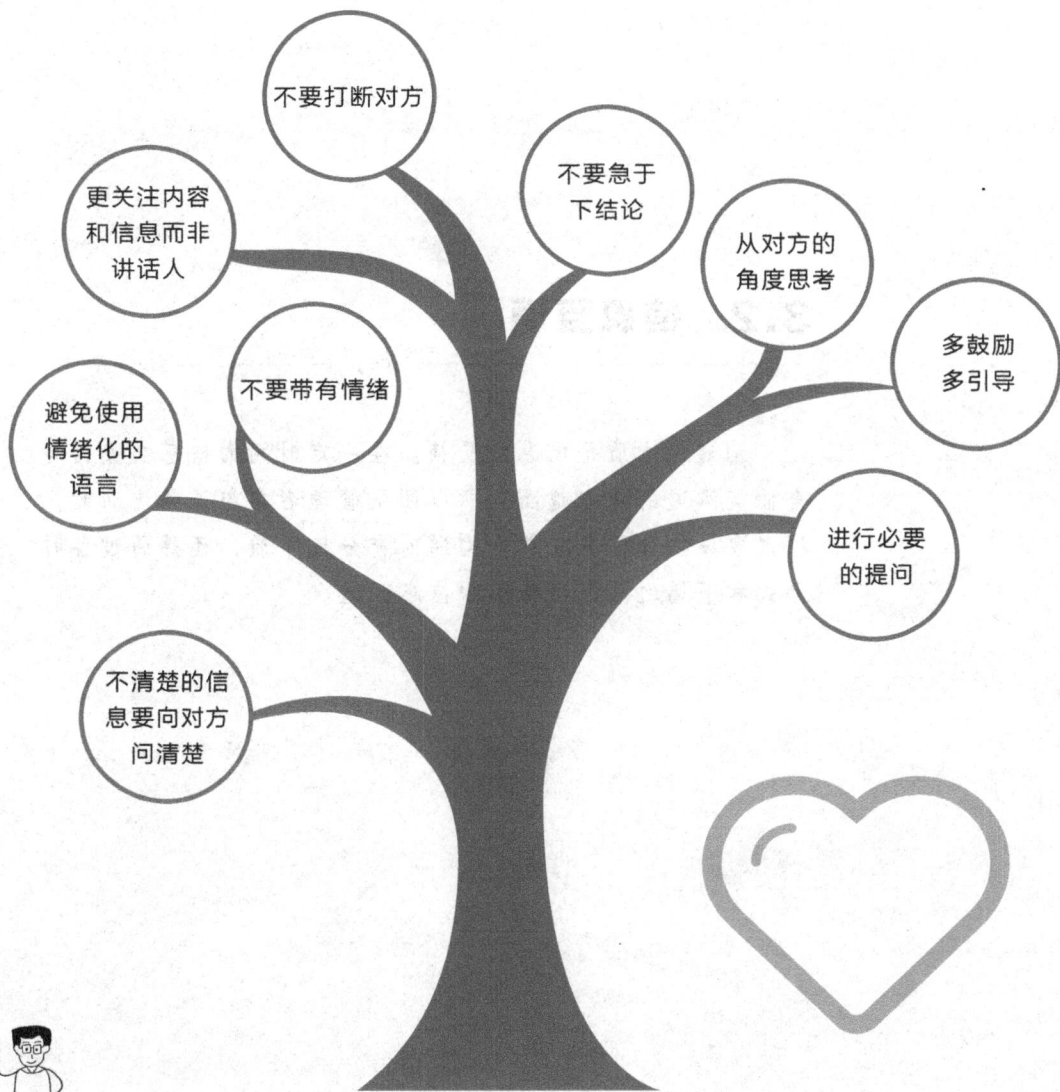

不要打断对方

更关注内容
和信息而非
讲话人

不要急于
下结论

从对方的
角度思考

多鼓励
多引导

避免使用
情绪化的
语言

不要带有情绪

进行必要
的提问

不清楚的信
息要向对方
问清楚

小贴士

有效聆听要做到"听清"、"听完"和"听懂"。这就需要团队管理者在聆听时，不仅要用"耳朵"，还要用"眼"、用"脑"、用"心"。

3.2　信息互通

　　沟通的本质是信息的交换。在一定时间内信息交流得越全面，沟通的效率越高。所以团队管理者在与下属沟通时，不仅要设法让信息在单次沟通时充分地互通，还要通过各种形式和下属之间保持持续的信息互通。

3.2.1 聊天的方式可以有一万种

🔒 **问题场景** 如何与下属沟通

> 和下属沟通都有哪些方式呢？

> 你现在和下属一般怎么沟通？

> 就是把下属叫到办公室，和他聊一会儿，然后让他离开啊。

> 那样……更像是布置工作……

> 我也想丰富一下自己和下属沟通的方式……

> 和下属沟通的方式有很多种，想要达到比较好的效果，我推荐使用**非正式沟通**的方式。

> 什么叫非正式沟通？

> 就是别总把下属叫到办公室……沟通的场所和方式很正式的就是正式沟通，不那么正式的就是非正式沟通。有一种比较好的非正式沟通方式，叫**走动式管理**，你可以试试。

问题拆解

很多上级和下属沟通的时候过于正式，常常把下属叫到办公室，然后下属站着，上级坐着。这种沟通形式过于"官方"，纯粹用来布置工作是可以的，可如果想有效地沟通更多样的信息，这种方式就不合适。团队管理者应当建立更多样的沟通方式，多采用非正式沟通的形式。

工具介绍

走动式管理

走动式管理指的是上级经常在下属中走动，主动去了解下属的工作和非工作情况，并给予他们一定的鼓励。上级可以充分运用"走动"的时间，用"心"倾听下属的心声。

实施走动式管理的 4 个要素

"带着眼睛走动"，发现下属工作或非工作中的各类状况，找到事情的真相。

看

"带着耳朵走动"，放下架子，少说多听，全面了解情况，找出问题的真实原因。

听

"带着鼻子走动"，主动查找问题点，也可以对布置的工作进行检查，确保工作的落实。

查

"带着心走动"，对发现的问题要持续追踪，及时处理，不要让问题堆积起来。

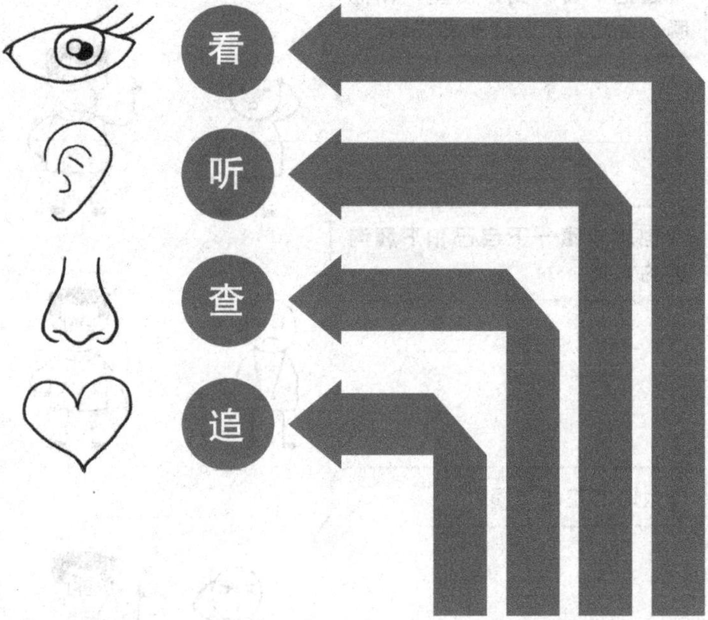

追

实施走动式管理的注意事项

| 无需频繁走动不要滥用走动式管理这一方法 | 走动前带着问题走动后带回方案 | 塑造讲真话的团队氛围 | 了解下属意见听取下属建议 | 听比说更重要问比答更重要 |

非正式沟通可以采取的形式

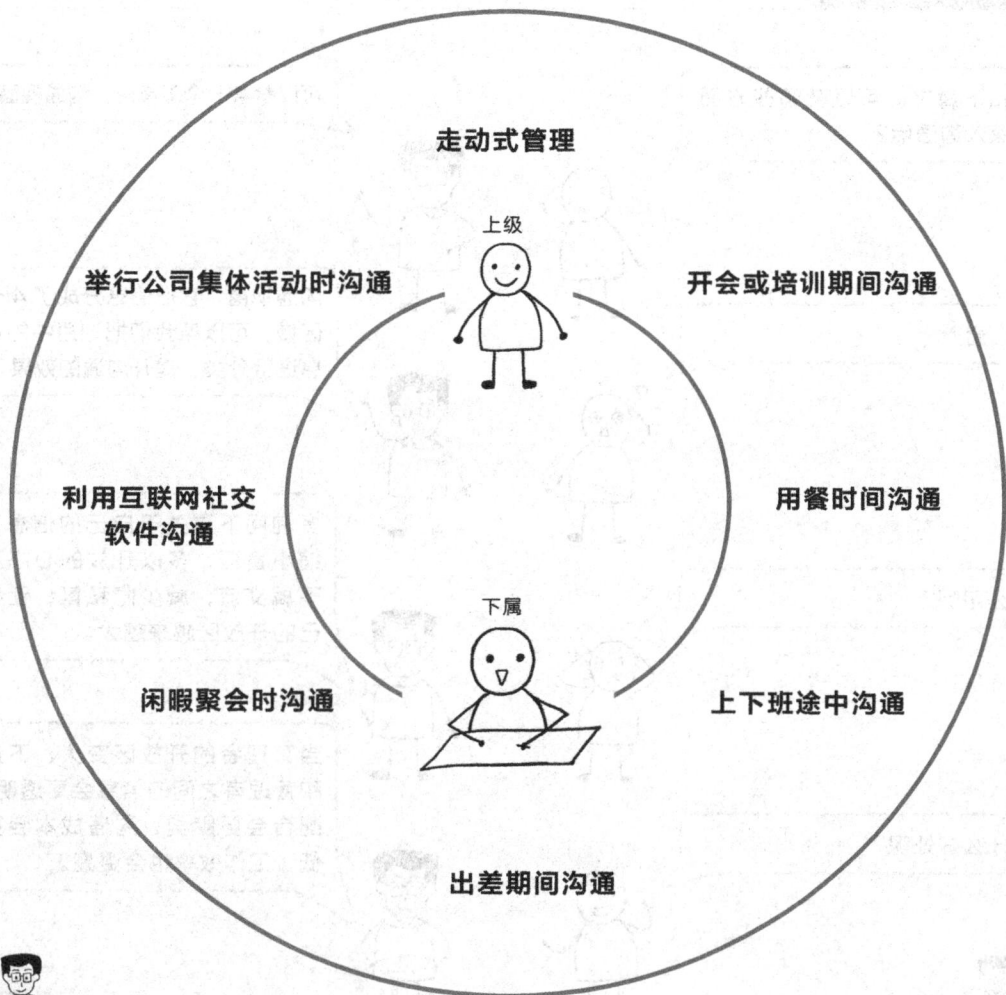

走动式管理

上级

举行公司集体活动时沟通

开会或培训期间沟通

利用互联网社交
软件沟通

用餐时间沟通

下属

闲暇聚会时沟通

上下班途中沟通

出差期间沟通

小贴士

上下级之间非正式沟通的方式有很多种，除了走动式管理之外，早晨上班在电梯里、中午吃饭在餐厅、晚上下班偶然遇见的时候，都可以进行非正式沟通。

注意：进行非正式沟通时，要体现出平等与尊重；上级如果想和下属交心，沟通过程最好双方并排坐或并排站，而不是对立坐或对立站；可以下属坐着，上级站着，但一定不要下属站着，上级坐着。

3.2.2　打开窗子，让阳光照进来

🔒 **问题场景**　如何使信息充分交流互通

我和下属之间可以就哪些方面做深入沟通呢？

可以参考一个工具——沟通视窗。

什么窗？

沟通视窗，它把信息分成了 4 个区域，可以帮我们把沟通中的信息进行分类，提升沟通的效果。

怎么用呢？

多询问下属关于自己的信息，缩小盲区；多以开放的心态和下属交流，减少隐私区；让自己的开放区越来越大。

有什么好处呢？

当管理者的开放区变大，下属和管理者之间的信息会更透明，配合会更默契，沟通成本会更低，工作效率也会更高。

问题拆解

每个人都有开放给别人的一面，也有自己想隐藏起来的一面。如果管理者想要隐藏的信息太多，就会被下属认为是一个内心封闭的人，或者会被认为是个很神秘的人，下属对管理者的信任度就会降低，产生防范心理。上级可以保持开放的心态，这样能够通过下属了解到很多自己不了解的信息，从而不断完善自己。

工具介绍

沟通视窗

沟通视窗也叫乔哈里视窗（Johari Window），最初是由乔瑟夫（Joseph）和哈里（Harry）在20世纪50年代提出来的。沟通视窗把人际沟通的信息比作一个窗子，这个窗子分成了4个区域。

1. 开放区是自己知道、别人也知道的信息，如姓名、性别、年龄、职业等。

2. 盲区是自己不知道、但是别人知道的信息，如性格弱点、不好的习惯、他人的评价等。

3. 隐私区是自己知道、但是别人不知道的信息，如某些不想让他人知道的经历、秘密、心愿等。

4. 黑洞区是自己不知道、别人也不知道的信息，如某种潜能、隐藏的疾病等。

沟通视窗的应用

	自己知道	自己不知道
别人知道	**开放区** 上级的开放区越大，上下级之间沟通越顺畅，下属对上级就越信任，团队工作的配合度也就越好。所以上级要多说、多问，与下属充分交换信息，从而不断扩大自己的开放区。	**盲区** 说得多，问得少，盲区就会变大。上级和下属之间要想有效沟通、拉近彼此之间的距离，可以多询问对方关于自己的信息，从而缩小认知盲区，改善不好的行为习惯。
别人不知道	**隐私区** 为了扩大开放区，上级应以开放的心态和下属交流，减小自己的隐私区。当隐私区越来越小的时候，开放区将会越来越大。	**黑洞区** 通过主动询问下属、进行自我发现，团队管理者可以不断了解自己。一段时间之后，黑洞区会越来越小。

对不熟的人，人们的心灵窗户是不会随便打开的，所以在上下级的沟通中，有的下属不愿意暴露自己的隐私区。要想下属逐渐敞开自己心灵的窗户，上级要多和下属沟通，先对下属开放自己的隐私区，对下属的问话要多走心，多观察下属的情况，多和他聊一些生活细节，体现出对下属的关心。

团队中沟通网络的形态

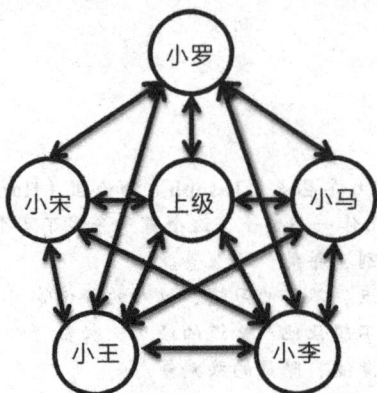

小罗

小宋　上级　小马

小王　小李

☹ **全通道式沟通网络**

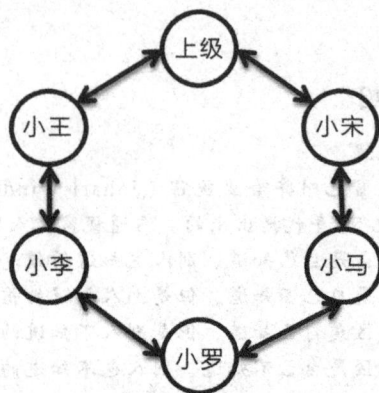

上级

小王　　　小宋

小李　　　小马

小罗

☹ **环式沟通网络**

上级 ↔ 小王 ↔ 小宋 ↔ 小马 ↔ 小罗 ↔ 小李

☹ **链式沟通网络**

小罗

小宋　上级　小马

小王　　小李

☹ **轮式沟通网络**

小罗　小马

小宋　　上级　小李

小王

☹ **分群式沟通网络**

小贴士

团队中比较健康的沟通网络是上下级之间、下属之间都是互通的，全通道式的沟通网络是最健康的团队沟通网络。其他类型的沟通网络都存在不同程度的信息交互问题。信息不通畅必然会使团队内部产生沟通问题，从而产生不必要的管理内耗。

3.2.3 "哦""嗯""呵呵"得看场合

🔒 **问题场景** | 如何正确对下属表达认可与不认可

有的下属真不地道，我对他表达认可，他却无动于衷。我表达不认可的时候，他反倒情绪很强烈！

你是怎么表达认可的呢？

大概就是说"哦""嗯""好"之类的。

这个……也算表达认可吗？再加个"呵呵"就成网络聊天语了……

可以用比较**强烈的表达方式**来强调认可。你是怎么表达对下属的不认可的呢？

那我该怎么表达认可呢？

你表达不认可的时候反倒比较强烈呢……表达不认可最好用**缓和的表达方式**。

就是直接说"不对""你错了"之类的呀。

问题拆解

团队中确实存在一些不那么优秀的下属，他们对上级的认可无动于衷，但上级只要稍有不认可他就情绪激动。

可大多数情况下，问题主要还是出在团队管理者身上，因为上级没有适当地表达对下属的认可和不认可，所以才会让下属的情绪产生错位。

同样地，团队中如果出现其他的沟通问题，团队管理者也应该先从自己身上找原因。

工具介绍

表达认可和表达不认可

团队管理者如果要表达对下属意见的认可，应当用比较强烈、非常肯定的表达方式，如"非常对""这个很好""我十分同意"……表达的同时还可以配合肢体语言，如微笑、点头、拍肩膀……
团队管理者如果要表达对下属意见的不认可，可以用比较缓和、委婉的表达方式，如"我没这么想过""这个对吗""我们一起探讨一下吧"……

表达认可与不认可的方式比较

	表达认可	表达不认可
不好的表达	哦 嗯 好 知道了	不对 你错了 不可能 胡说 怎么会
好的表达	非常对 这个很好 我十分同意 我很能理解 确实是那样	你的这个提案很独特 我之前没想到过你这个提案 要不，我们来一起讨论一下这个提案 我之前想过，我觉得里面可能会有一些问题，如……，你觉得呢？

如果表达认可时轻描淡写，下属就会没有感觉，可能会打击他们的积极性；
如果表达不认可时太伤人，下属就会很难接受，可能会引发矛盾。

表达认可和表达不认可的典型场景

❌

> 主任，这是下周的活动方案，您看一下。

> 嗯。

> *做得不错呀！*

✓

> 主任，这是下周的活动方案，您看一下。

> 这个方案做得相当棒！相比之前有很大进步！继续努力！

❌

> 关于这个方案，我觉得 A 比 B 更适合。

> 怎么可能？有点常识好不好！

✓

> 关于这个方案，我觉得 A 比 B 更适合。

> A 比 B 更适合吗？你为什么这么认为呢？

> *明明 B 比 A 更适合，他怎么想的？*

小贴士

上级之所以不愿意表达出对下属充分的认可，可能是因为怕下属骄傲自满，也可能认为下属做得还不够好。但其实上级可以把这种认可当成一种鼓励，这种鼓励能让下属产生做得更好的动力。上级之所以在表达不认可的时候出问题，是因为他们总是抱着一种"优越感"，认为自己比下属更有经验，更知道事情该怎么做。可实际上很多事下属掌握的信息比上级更多，所以上级可以虚心一些。

3.3　安抚情绪

人都会有情绪，或正面，或负面。情绪有时候是人们对内心的表达，有时候是人们的能量来源。即便下属偶尔表达负面情绪，也不一定是坏事，团队管理者不必刻意压抑下属的情绪表达，可以在下属表达情绪之后给予必要的安抚。

3.3.1　今天的罪，明天的泪

🔒 **问题场景**　**如何有效地向下属道歉**

我和一个下属在一个问题上意见不一致，吵起来了。我当时情绪比较急，骂了他。后来我们之间有了隔阂。我几次主动找他谈话，他也只是简单答应一下，情绪非常低落。我该怎么消除和他之间的隔阂呢？

你有就你的行为向他道歉吗？

道歉？怎么可能！道歉了以后我的权威何在？

道歉和权威之间有什么关系？

我曾经上过一个"管理大师"的课，他说管理者永远不能道歉，自己做错了也不能承认，这样才能展示自己的权威。

"管理大师"害人不浅啊……

对就是对，错就是错，对错分明反而更容易树立威信，更容易被下属尊敬。就算你认为工作内容本身不需要道歉，至少应该就当初自己的态度道歉。

难道不对吗？

问题拆解

　"管理者永不应该道歉，对就对到底，错也错到底"，这种理论是官本位的畸形演化。要管好团队，就不能用这种理论。团队管理者的权威绝不是靠"死不承认"、"黑的说成白的"这种"永不道歉"的方法树立的。相反地，一个尊重事实、收得起面子、放得下架子、拉得下脸子的人更值得别人尊敬。

工具介绍

道歉

当团队管理者误解下属或对下属做出一些过激行为时，应当表达歉意。

有的人好面子，不愿意道歉，可能因为感觉难为情，也可能因为担心自己道歉时对方不接受，所以宁愿选择不道歉。可是不道歉的话，双方产生的裂痕就很难被修复。

有效的道歉能够抚平对方受伤的心，能修复双方破裂的关系，能治愈他人心理上的创伤，同时也能够挽回自己的自尊。

错误要敢于承认，道歉要诚心实意，要尊重客观事实。道歉如果做不好，可能会起到反效果，反而加深对方的反感。

2 种错误的道歉方式

那天的事，对不起……不过，这事其实也没那么糟，只不过是……

那天的事，对不起……不过我也不想发生这种事，都是因为……

试图淡化自己的错误
弱化错误的影响
想要大而化小

试图推卸自己的责任
把责任推给外界
把自己变成"受害者"

有效道歉的五环花

道歉时态度要诚恳，要放下架子，抛开面子。不能嘴上在道歉心里却不服。态度不诚恳的道歉会适得其反，还不如不道歉。

管理者在道歉的时候要明确自己的责任，并勇于承担责任，表明期望得到谅解。道歉时对问题和责任不能轻描淡写，也不需要低声下气或大包大揽，保持客观平和地描述问题就可以了。

道歉要选择适当的时间和地点。不一定要马上道歉，等双方情绪平复后再道歉更好。不一定要选择工作时，可以在非正式沟通时道歉。如果选择工作场合，一般公开道歉效果更好。

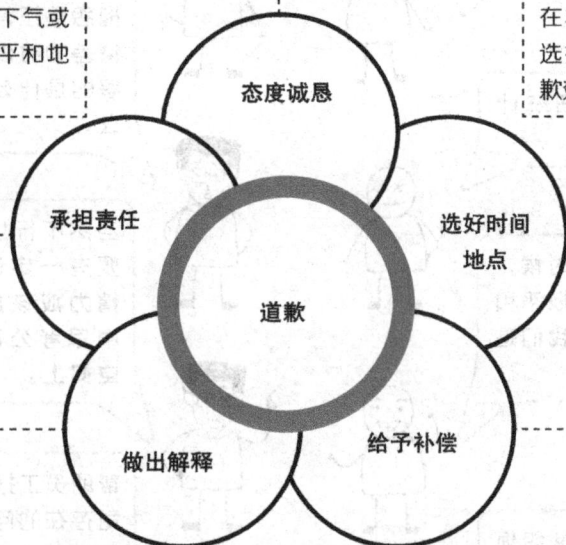

态度诚恳

承担责任

选好时间地点

道歉

做出解释

给予补偿

道歉不是只和下属说句"对不起"就可以了，还要做出解释。尤其是针对工作的道歉更要做出解释，这里的解释不是为自己辩解，而是要说清楚当时的情况和想法，这样才能增强团队默契，防止类似情况再次发生。

道歉除了要说"对不起"和争取下属的谅解之外，最好给下属一点补偿。这里的补偿可以是一杯咖啡、一份午饭或者一份走心的小礼物，这能让下属感受到温暖，在心灵上得到一些安慰。

小贴士

道歉是个技术活儿，尤其是上级向下级道歉更不简单。作为团队管理者，在道歉时除了要突破自己的心理障碍之外，还要遵循一定的原则和方法。当一个道歉能够满足"五环花"的5个要素时，这个道歉通常是有效的。如果不讲方法，只是生硬地道歉，很可能会让双方都陷入一种尴尬的境地。

3.3.2　谁没个心情差的时候

🔒 **问题场景**　如何让下属充分表达抱怨和不满

> 我有时候会听到下属在各种抱怨，抱怨工作、抱怨环境、抱怨人生……怎么样能让下属不要抱怨，安心工作呢？

> 抱怨的下属人数有多少？抱怨的频率怎么样？抱怨问题的集中度怎么样？

> 抱怨是正常现象，谁还没个心情差的时候。关键要看下属抱怨的是什么以及我们需要做什么。

> 这个……我还真没仔细统计过……

> 以后我听到下属抱怨的时候，是不是应该顺着他们的抱怨和他们聊天啊？这样显得我们是一个"阵营"的。

> 当然不行！作为团队管理者，要有一定的高度……我们的精力应该放在从下属的抱怨中思考公司是否存在**改善的空间**上。

> 帮助员工抒发情绪可以找到公司存在的问题，我们可以给下属提供一些表达抱怨的渠道，不然下属有事儿藏在心里不说，时间长了反而会出问题。

> 是是是，跟着下属一起抱怨确实有点儿不像话……

问题拆解

抱怨是人们抒发负面情绪的一种方式，再好的团队中也难免会有抱怨的声音。如果下属只是偶尔抱怨，而且抱怨的问题点比较分散、随机，只是通过这种抱怨抒发负面情绪，那么团队管理者没必要花时间和精力改变这种状况；如果下属的抱怨非常频繁，指向性强，那么团队管理者可以详细了解下属抱怨的问题后，再采取措施。

下属会根据自己的心情抱怨事情，团队管理者可以理解他们的抱怨，包容他们的抱怨，甚至有时候可以认同他们的抱怨，但如果也跟着他们一起抱怨，就会显得不大气。

工具介绍

对待下属的抱怨

下属之所以会抱怨可能有两种原因。一是公司顶层设计的原则有问题，这种原则是集体决策的，虽然可以协商，但较难改变，如公司规章制度、上下班时间等，这时候上级可以开导安慰下属；二是日常工作或生活有问题，这种问题比较容易改变，如某个方案的做法、饭菜的质量等，这时候上级可以根据情况，做出调整。

上级可以把下属抒发的抱怨和公司的合理化建议结合在一起，引导下属由单纯地提出抱怨、抒发不满，转向帮助团队发现问题、分析问题和提出解决方案。

对待下属抱怨的 4 个步骤

为下属提供表达抱怨的渠道可以包括设立意见箱或电子邮箱、谈心、开通专门的热线电话、内部网络、官方网站专区、聊天群等方式。

下属的抱怨有时候说明了公司层面或者部门内部在某些方面存在改善的空间，详细了解情况有助于找到问题、分析问题和解决问题。

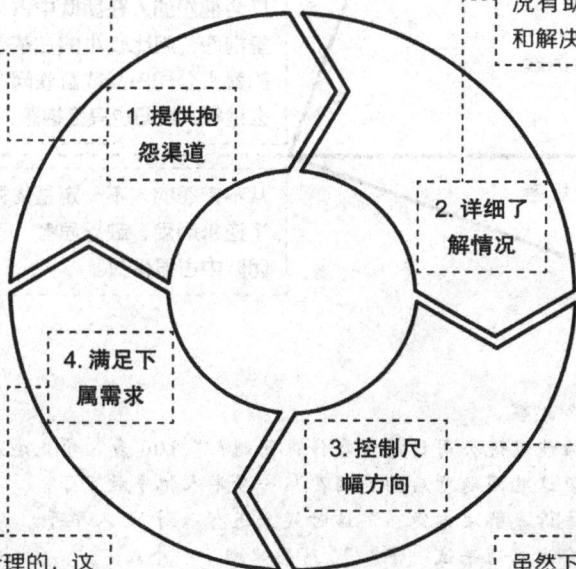

1.提供抱怨渠道

2.详细了解情况

4.满足下属需求

3.控制尺幅方向

下属的抱怨有时候是合理的，这时候团队管理者应当满足他们的需求。如果不合理，可以好言相劝，帮他们缓解负面情绪。

虽然下属有抱怨是正常现象，但不能毫无限制，不能由个体不满上升为群体的不满。下属可以抱怨，但要在一定的规则下抱怨。

团队中不同类型的人员比例分布

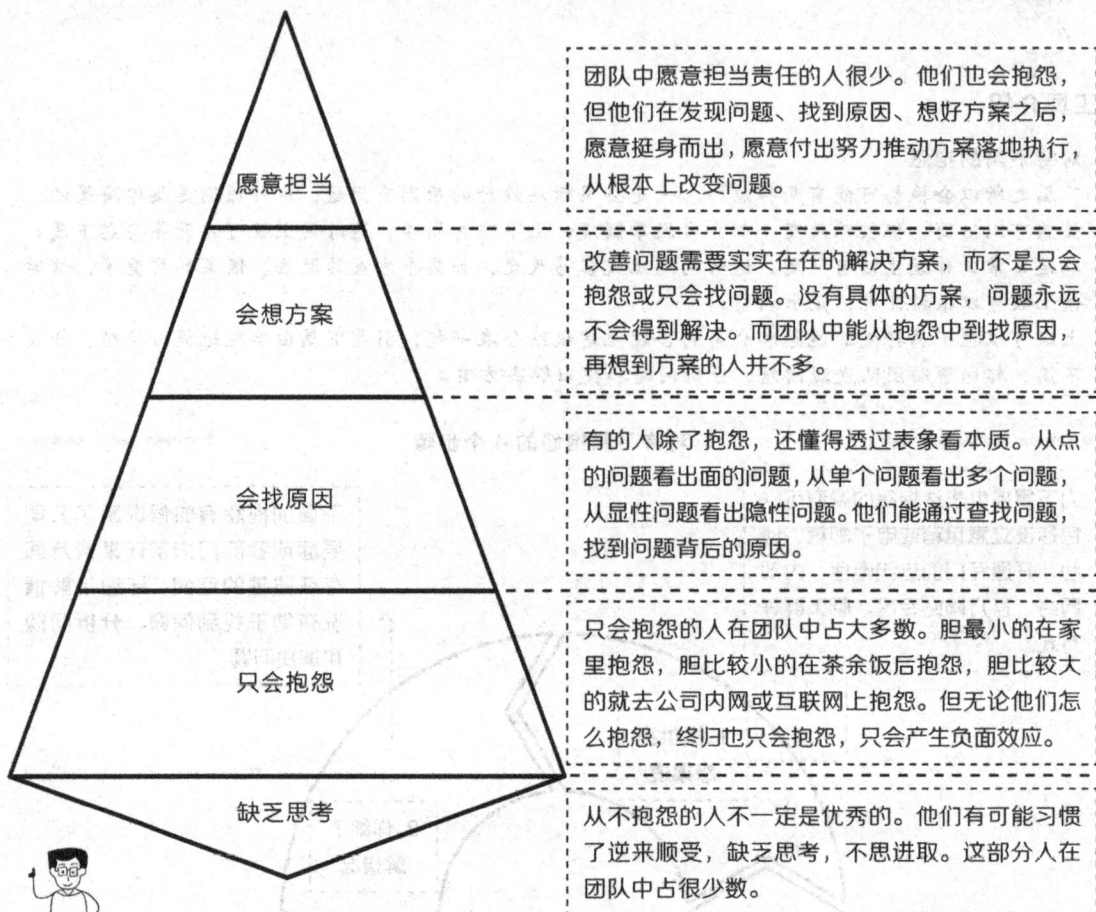

| 愿意担当 | 团队中愿意担当责任的人很少。他们也会抱怨，但他们在发现问题、找到原因、想好方案之后，愿意挺身而出，愿意付出努力推动方案落地执行，从根本上改变问题。 |

| 会想方案 | 改善问题需要实实在在的解决方案，而不是只会抱怨或只会找问题。没有具体的方案，问题永远不会得到解决。而团队中能从抱怨中到找原因，再想到方案的人并不多。 |

| 会找原因 | 有的人除了抱怨，还懂得透过表象看本质。从点的问题看出面的问题，从单个问题看出多个问题，从显性问题看出隐性问题。他们能通过查找问题，找到问题背后的原因。 |

| 只会抱怨 | 只会抱怨的人在团队中占大多数。胆最小的在家里抱怨，胆比较小的在茶余饭后抱怨，胆比较大的就去公司内网或互联网上抱怨。但无论他们怎么抱怨，终归也只会抱怨，只会产生负面效应。 |

| 缺乏思考 | 从不抱怨的人不一定是优秀的。他们有可能习惯了逆来顺受，缺乏思考，不思进取。这部分人在团队中占很少数。 |

小贴士

互联网上流传着这样一个故事。

总经理问全体员工："谁能说说公司目前存在什么问题？"100多人争先恐后举手。

总经理又问："谁能说说这些问题背后的原因？"一多半人把手放下了。

总经理接着问："谁能告诉我解决方案？"这时候，还有不到20人举手。

总经理再问："那么，有谁想动手试一下？"结果只剩下5个人。

总经理最后问："谁愿意出面，牵头负责解决这些问题？"所有人都把手放下了。

故事虽然简单，却很真实地说明了一个道理：在一个组织中，骂者众，思者少，献计者寡，执行者寥寥，担当者无几。

3.3.3　硬碰硬是要出问题的

🔒 **问题场景**　如何应对下属不接受工作变化的情况

现在正赶上公司整体机构变化，我也想做些调整，改变原来的工作流程和分工，借此调整工作风气。但下属不但不支持，反而产生抵触情绪，我该怎么办呢？

我建议先检查推行的变化有没有问题？有没有做好计划？有没有过于强势？推行的过程中有没有让下属**充分参与**？

你的意思是，可能是我推行变化的方式不对吗？

也许是。没有人喜欢被命令，在不沟通的情况下强行变化部门的工作，下属心里对此有抵触是可以理解的。

但很多变化是公司层面的，并不是我想这么做的。

正因为如此，才需要和下属说清楚。你知道的下属不一定知道，或者即便他们知道也不一定理解。这就需要你和他们做充分沟通，帮助他们**理解变化的原因**。

那如果我把知道的全告诉下属了，下属还是不理解怎么办？

这种沟通并非妥协，而是信息互通，期望求同存异，征求理解。如果真心实意把话说到，下属还是不理解，可以采取"**胡萝卜＋大棒**"的方法，刚柔并济。

问题拆解

工作变化推行不好可能会引起下属的抵制。下属抵制工作变化的原因通常有 3 个。

1. 团队管理者想当然地以为下属的思维、认识、沟通能力、敬业度都和自己一样，能够接受变化。

2. 团队管理者只想发号施令，以为下属应该对自己的命令一呼百应，以为简单的命令可以推动变化。

3. 变化前没有充分的准备，没有征求下属的意见，不考虑下属的感受，而且变化频繁，说变就变。

实用工具　平稳实施工作变化的 5 个步骤、6 方沟通

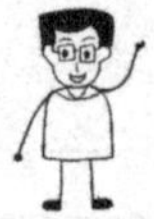

工具介绍

平稳实施工作变化的方法

有些变化是公司层面的，还有一些变化是团队层面的。

针对公司层面的变化，上级应当尽可能告知下属公司做出变化的原因和背景，增加他们对变化的接受度。

针对团队层面的变化，上级应当尽可能提前告知下属并征询下属意见，让下属充分参与其中。

实施工作变化的 5 个步骤

1. 如果是团队层面的变化，上级在制订计划之前应让下属充分参与进来。对于下属提出的意见应充分考虑。

2. 检查关于变化的决策是否必要。如果是公司层面的变化，坚决执行；如果是团队层面的变化，谨慎执行。

3. 明确变化的目标，预计变化的范围，提前做好计划。上级在推行计划的过程中要帮助下属解决困难。

4. 密切跟踪变化过程中下属的情绪变化、绩效变化，并不断提供支持，总结变化的经验。

5. 通过变化过程中的工作跟踪，及时发现问题，及时做出改善和调整，找到解决问题的方法和措施。

实施工作变化的 6 方沟通

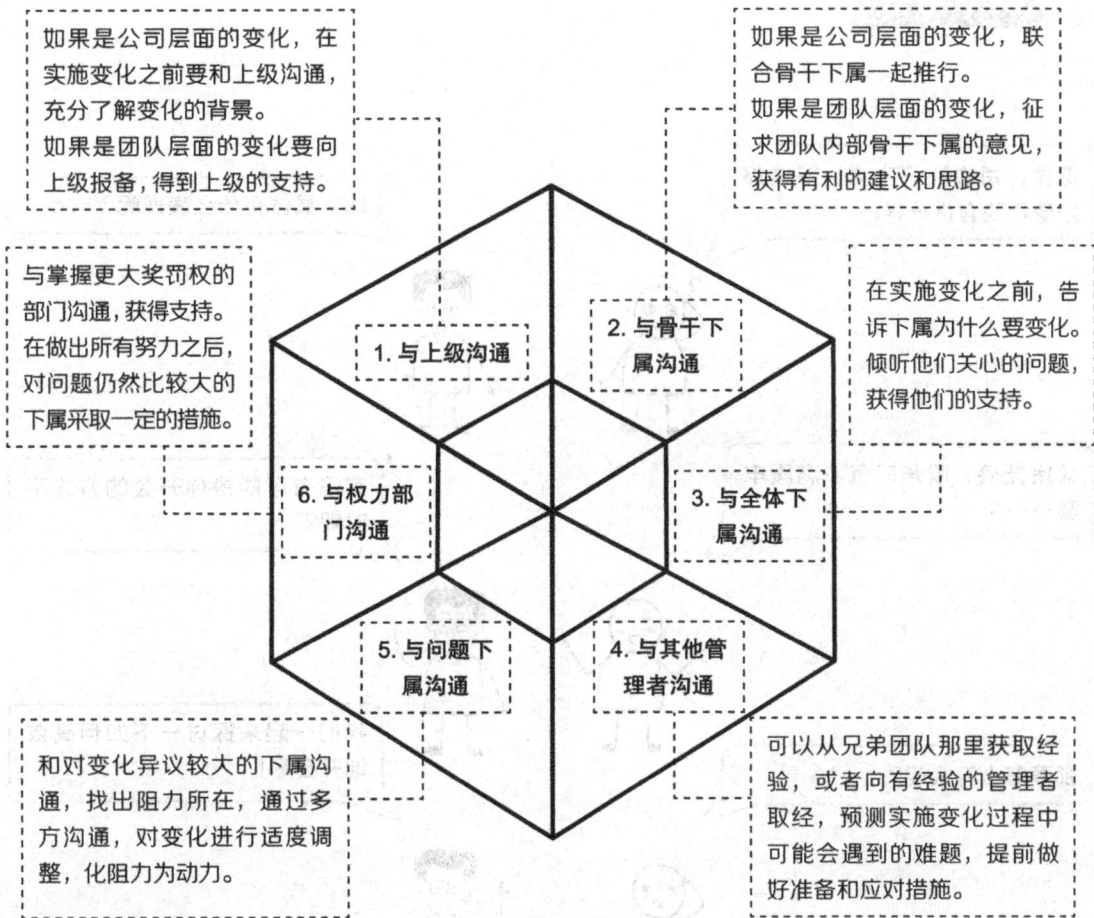

如果是公司层面的变化，在实施变化之前要和上级沟通，充分了解变化的背景。
如果是团队层面的变化要向上级报备，得到上级的支持。

如果是公司层面的变化，联合骨干下属一起推行。
如果是团队层面的变化，征求团队内部骨干下属的意见，获得有利的建议和思路。

与掌握更大奖罚权的部门沟通，获得支持。
在做出所有努力之后，对问题仍然比较大的下属采取一定的措施。

在实施变化之前，告诉下属为什么要变化。倾听他们关心的问题，获得他们的支持。

1. 与上级沟通

2. 与骨干下属沟通

6. 与权力部门沟通

3. 与全体下属沟通

5. 与问题下属沟通

4. 与其他管理者沟通

和对变化异议较大的下属沟通，找出阻力所在，通过多方沟通，对变化进行适度调整，化阻力为动力。

可以从兄弟团队那里获取经验，或者向有经验的管理者取经，预测实施变化过程中可能会遇到的难题，提前做好准备和应对措施。

小贴士

要有效地推行变化，应注意以下内容。
1. 推行变化要运用各方资源。可以利用组织文化，例如组织文化的基础是儒家思想，那就可以利用儒家精髓思想与变化关联。可以借助特殊力量，例如借助一些比较有群众基础的下属的支持。
2. 创造交流空间。下属倾向于执行自己参与讨论并认同的决策，所以要多为下属创造参与讨论的机会。
3. 为下属提供关怀。包括物质关怀和精神关怀，让下属感受到来自组织的温暖。

第 4 章 高效开会

奇怪，每次我开完会，下属都好像和我有仇一样……

啊？具体有什么表现呢？

情绪低落、唉声叹气、满腹牢骚……

有没有可能是你开会的方式不对呢？

那要怎么开会呢？

我们一起来探讨一下如何高效地开会吧！

背景介绍

源智公司（化名）产品企划部主任胡慧（化名），女，25 岁。优点是想法多，创意多，思维活跃；缺点是做事拖拉，经常开会，会议效率很低，所以引起了下属强烈的不满。

4.1 明确目的

　　开会是有时间成本和机会成本的。开会是多方为了完成某个目标进行的交流沟通，而不是为了开会而开会。在开会之前，一定要先明确开会的目的，考虑好开会的必要性，不要想当然地开会。

🔒 **问题场景** | 如何评估开会的必要性

我觉得自己在会议的召开上可能有问题。

你一般会在什么情况下召开会议呢？

我开会没有固定时间，一般是遇到大事，或者部门某个下属的工作遇到问题了，就开会讨论一下。

参会人员与会议主题之间的关联性强吗？

不算强，下属们彼此之间的工作还是比较独立的。

也许这正是问题所在，人们参与和自己关联性不大的会议时，会感到自己的时间被别人占用，从而产生抵触情绪。

那我以后就干脆不开会了？

不是不开会，而是要在开会之前先考虑开会的必要性，再考虑需要哪些人员参与会议。

问题拆解

有的团队管理者为了增强团队的凝聚力，会让团队成员之间相互讨论、相互帮忙，因此经常召开会议。这种想法的初衷是好的，可效率比较低，尤其是在团队成员工作关联度不大的情况下效率会更低。开会是为了解决某个问题。可是如果为了达到目的，让大部分员工的工作效率降低，这样会影响他们的本职工作，又成了一个大问题。

工具介绍

召开会议的时机

会议不应随意发起。在团队中，如果要解决的问题只需要团队管理者和某个下属进行沟通，那最好不要通过开会的方式解决，两个人单独沟通就可以了。

如果觉得这个问题很重要，有必要让其他员工知道，可以在总结经验之后，在别的会议上公布解决问题的过程和结果，供团队成员参考，而不需要让其他人也参与到这个问题解决的过程中。

如果需要多人参与解决问题，可以在相关的多人之间发起临时会议，不相关的人不需要参加。

适合召开会议的 4 种情况

```
              ┌─────────────┐
              │ 1.需要多人同时 │
              │ 了解某项信息  │
              └─────────────┘

┌──────────┐              ┌──────────┐
│4.需要统一思想│   召开      │2.需要多人同时│
│          │   会议      │参与讨论     │
└──────────┘              └──────────┘

              ┌─────────────┐
              │ 3.需要群体决策 │
              └─────────────┘
```

选择参会人员的 5 点原则

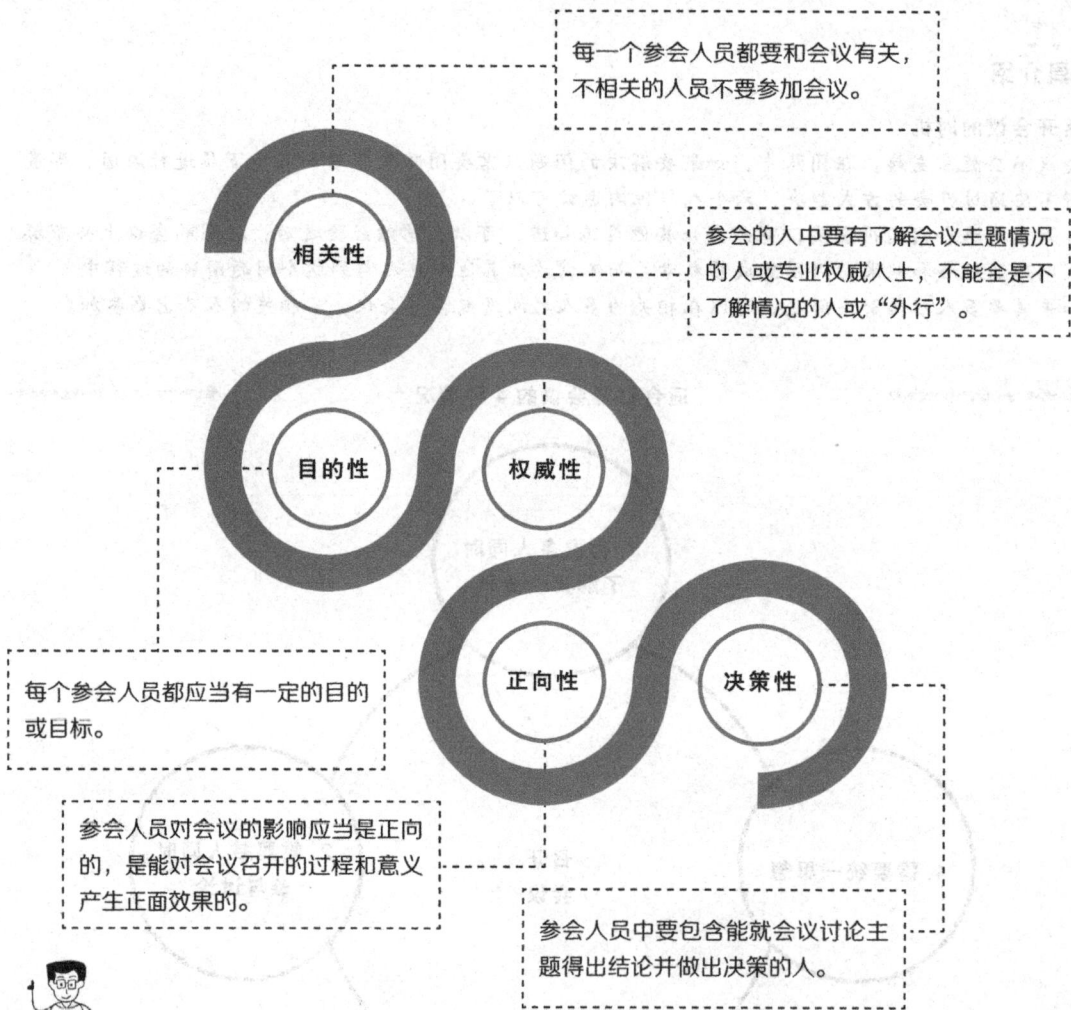

相关性

目的性

权威性

正向性

决策性

每一个参会人员都要和会议有关，不相关的人员不要参加会议。

参会的人中要有了解会议主题情况的人或专业权威人士，不能全是不了解情况的人或"外行"。

每个参会人员都应当有一定的目的或目标。

参会人员对会议的影响应当是正向的，是能对会议召开的过程和意义产生正面效果的。

参会人员中要包含能就会议讨论主题得出结论并做出决策的人。

小贴士

团队管理者每次召开会议前，应考虑好需要哪些人员参与会议。

如果让无关人员参会，容易提高会议的成本。切忌不论什么会议都让所有人员一起参加。

参会人员也不是越少越好，如果原本应参会的人没有参会，可能会降低会议的效率，起不到会议的效果。

4.1.2　人不来开不了会? 开玩笑

🔒 **问题场景**　如何解决人不到场无法开会的情况

有时候想开会，可该参会的人却凑不到一起，导致会议开不起来……

就算人凑不起来也不是不能开会啊。

什么? 人凑不起来怎么开会?

例如，可以开电话会议、网络会议等远程会议，这样可以摆脱空间限制。

哦，这种会议形式我用得确实比较少。

除了可以摆脱空间限制外，其实还可以摆脱时间限制。很多社交软件既能实现即时联络，又能实现信息保留。如果不需要即时回复，可以采取这种方法。

原来还有这么多种会议形式!

是的，可以根据会议需要调整会议形式，最小化开会成本，最大化开会效率。

问题拆解

任何会议都有成本，有时候成本高到很难实现。开会的目的从本质上来说就是信息互通，要实现这个目的并不一定要所有人在同一时间都聚集在同一地点。能够实现信息互通的方式有很多，所以开会还可以采取很多更丰富的形式。这些形式能够让会议摆脱时间和空间的限制，降低会议成本，提高会议效率，达到会议目的。

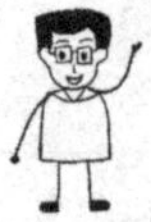

工具介绍

远程会议

远程会议指的是运用各类通讯手段,在不同地域、不同时间召开的会议。远程会议常见的形式包括运用互联网的网络视频/音频会议、电话会议等。

互联网的网络视频/音频会议和电话会议能让开会摆脱空间限制。参会人员在自己的办公桌前可以开会,在交通工具上可以开会,甚至在国外也可以开会。

社交软件的"聊天群"会议可以摆脱时间限制,对于不要求实时回复的主题会议可以采取这种形式,例如就某个不紧急的问题召开研讨会、就某个非重点的专题召开讨论会等。开这种会议时,参会人员只需要在一定时间内回复,不需要实时回复,也不需要排队式回复。

什么情况下适合召开远程会议

2. 会议频率较高
短时间多次召开会议

3. 开会成本较高
预期的成本高于收益

1. 物理空间限制
参会人员空间距离远

4. 时间不定
参会人员彼此时间不一致

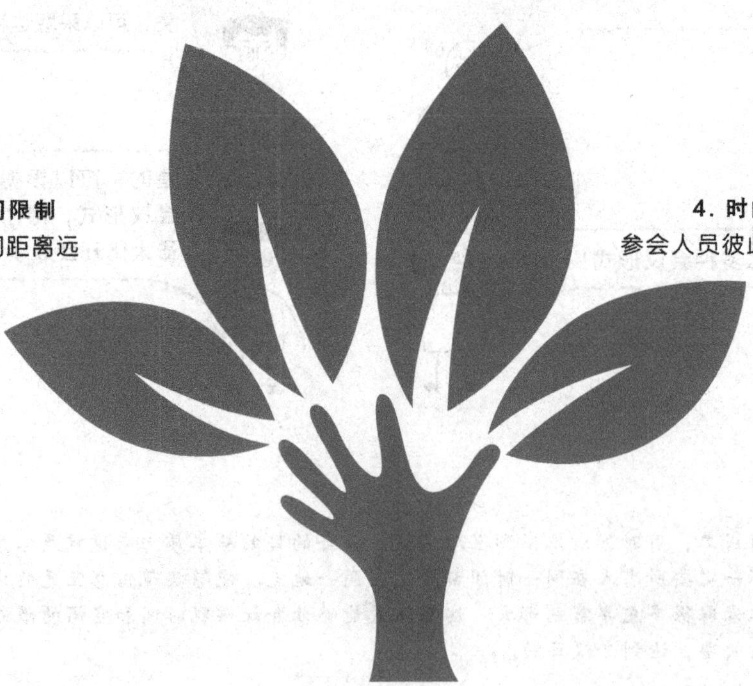

召开远程会议的 4 点注意事项

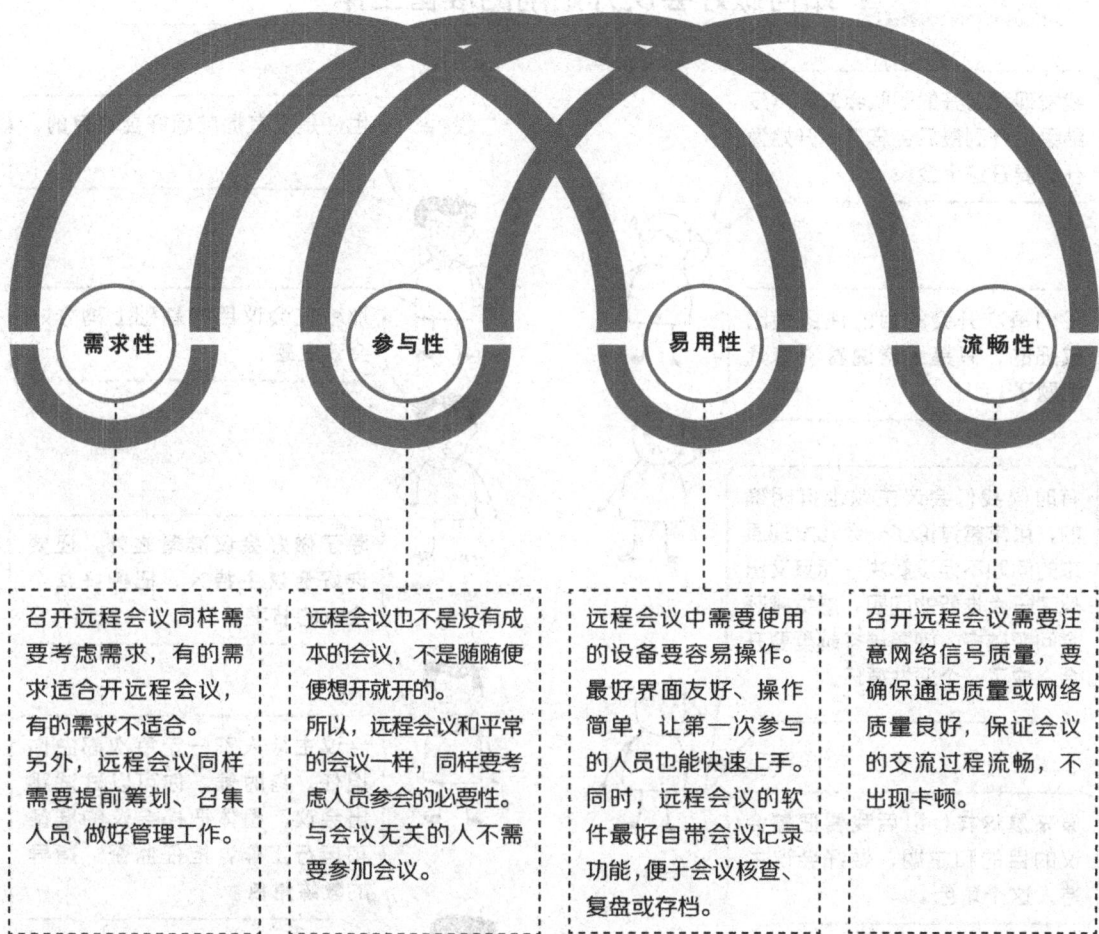

需求性　　**参与性**　　**易用性**　　**流畅性**

召开远程会议同样需要考虑需求，有的需求适合开远程会议，有的需求不适合。
另外，远程会议同样需要提前筹划、召集人员、做好管理工作。

远程会议也不是没有成本的会议，不是随随便便想开就开的。
所以，远程会议和平常的会议一样，同样要考虑人员参会的必要性。
与会议无关的人不需要参加会议。

远程会议中需要使用的设备要容易操作。最好界面友好、操作简单，让第一次参与的人员也能快速上手。同时，远程会议的软件最好自带会议记录功能，便于会议核查、复盘或存档。

召开远程会议需要注意网络信号质量，要确保通话质量或网络质量良好，保证会议的交流过程流畅，不出现卡顿。

小贴士

要有效召开远程会议，需要具备一定的硬件条件和软件条件。
硬件条件是设备方面的条件，包括召开远程会议必备的器材、设备等硬件；软件条件是参会人员方面的条件，包括参会人员对远程会议的认知和参会经验。

4.1.3　到底想要什么？提前说清楚

我发现我召开的团队会议经常没结果，开到最后会忘了一开始为什么要开这个会……

也许是没有提前想好**会议目的**。

我们每次开会的目的性还是比较强的，只是经常说着说着就跑题了。

那就在会议目的基础上确立好**会议主题**。

有时候我们会议主题也挺明确的，可常常讨论了一会儿发现原来的问题不但没解决，而且又出现了一大堆新的问题，感觉越开会问题越多，问题越多越需要开会，成了一个恶性循环。

除了做好会议准备之外，还要选好**会议主持人**，把控好整个会议的节奏。

原来是这样！以后我要把控会议的目的和主题，做好会议主持人这个角色。

会议主持人不一定每次都由你担任。有时候，你可以试试跳出会议，整体把控会议的准备和运行工作，担任监督、指导的**教练角色**。

问题拆解

1. 会议过程出现偏差往往是因为会议开始前准备不足。
2. 不要开没有准备的会议，不要开会议目的不明确、主题不明确的会议。
3. 会议主持人对于会议的整体把握对完成会议目标至关重要。

工具介绍

会议前的准备环节

"凡事预则立，不预则废"，要保证会议有效运行，就需要在召开会议前做好充足的准备。

召开会议前，除了要确定会议时间和会议地点、选好会议形式、准备会议设备、选择参会人员之外，还要提前想好会议目的、确定会议主题、制定会议流程、选好会议主持人及确定会议相关责任人。

会议召开前的流程

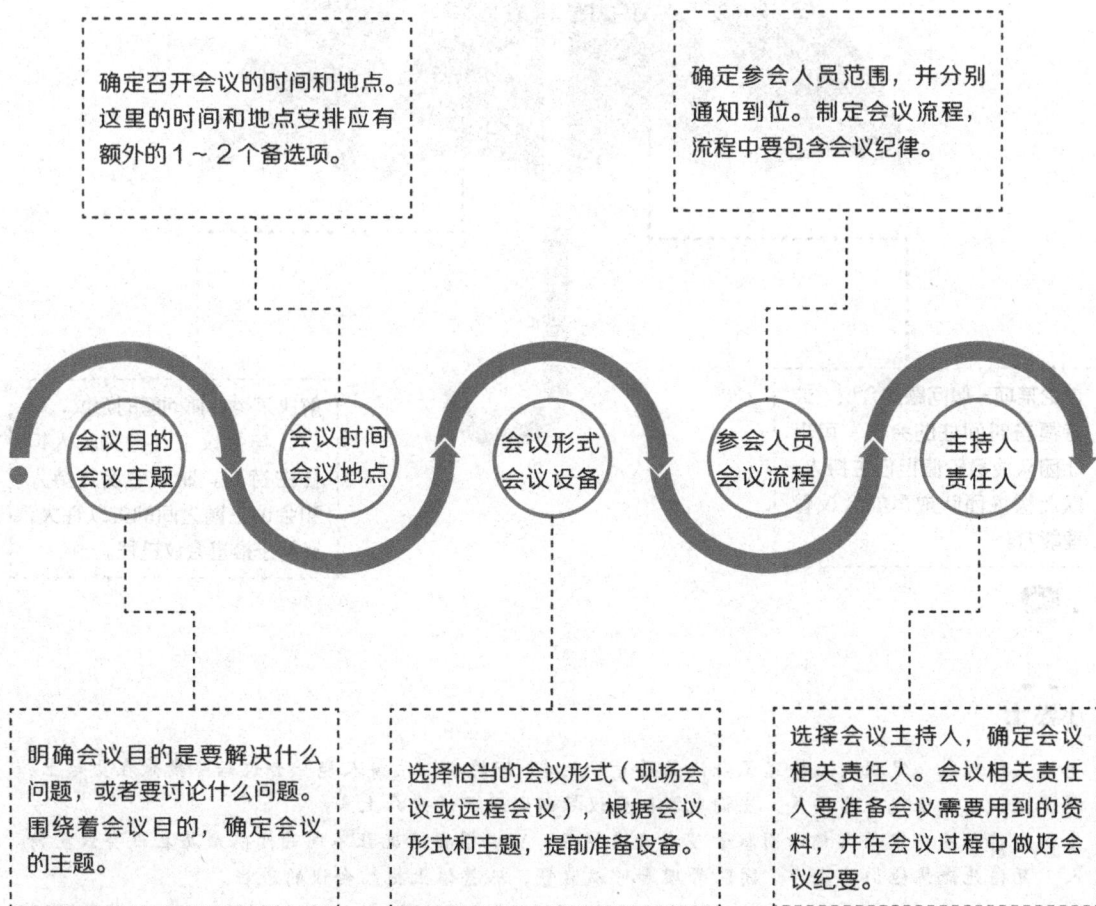

确定召开会议的时间和地点。这里的时间和地点安排应有额外的1～2个备选项。

确定参会人员范围，并分别通知到位。制定会议流程，流程中要包含会议纪律。

会议目的
会议主题

会议时间
会议地点

会议形式
会议设备

参会人员
会议流程

主持人
责任人

明确会议目的是要解决什么问题，或者要讨论什么问题。围绕着会议目的，确定会议的主题。

选择恰当的会议形式（现场会议或远程会议），根据会议形式和主题，提前准备设备。

选择会议主持人，确定会议相关责任人。会议相关责任人要准备会议需要用到的资料，并在会议过程中做好会议纪要。

应用解析

如何选择会议主持人

宏观性质、全局性质、战略性质的会议，如战略研讨会或经营业绩回顾会，可以由团队管理者亲自担任主持人。

传达和学习某类信息的会议，如产品推介会，可以由对该信息比较了解的人主持会议。

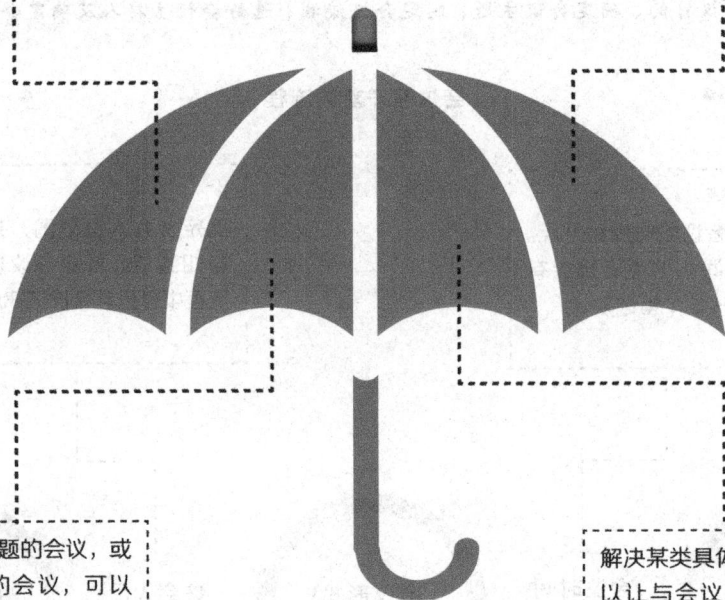

讨论某项一般问题的会议，或者具备时间性的会议，可以让团队成员轮值担任主持人，以此锻炼团队成员的会议管理能力。

解决某类具体问题的会议，可以让与会议主题相关的人担任主持人。如果会议主持人和会议主题之间的关联性大，有利于推进会议进程。

小贴士

会议主持人在一定程度上决定了会议的质量和效率。好的会议主持人能让会议始终聚焦在主题上，就算会议过程出现一些偏差，他们也能把会议拉回到正确的方向上来。

会议主持人不一定每次都由团队管理者亲自担任，可以根据情况让不同的团队成员担任会议主持人，并借此锻炼他们的能力。团队管理者可以监督，从整体上把控会议的进程。

4.2　划分类别

　　团队的会议可以分成 3 种，分别是自上而下的会议、自下而上的会议和全员参与的会议。这 3 种类别的会议有不同的定位和不同的会议目的，分别对应着不同的会议策略、操作方法和会议节奏。

4.2.1 自上而下：说清楚重点

🔒 **问题场景** 如何开好自上而下的会议

平时都应该开什么样的会议呢？

常开的会议类型有3种：自上而下的会议、自下而上的会议、全员参与的会议。

什么叫自上而下的会议？

指信息流自上而下的会议。

我想设立晨会制度，晨会属于这种类型的会议吗？

如果晨会是为了布置工作，那就算是这种类型。如果晨会每天都要开的话，建议时间短一点。

一般多长时间比较合适？

一般来说，每天晨会的总时间不要超过半小时。

问题拆解

团队中经常召开的会议类别有3种，分别是自上而下的会议、自下而上的会议和全员参与的会议。这些会议类别各有不同的特点和策略，根据不同会议类型的特点，应当采取不同的管理方式。

工具介绍

自上而下的会议

自上而下的会议指的是自上而下传递信息的会议，这类会议一般是由团队管理者发起的。这类会议多用于上级向下级传递信息，可以用来传达公司级别的通知、指示、制度等信息，也可以用于团队管理者本人向相关人员布置工作。这类会议中上级发言的时间和内容通常比下属多。

自上而下的会议可以按照某种时间频率定期召开，例如按定期的周度、月度、季度、年度等频率召开会议。

自上而下会议的维度

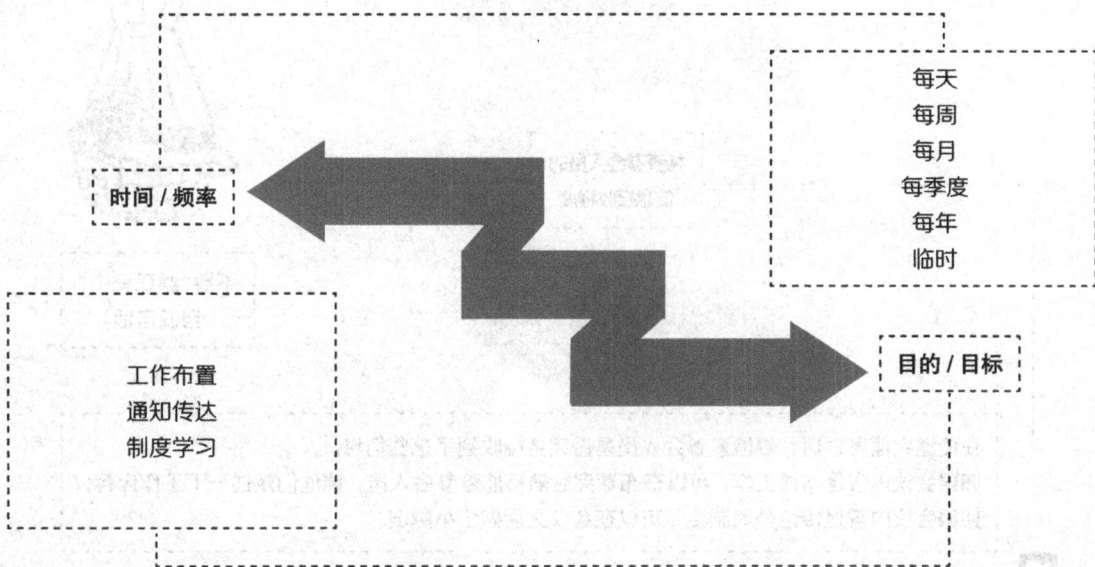

时间 / 频率

每天
每周
每月
每季度
每年
临时

工作布置
通知传达
制度学习

目的 / 目标

常见的自上而下的会议有每天的工作布置会、每周的通知传达会、每月的制度学习会等。

自上而下类会议的注意事项

因为人的注意力和记忆力有限，如果一次会议中传递的信息太多，就会降低信息的传递效率。在一次会议中，传递的重点信息最好控制在 5 项以内，而且要分清楚主次顺序。

不要一次说
太多信息

检查参会人员的
信息接收程度

不要"飘在空中"
自说自话

在传递完信息之后，要检查参会人员是否完全接收到了这些信息。
如果会议内容是布置工作，可以在布置完后随机抽查参会人员，请他们复述一下工作内容；
如果会议内容是传达公司制度，可以在会议之后做个小测试。

小贴士

自上而下的会议大多数情况下是由团队管理者发起的，所以容易出现会议召开比较随意、不考虑会议目标、不做会议后续跟踪等问题。
这类会议要慎重召开，要遵循会议准备的流程，做好会议过程把控。

4.2.2　自下而上：把握住方向

🔒 **问题场景**　如何开好自下而上的会议

前面说的**自下而上**的会议指的是信息流自下而上吧？

是的，这类会议一般是下属说，上级评价。

我觉得部门有必要开个夕会（下班前的会议），我可以把夕会定义成这种类型的会议吗？

当然可以，夕会可以以下属的工作汇报为主，不过时间也不要太长。

一般多久合适？

夕会时间一般也应控制在半小时以内。注意把握下属汇报的**节奏**，每个人汇报重点结果即可。

定期的工作回顾会议多久召开一次比较合适呢？

这个不一定，主要要看工作成果的周期和团队人数，以周度或月度的情况居多。

问题拆解

不论是晨会还是夕会，都要注意把控好时间。如果会议是以下属的工作汇报为主，那么团队管理者要把握住下属汇报的节奏，让每个人只说重点，关于工作汇报的细节问题可以在后续工作中单独交流。除了晨会和夕会之外，还可以根据下属的工作进度设置定期的工作回顾会议；或者根据下属工作的进展情况设置不定期的工作汇报会议。

工具介绍

自下而上的会议

自下而上的会议指的是由下向上传递信息的会议，这类会议有时候是由团队管理者发起的，有时候是由下属主动发起的。这类会议的主要内容是对下属的工作进行评估、回顾、展望，以及做下一步的工作计划等。这类会议中下级发言的时间和内容通常比上级多。

自下而上的会议同样可以按照某种时间频率定期召开，例如按照周度、月度、季度、年度等频率；也可以不定期召开，例如按照下属工作的进展情况来约定召开时间。

自下而上会议的维度

时间 / 频率

每天
每周
每月
每季度
每年
约定的时间

工作任务评估
项目进展评估
业绩评估
工作述职
工作汇报
工作展望
工作计划

目的 / 目标

常见的自下而上的会议有每天的工作任务评估会、每周的项目进展评估会、每月的业绩评估会、每年的工作述职会等。

工作评估会议周期参考

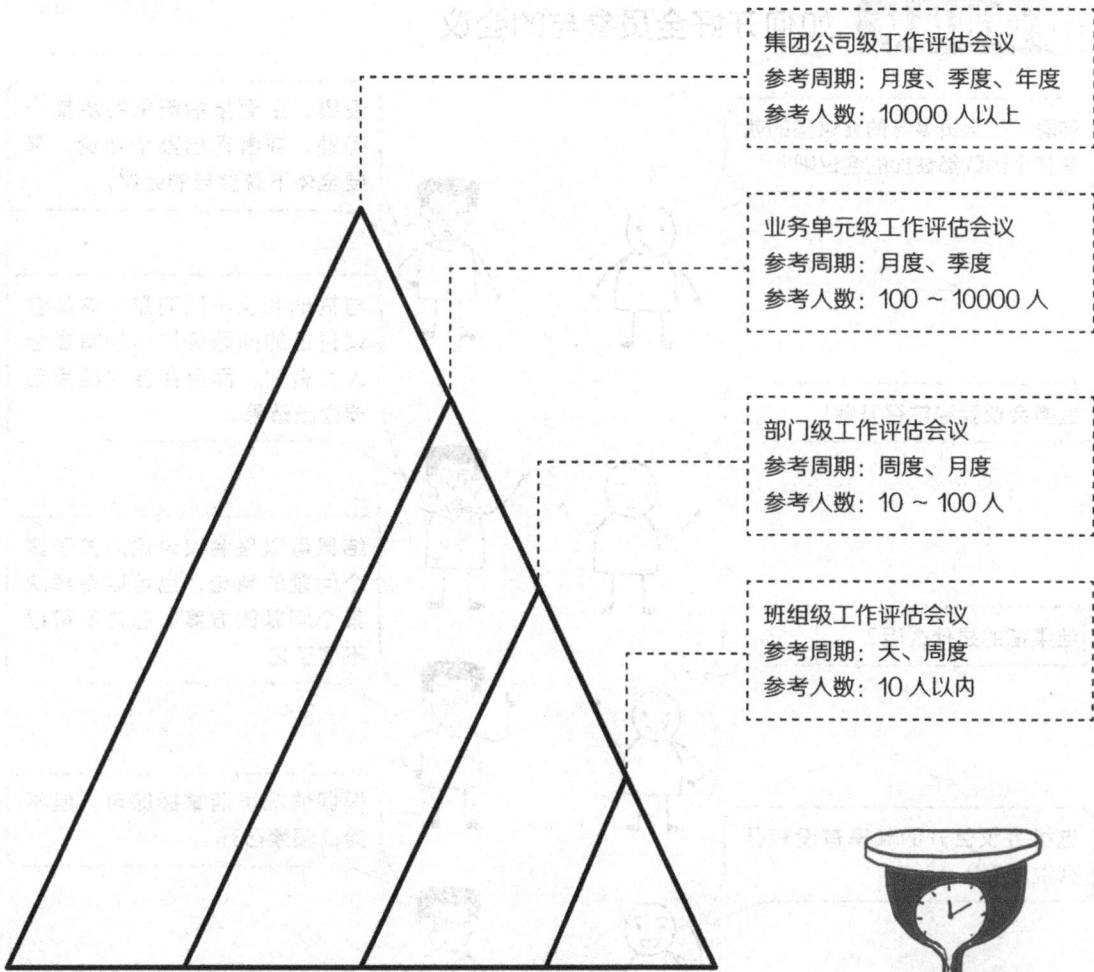

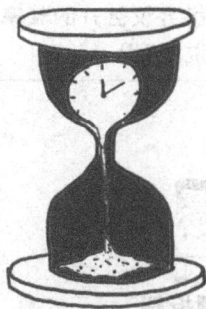

集团公司级工作评估会议
参考周期：月度、季度、年度
参考人数：10000 人以上

业务单元级工作评估会议
参考周期：月度、季度
参考人数：100 ~ 10000 人

部门级工作评估会议
参考周期：周度、月度
参考人数：10 ~ 100 人

班组级工作评估会议
参考周期：天、周度
参考人数：10 人以内

小贴士

在自下而上类的会议中，要注意团队管理者在会议中的价值。因为自下而上的会议一般需要下属汇报工作，所以团队管理者对下属工作汇报和工作情况的回应就显得非常重要。同时要注意把控好会议主题和进度，以及把握住整个会议的节奏。

4.2.3 全员参与：得出结果

🔒 **问题场景** 如何开好全员参与的会议

前面说的**全员参与的会议**指的就是整个团队都参加的会议吧？

没错，主要是指用来解决某个问题，或者得出某个结论，需要全体下属参与的会议。

这类会议我经常召开啊！

与其他会议不同的是，这类会议讨论的问题最好与所有参会人员有关，而且在会议结束后要得出**结果**。

结果指的是什么呢？

结果可以是会议讨论后关于某个问题的**结论**，也可以是解决某个问题的**方案**。总之不可以不了了之。

这类会议召开的频率有没有什么说法呢？

根据情况灵活掌握即可，但不建议频繁召开。

问题拆解

全员参与的会议类别是全员"参与"，而不是全员"参加"。参与和参加的含义是不同的。参与不仅要参加，还要有双向的、充分的信息交互。单向的或者不充分的信息交互属于参加。在会议中，只要出席就可以算参加，但出席不等于参与。所以在自上而下或自下而上的会议中，有时候可能是全员参加的，却不一定是全员参与的。

工具介绍

全员参与的会议

全员参与的会议指的是团队中全体成员共同参与的会议，经常用于讨论某件事情或解决某个问题。

这类会议中讨论的问题应当和参会的所有人都有关，而且在会议结束后要得出会议结果。

这类会议召开的频率比较灵活。如果不是特别重要的事项，或者确实需要全员参与讨论的事项，一般不需要召开这类会议。

召开全员参与的会议应以成本最小化、尽可能不影响全员正常工作为原则。

全员参与会议的维度

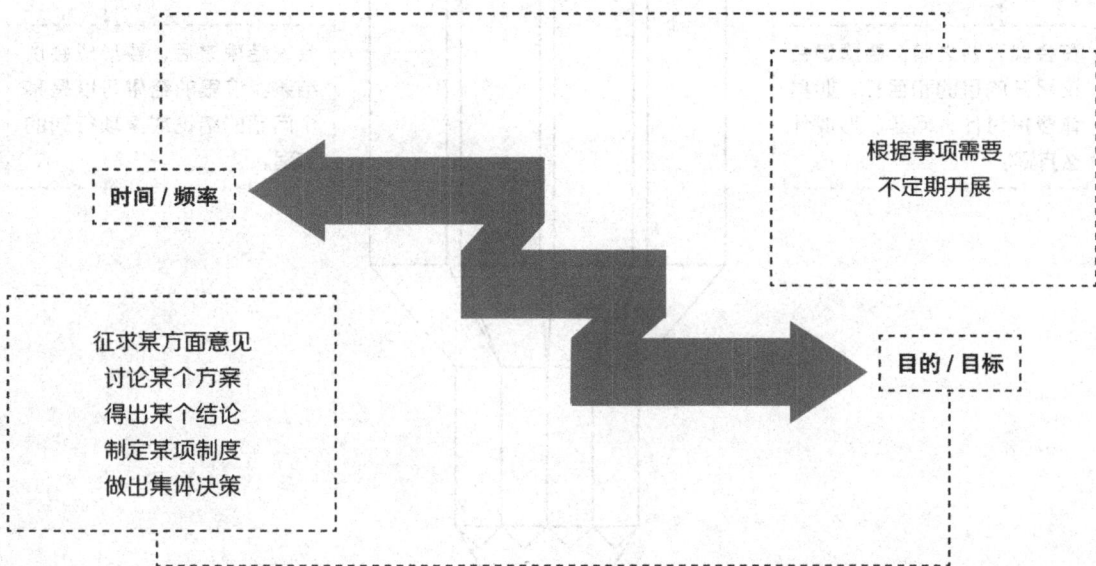

时间 / 频率

根据事项需要
不定期开展

征求某方面意见
讨论某个方案
得出某个结论
制定某项制度
做出集体决策

目的 / 目标

常见的全员参与的会议如团队要出台某项制度，需要全体成员提出意见而举办的会议。

召开全员参与会议的 4 点注意事项

要在会议开始之前把会议的目的和目标告知所有参会人员，让参会人员清楚并提前做好准备。

会议过程中，不论身份职级如何，团队成员都应共同讨论问题、共同检讨工作或共享信息。

在会议开始之前，要清楚会议召开的目的和目标，如具体要探讨什么问题、形成什么方案。

会议结束之后，要形成会议结果。这里的结果可以是某个问题的结论或某项行动的方案。

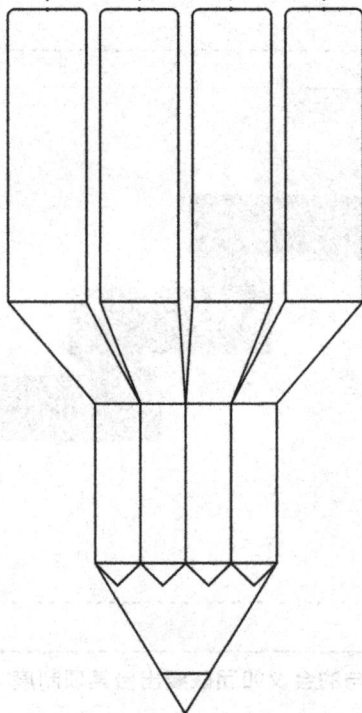

小贴士

全员参与的会议不可以不了了之，不能没有结果。

就算会议没有得出最终结果，也应当得出阶段性结果，为得出最终结果做好准备。

4.3 输入输出

　　输入和输出是一种程序语言，分别对应着流程的进口和出口。会议也同样有相应的输入与输出。开会前充分的准备就是一种会议输入；会议后形成的结论或方案就是一种会议输出。管控好会议的输入和输出，能够提升会议的效率和效果。

4.3.1　开一天的会，有意义吗

🔒 **问题场景**　如何管控好开会的时间进程

我经常出现该开始开会的时间没开始，该结束会议的时间没结束的情况，怎么办呢？

关于会议的时间问题，建议定好开会的规矩。

定好了开会规矩之后，大家不遵守怎么办？

采用"胡萝卜 + 大棒"的方法，该奖的奖，该罚的罚。怎么定的规矩，就怎么执行。

会议过程中，大家的发言时间过长或过短都会造成会议时间出问题，怎么解决呢？

这时候就要看会议主持人的功力了，主持人要会**控场**。

关于会议时间，有什么标准吗？

一般参与人数越少、频率越高的会议，时间应当越短；参与人数越多、频率越低的会议，时间可以越长。

问题拆解

"没有规矩，不成方圆"，开会的规矩影响着会议的效果。有了规矩就要坚决执行，这时候团队最高管理者需要以身作则，坚决遵守和执行规矩。

工具介绍

会议流程

会议流程指的是会议的运行过程，它的内容包括会议的开始和结束时间、发言的顺序和时间、每个时间段的主题或内容、每个主题或内容的具体要求、会议得出结论的方式、会议每个阶段的负责人等。会议流程要提前发给所有的参会人员，并让他们按照会议要求提前做好准备。会议过程中，所有参会人员都要遵守会议流程的要求。

会议主持人要想有效把握会议进度，就要敢于提醒和打断发言时间长、无重点的人，善于引导和启发发言时间短、内容少的人，从整体上把握好会议的时间。如果会议主持人这方面的能力较弱，那么团队管理者在会议中的角色就比较关键。

会议流程样表

时间	主题 / 内容	要求	负责人
9:15 ~ 9:30	签到	所有参会人员到场后签到	会务组小王
9:30 ~ 9:45	会议开场	提出会议要求	主持人小李
9:45 ~ 10:30	A 问题的研讨	所有参会人员发言 每人 5 分钟	主持人小李
10:30 ~ 10:45	休息	期间不得离开主会场	会务组小王
10:45 ~ 11:30	B 问题的研讨	所有参会人员发言 每人 5 分钟	主持人小李
11:30 ~ 11:45	总结 A 问题和 B 问题的研讨结果	所有参会人员可随时发表意见	主持人小李
11:45 ~ 12:00	形成会议决议并形成具体行动方案	根据研讨内容得出的行动方案要可执行、可实施、有时间限制、有责任人	团队管理者胡慧

一般企业会议时间参考

每天召开一次的会议	每周召开一次的会议	每月召开一次的会议
半小时以内	2 小时以内	4 小时以内

每季度召开一次的会议	每年召开一次的会议	临时的全员参与会议
8 小时以内	16 小时以内	8 小时以内

临时的非全员参与会议
4 小时以内

小贴士

以上会议时间为经验数据，仅供参考，请以实际需求为准。
会议时间绝不是越长越好，设计会议时间的总体原则是用最少的时间完成会议目标。
要有效地控制会议时间，会议策划人、会议主持人和参会的最高管理者三方都要做好管控工作。
解决问题的会议效果与会议时间长度没有直接的关系，与前期准备有很大关系。会议前期准备得越充分，
会议效率越高，会议效果越好。与其把时间浪费在会议过程上，不如把时间放在会议准备上。

4.3.2 会开完之后，有结果吗

🔒 **问题场景** 如何防止会后不了了之

我感觉很多会开了等于没开，最后好像都不了了之。

你可以检查一下**会议的输出**。

什么叫会议的输出？

会议的输出也可以叫**会议结果**。会议有结果，工作才能落地。

有时候我们也有这些，可经常会忘了。

可以在会议结束时，形成**会议纪要**。通过查看会议纪要来随时提醒自己要做什么。

我以前总觉得会议纪要太麻烦了，尤其是短会，所以就没做这方面的要求。

不论大会小会，都要有会议纪要。比较小的会可以简单记录，比较大的会可以详细记录。

问题拆解

很多时候，虽然下属们知道会议最后得出的某个结论，但却不知道这个结论和自己的工作有什么关系，所以无法采取行动。有时候即便下属知道会议结论和自己的工作是相关的，但如果没有具体要求和相关工作安排，没有具体的记录，没有具体的输出资料，也会有人无视这个结论，从而导致会议没有效果。

工具介绍

会议的输入和输出

输入和输出是一组程序语言，这种语言在工作管理中依然适用。

会议的输入指的是会议所有的组成要素，包括会议主题、参会人员、会议流程等（在前面已经分别讲过）；会议的输出指的是会议的产出结果。这里的结果除了某种结论或某个方案外，还需要有具体的行动要求和工作安排。有了这些，会议结果才有可能落地。

做好了会议的所有输入工作后，还要进行适当的过程管控才会得到想要的输出。

为了便于对会议结果评估，会议输出应当以会议纪要的形式出现。

会议输出的重点内容

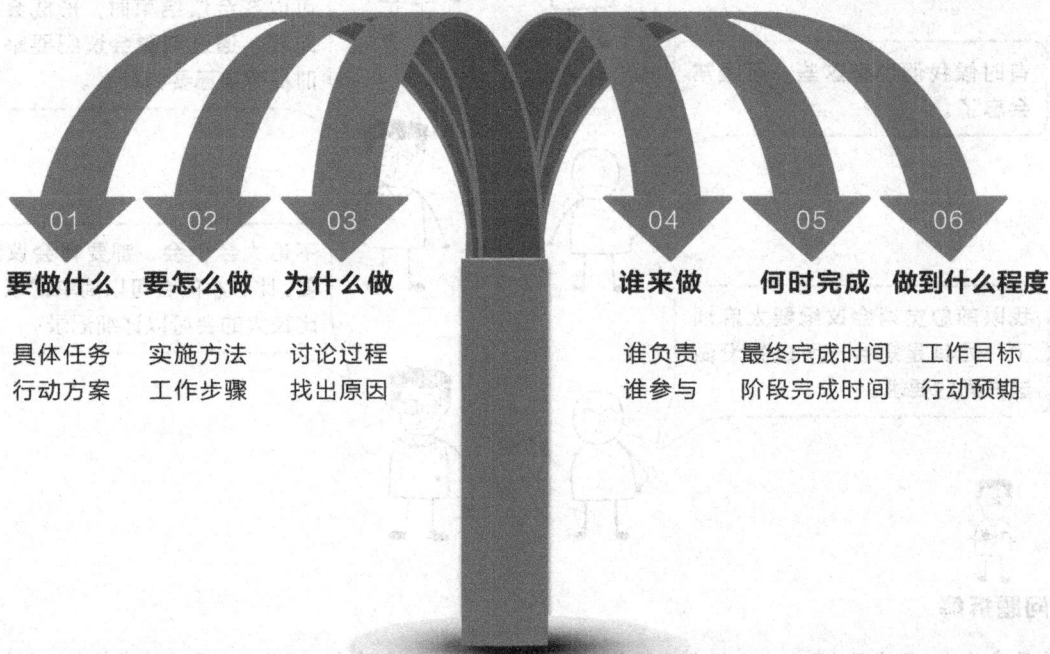

01	02	03	04	05	06
要做什么	**要怎么做**	**为什么做**	**谁来做**	**何时完成**	**做到什么程度**
具体任务	实施方法	讨论过程	谁负责	最终完成时间	工作目标
行动方案	工作步骤	找出原因	谁参与	阶段完成时间	行动预期

会议纪要样表

会议主题			会议记录人		
会议时间			会议地点		
参会人员					
会议纪要报送部门					

序号	会议议题	结果/结论	对应工作目标	对应工作任务	工作任务完成时间	任务责任人	任务监督人
1							
2							
3							
4							
5							
6							
7							
8							

小贴士

不论会议的目的、主题和目标是什么，最后都要有某种输出结果。会议输出的结果除了某种结论或某个方案之外，还需要有具体的行动要求和工作安排。只有明确了这些要求和安排后，下属们才清楚具体要做什么，这样会议结果才有可能落地。

会议纪要既不是越复杂越好，也不是内容记录得越详细越好，应根据需要设计会议纪要的格式。

4.3.3 开那么多会，有价值吗

🔒 **问题场景** 如何评估会议质量

怎么判断我的会开得成不成功呢？

会议其实是有质量好坏之分的，可以通过会议实现的价值来判断。

谁来评估会议价值呢？

作为团队管理者的你是最合适的。

怎么做评估呢？

比较直接的做法是对应会议纪要当中的"工作目标"、"完成时间"和"责任人"来进行评估。

除了评估会议结果外，也可以对会议筹备阶段和会议运行过程做总结、复盘和评估。这样做可以帮助我们发现召开会议本身存在的问题，从而让会议更高效。

太好了！以后我能保障会议质量了！

问题拆解

高效的会议价值高，低效的会议价值低。这里对会议质量和会议价值的判断，要根据会议结果来评估。这一步是保证企业未来持续高效运转的关键。

工具介绍

会议质量评估

会议质量评估指的是会议结果与预期相比的完成程度。

会议质量评估对团队管理者来说意义重大,一般应由团队管理者掌控。如果直接交给某个下属做,一方面,下属自身有职级限制,很难对其他平级或高级的责任人追责;另一方面,下属很容易把这项工作当成一项任务来完成,很难起到就问题进行交流和沟通的作用。相关事务性工作(如资料收集),或者比较简单的会议后的工作任务评估,可以交给下属做。

会议质量评估不应等到任务完成时才做,在任务完成之前就应该对过程进行监控,这样便于发现问题并及时调整,从而保证达到预期结果。

会议质量评估的 4 个层面

评估会议中要求员工改变的行为是否真正改变了。

评估会议总体的组织情况,包括前期准备、中期把控情况,以及参会人员对会议组织的满意度。

组织层面的评估

认知层面的评估

行为层面的评估

结果层面的评估

工作完成后,评估工作成果是否能体现在价值结果上,是否创造出了价值。

评估会议中参会人员应当获得的信息是否已经全部获取。

● **会议价值评估样表** ●

举例如下。

某企业某品类产品销量有下滑趋势，针对此问题召开会议后，对接下来产品销售业绩情况做评估得出的结果如下表。

分类	开始日期	结束日期	20×2年业绩		20×1年业绩	
			销售金额	毛利额	销售金额	毛利额
开会前	20×2-6-12	20×2-6-18	5032487	1135487	5132574	1237425
	20×2-6-19	20×2-6-25	6095294	1513792	5901714	1420305
开会后	20×2-6-26	20×2-7-2	5793909	1467626	5444911	1297784
	20×2-7-3	20×2-7-9	5630053	1444738	5255109	1283352
	20×2-7-10	20×2-7-16	6035636	1640722	5428318	1314703
	20×2-7-17	20×2-7-23	11062800	1738222	9521474	1469179
	20×2-7-24	20×2-7-30	6888144	1535316	6024382	1232302
分类	开始日期	结束日期	销售额同比	销售率同比	毛利额同比	毛利率同比
开会前	20×2-6-12	20×2-6-18	-100087	-2%	-101938	-8.2%
	20×2-6-19	20×2-6-25	193579	3.3%	93488	6.6%
开会后	20×2-6-26	20×2-7-2	348997	6.6%	169843	13.1%
	20×2-7-3	20×2-7-9	374944	6.9%	161386	12.6%
	20×2-7-10	20×2-7-16	607318	11.2%	326019	24.8%
	20×2-7-17	20×2-7-23	1541326	16.2%	269043	18.3%
	20×2-7-24	20×2-7-30	863762	14.3%	303014	24.6%

小贴士

上例中，通过对开会前后产品销售业绩的对比，我们能够清晰地看出开会前后销售业绩与同期业绩对比的变化情况，从而可以判断召开会议的价值。业绩好转，证明会议开得有价值。

这里要注意，销售业绩的变化与多种因素有关，不能简单认为这全是开会的功劳。

第5章　团队激励

我感到下属的工作没活力，下属们普遍没动力！

看起来，这种情况和**激励**有关。

会不会是嫌工资低？

工资对人才的激励只是一时的，并不会长期影响人的行为。

那该怎么办呢？

我们分别从**激励**、**表扬**、**批评**和**赏罚**上来探讨一下团队激励的话题吧。

背景介绍

源智公司（化名）市场部主管高松（化名），男，32岁，优点是对市场状况了若指掌，对营销方法非常熟悉；缺点是不知道如何激励下属，下属的工作积极性较差。

5.1 激 励

　　人能够被激励。正确的激励方式，能够使人们产生某种动机，进而产生某种行为。团队管理者要想让下属完成更高的业绩、发挥更大的潜能，就必须学会激励下属，引导下属持续做出对团队有利的行为。

5.1.1 涨工资不是有效的激励

🔒 **问题场景** 如何区分激励因素和保健因素

给下属涨工资不能提高下属的工作积极性吗？

如果你的下属工资比外部其他人的低，那么涨工资在短时间内是有效的；如果不是，那么效果就不显著。

为什么呢？人们工作不就为了拿工资吗？

工资是**保健因素**。工资低 = 不健康，但工资高 ≠ 更健康。

那怎么办呢？

应该多提供激励因素。

听起来相比保健因素，激励因素更像"发动机"。

是的，保健因素多，下属不一定有动力；但激励因素越多，下属越有动力。

问题拆解

传统的观点认为：人们上班就是为了赚钱。这个观点不能说错，很多人上班确实主要是为了获得经济回报。可如果把这个观点延伸为"激励下属，就是不断给下属经济回报，给的经济回报越多，下属干劲越大"，那就是非常错误的。经济回报能在短时间内起到一定的激励效果，但无法提供长久有效的激励。

工具介绍

激励保健理论

激励保健理论也可以称为双因素激励理论，最早是由美国的心理学家弗雷德里克·赫茨伯格（Fredrick Herzberg）在1959年提出的。激励保健理论的核心含义是：组织为员工提供的各种回报并不都具有激励性，而是分为两种，一种并不具有激励性，叫保健因素；一种具有激励性，叫激励因素。

当保健因素没有得到满足时，人们会感到不满意；但当这些因素得到满足后，人们的不满意感消失，但并没有达到满意的程度。

当激励因素没有得到满足时，人们不会满意，但也不会不满意；但当这些因素得到满足时，人们会满意。

这个理论说明，能对人产生有效激励作用的是激励因素，而不是保健因素。

●━━━━━━━ **保健因素和激励因素的内容** ━━━━━●

保健因素　　　　　　　　　　　　　激励因素

保健因素	激励因素
薪酬福利	获得信任　职业发展
工作环境	学习机会　工作前景
工作职务	获得成就　工作权限
岗位红利	团队氛围　工作价值

P 公司和 H 公司激励理念的差异

举例如下。

2010 年时，国内有两家以高水平服务著称的公司。它们当时规模类似，经常在各大商业经典案例、各大高校 MBA 案例以及互联网上出现。一家属于连锁零售业，主营连锁商超和综合商业体项目，简称 P 公司；另一家属于连锁餐饮业，主营火锅，简称 H 公司。两家公司之所以能做到高水平服务，除了运营流程之外，还有一个共同的理念，就是"服务好员工，员工就能服务好顾客"。

然而，两家公司在如何服务好员工这个问题上，却有截然不同的做法。P 公司强调"高工资、高福利"，偏向保健因素；H 公司强调"工作氛围、生活保障和未来发展"，偏向激励因素。

2014 年时，P 公司因为经营问题开始陆续关店，差一点倒闭，后来宣布未来 3 年将只保留一家单店；H 公司于 2018 年在港股上市，市值一度破千亿人民币，不论是经营业绩还是市值，都在全球中式餐饮市场中排名第一。

商业世界瞬息万变，绝不能说因为 P 公司给了员工高薪酬和高福利，所以造成了经营上的失败。但让人寒心的是 P 公司出现问题时员工们的态度。在公司危难时，P 公司员工大多数没有感恩公司给过自己比市场水平高得多的薪酬和福利，而是选择了沉默、静观其变、看笑话，甚至落井下石。

违背基本的经济规律和人性规律，大量提供保健因素的做法可能换来短时间的繁荣，但从长远来看，会"营养过剩"，反而"不健康"；提供一定的保健因素，不断提供激励因素的做法会更"健康"、更有效。

区别	P 公司	H 公司
理念强调	高工资、高福利、自由、快乐 💲	1. 为员工创造一个公平公正的公司环境 2. 让农村的孩子能通过双手改变命运 3. 和员工一起把公司做大
典型激励方式	有的岗位工资是市场的 2 倍以上 人力成本是同行业的 2 倍以上 要求员工每周只能工作 40 个小时 每天 6 点下班必须离开公司 下班不得接听工作电话 中高层干部每人发 1 辆车和 1 栋别墅 用市中心 6000 平方米的商圈给员工建休闲娱乐中心 ……	薪酬福利比同行业高 75% 改善员工居住环境 专人照顾员工生活 寄钱给员工父母 开设员工子弟学校 给员工提供职业发展路线 给员工放权 ……

小贴士

激励保健理论绝不是说不应给下属发高工资或高福利。如果经营条件允许，具备发放高工资、高福利的条件，那么这样做当然不是一件坏事。但单纯的高工资和高福利通常不是激励下属的有效条件，因为那只是保健因素。多运用激励因素才能有效地激励下属。

5.1.2　每个人心里都有杆秤

为什么很多下属工作不积极呢？

人的积极性来源于动机。没有动机，当然不愿意行动。

怎么激发下属的动机呢？

动机和两个因素有关，即效价和期望值。

什么意思呢？

效价就是人们觉得某事对自己的价值；期望值就是人们觉得做成某事的难度或可能性。

要怎么应用呢？

我们可以朝两个方向努力：要么提高某事对下属的价值；要么提高下属完成这件事的可能性或降低这件事的完成难度。

问题拆解

人们在做某件事前，首先会主观判断做了这件事可能会给自己带来的利益，以及做或不做这件事可能会给自己带来的弊端。人们通过这种利弊对比判断最终结果可能对自己产生的价值。其次，人们会判断这件事完成的难易程度和需要付出的努力程度，最终形成做这件事的主观能动性。

工具介绍

效价期望理论

效价期望理论也被称作期望理论，最早是由美国的心理学家和行为科学家维克托·弗鲁姆（Victor H. Vroom）在1964年提出的。效价期望理论的核心含义是：人们采取某种行为的动力与自身对该行为结果的价值评价以及自身对达到结果的预期有关。

效价期望理论的假设是人们采取某种行为的动力与内心的预期紧密相关。当该行为能够为人们带来的正面有利的价值越多，实现该目标的可能性就越大，激发人们采取该行为的积极性会越高，人们采取该行为的动机也会越强烈。

效价期望理论公式

$$M = \Sigma V \times E$$

M（motivation）代表激发力量，是人的行为和潜力能够被激发的程度，代表着人们做出某种行为的动机。

V（valence）代表效价，指行为达到预期目标后对满足个人需要的价值大小，是人们在主动产生某种行为之前，对该行为产生的结果的利弊判断。

E（expectancy）代表期望值，指人们根据过去的经验判断自己达到目标的可能性。期望值与个人主观判断有关。同一个结果，不同的人对完成的预期不同。

正效价

负效价

零效价

个体越希望达到预期目标，正效价越高，代表个体越希望达到目标，对个体越有利。

个体越不希望达到预期目标，负效价越高，代表个体越不希望达到目标，对个体越不利。

零效价代表个体对该目标漠不关心，个体认为该事件对自己无影响。

目标大小

可用工具

环境因素

工作关系

管理体制

其他因素

举例如下。

某新媒体创业公司经营着各大网络媒体账号，同时也帮其他企业做设计。团队成员共 30 多人。

"及时""有料""创新""创意"等关键词对该公司发展至关重要。可公司大部分人的状态是朝九晚五上下班，没有激情和活力，只关注完成工作任务，不考虑如何提高效率、如何做得更好。

为了激发员工的活力，公司总经理给员工涨了一轮工资。但是员工高兴一段时间后，很快又恢复到了往常的状态。

后来，这位总经理根据效价期望理论对薪酬政策重新做了改革，从制度层面、管理层面以及文化层面做了许多改变。

$$M = \Sigma V \times E$$

1. 给予每月创意数量达标的员工"提成奖励"。
2. 对连续 3 个月没有达标的员工采取末位淘汰制。
3. 每月评选"创意之星"，在晨会上进行表扬，并由上级颁发纪念品。

1. 营造创新的企业文化，将公司定义为创新驱动型公司。
2. 营造创新氛围，每天讲创新，对员工进行创新培训。
3. 所有需要资源支持的创意由总经理把关并快速提供资源分配支持。

小贴士

效价期望理论对于团队有效激发和调动下属的积极性有重要的作用，激励下属的做法有以下 3 种。

1. 将下属的个人需求与团队期望下属完成的工作目标相结合。

2. 下属完成工作目标后得到的报酬要恰好能够满足他们的需求。

3. 保证团队提供了足够的资源用以支持和帮助下属完成目标。

5.1.3 通过不公平实现公平

🔒 **问题场景** 如何为下属创造公平的氛围

总有下属找我反映薪酬分配不公平，我现在已经让下属薪酬都一样了，还是有人反映不公平！

有时候不公平反而是公平。追求绝对公平不如追求**相对公平**和团队公正。

啊？什么意思？

每个下属的能力和经验都是不同的，创造的价值也不同。所以薪酬应该是有差异的，这对个别下属来说可能不公平，但对整个团队来说反而是公平的。

可还是会有下属说不公平啊？

这就要看规则了。团队一起制定分配规则，然后整个团队都遵守这个规则，实现**公正分配**，这样大家就会有公平感。

原来如此！用分配规则来体现公平感，而不是用分配结果！

除了规则之外，你平时也要对下属进行**思维引导**和**心理疏导**。

问题拆解

公平和公正是不同的。公正指"给每个人他（她）所应得的"；公平指对待所有人"一视同仁"。凡是公正的事情必是公平的，但是公平的事情不见得是公正的。有时候公平反而会带来不公平感；公正但表面上不公平反而会带来公平感。所以，团队管理者应当用公正来创造内部公平感，而不是追求绝对公平。

工具介绍

社会比较理论

社会比较理论也可以称作公平理论或比较理论，最早是由美国的心理学家约翰·斯塔希·亚当斯（John Stacey Adams）在1965年提出的。社会比较理论的核心含义是员工自身的受激励程度是由自己与参照对象对工作投入和回报的主观比较结果决定的。

社会比较理论公式

当 X > 1 时，表示人们感到自己的投入产出比高于比较对象，会产生优越感，这时可能会产生如下行为。

1. 感到兴奋，产生激励。

2. 因自己获得了高投入产出比而对工作产生责任感，行为朝更加积极的方向继续努力，投入程度越高。

3. 当 X 长期稳定大于1，人们开始习惯这种优越感，产生理所应当的感觉，努力投入程度开始下降。

4. 当 X 过高时，反而会滋生心虚感或不稳定感，会产生一系列消极行为，如通过离职减少回报，做自己感兴趣的事。

当 X = 1 时，表示人们感到自己的投入产出比和比较对象相当，会有公平感，心理会平静，不会产生不满情绪。

$$X = \frac{A1}{A2} \quad \frac{B1}{B2}$$

表示某人对他本人获得薪酬回报的感觉。

表示某人对他本人为此所做投入的感觉。

表示这个人对某比较对象获得薪酬回报的感觉。

表示这个人对某比较对象为此所做投入的感觉。

当 X < 1 时，表示人们感到自己的投入产出比低于比较对象，会产生不公平感，这时候为了消除不满的情绪可能会产生如下行为。

1. 认为受到了不公正的待遇，行为动机下降，开始出现苦闷、焦虑、牢骚、怠工等情绪发泄性的消极行为。有时会出现逆反行为，严重的甚至会出现破坏行为。

2. 采取一系列行动，如换一份工作、设法提高薪酬回报、减少投入、迟到早退、工作缺勤、拖延工作任务、降低工作质量等，以此来改变自己与比较对象的投入产出比，从而获得公平感。

3. 直接更换比较对象，寻找投入产出比较低的对象进行比较以重新获得优越感。

4. 忍耐、逃避或自我安慰，有时候甚至会通过扭曲或丑化对比对象来让自己接受这种不公平感。

社会比较理论举例

举例如下。

小王和小张是同一家公司、同一个部门的同事，他们从事相同的岗位，每月工资构成也相同，都是 3000 元基本工资加 5000 元浮动工资。浮动工资发放条件是每月圆满完成任务。他们每月的任务目标相同，都是按照公司的要求完成一份 3 万字的调研报告书。小王和小张每月都能按照要求完成工作。

刚开始两人相安无事，但时间过了没多久，问题出现了。小王和小张每月任务相同，薪酬相同，两人理应感到公平，可是他们心理上却出现了不公平感。究竟怎么样才是公平呢？

不公平！我每月完成任务只需要 10 天，剩下的时间做了很多不在我职责和任务范围内的工作，而小张每月总是拖到月底才完成报告。这说明我的工作效率比小张高，工作能力比小张强，但是为什么我拿的工资却和小张一样呢？

不公平，我每次被分配到的调研报告主题都是新的，都是公司资料库中没有的，我要费那么大力气从外部找资源才能在月底前勉强完成报告，而小王每次的报告主题跟公司以往调研报告都存在较高相关性，能在公司资料库找到大量现成的参考资料。这说明我的工作难度比小王大，工作量比小王高，但凭什么我拿的工资却和小王一样呢？

小王　　小张

小贴士

团队中，要提高下属的公平感，可参考如下做法。

1. 对待下属的态度要公正。

2. 按照统一的标准和制度评价下属的贡献，兑现下属的价值。

3. 薪酬分配的标准和制度的制定过程应保证公正、公开。

4. 日常工作中应为下属树立正确的公平观。

5. 对已经产生不公平感的下属及时给予心理疏导。

5.2 表　扬

　　表扬是一种激励员工的有效手段。心理学家威廉·詹姆斯（William James）曾说：人类本性最深的企图之一是期望被人赞美和尊重，我们都希望自己的成绩与优点得到别人的认同，哪怕这种渴望在别人看来似乎带有点虚荣的成分。

　　团队中大多数员工都希望得到来自团队的认可。有时候，团队管理者一句不经意的表扬就有可能带来神奇的魔力。

5.2.1　动几下嘴皮子，又不花钱

🔒 **问题场景**　如何正确地表扬下属

我发现有些下属也不是从一开始就工作不积极，他们也曾经表现出比较好的一面，可后来就慢慢改变了。

当发现下属出现好的行为时，应当给予**鼓励**。

具体要怎么鼓励呢？

你可以立即**表扬**他。

这样表扬会不会太频繁了？

不会哦，不要吝惜对下属的表扬。这是表达对下属的肯定，是一种有效的激励方式。

看来我要经常对下属说"你很不错"。

不要这样泛泛而谈，表扬的时候一定要说清楚**为什么**表扬他，说清楚他究竟**好在**哪里，你将来希望他**怎么做**。

问题拆解

优秀的团队管理者会把表扬作为激发和引导下属行为的一种有效方式，所以不需要吝惜对下属的表扬。养成表扬下属的习惯后，表扬会变得像见面打招呼一样自然。

但要注意，有效的表扬不是"表彰大会"，不需要长篇大论，也不需要为了表扬而表扬，泛泛而谈，要准确定位、精准表扬。

工具介绍

一分钟表扬法

一分钟表扬法指的是当下属做出团队管理者希望看到的行为时，团队管理者对其给予的一种友好的正面反馈。这种表扬方式的优点是适时、快速、简短、精准。

一分钟表扬一般包括3部分：第1部分，大约半分钟，要及时称赞，描述细节、感受以及对团队的帮助；第2部分，停顿几秒钟，让下属享受表扬带来的喜悦；第3部分，大约半分钟，给下属鼓励和信心。

表扬的时候，注意态度要真诚，可以增加一些友善的肢体语言。

一分钟表扬的原则

人们喜欢在公开场合被表扬。所以最好公开地对下属进行表扬。

对下属的表扬要即时，当发现下属出现有利团队的行为时，要第一时间给予表扬，不要等待。

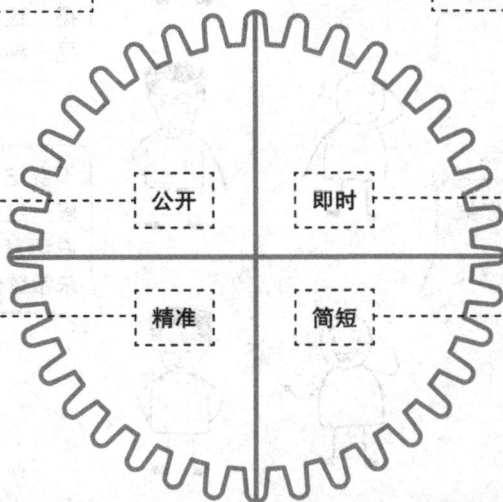

公开	即时
精准	简短

告诉下属他的行为对团队有多大帮助和意义，并告诉他做得好的地方，同时还要表达出身为团队管理者很为他自豪。

表扬的内容不需要太过复杂，用简短、易懂的语言迅速表达就行了，一般控制在1分钟左右。

表扬形成的行为增强回路

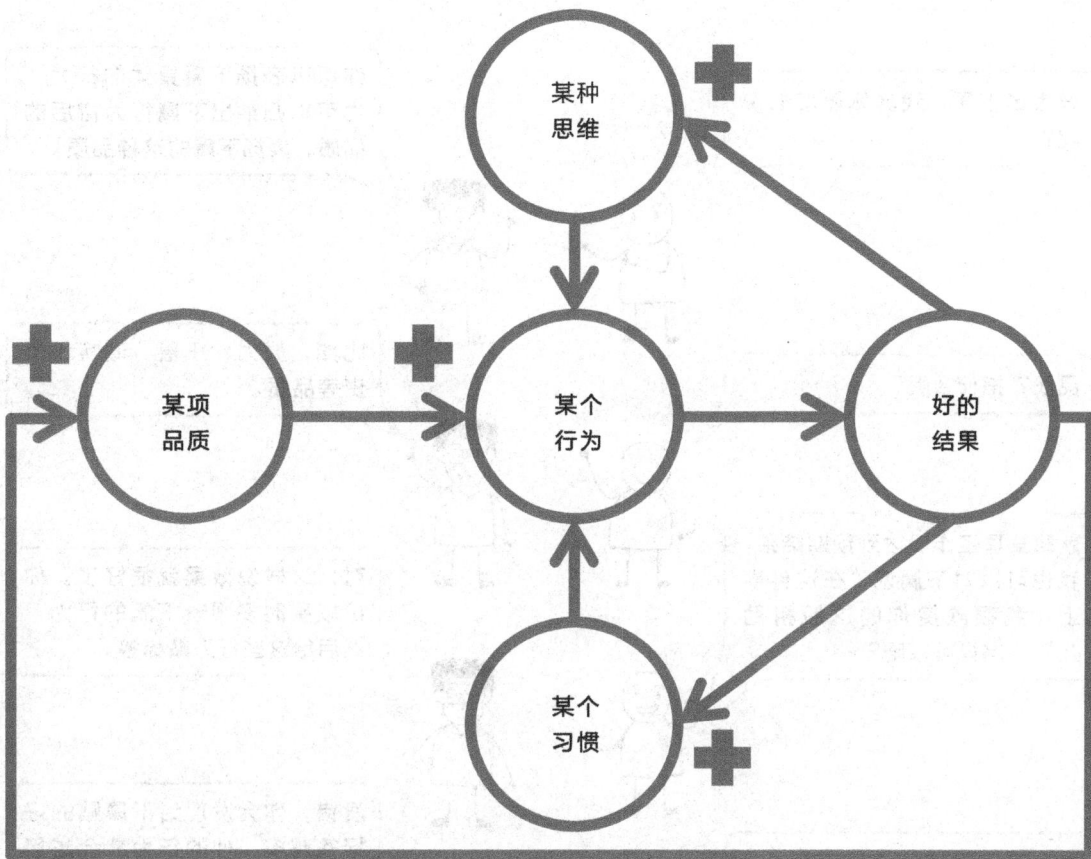

小贴士

表扬能够帮助人们形成"行为增强回路"。当下属被表扬和肯定的时候，他得到了正反馈，持续的正反馈能激发下属产生持续的行为。

有人认为只有当下属做出一些成绩的时候才值得表扬。其实每个人身上都有值得表扬的闪光点，不必非要等到下属做出成绩之后才给予表扬。团队管理者平时要多了解、多关注下属（可参见第1章"认识下属"一节的内容），找到他的闪光点，就他的闪光点进行表扬。

5.2.2 我很欣赏你的这股拼劲儿

🔒 **问题场景** 如何表扬下属的某种品质

要表扬下属，我具体要怎么说呢？

你可以表扬下属具体的行为，也可以归纳出下属行为背后的品质，表扬下属的这种品质。

品质？指什么呢？

比如，努力、正直、诚实、负责等品质。

就算某项工作没达到预期结果，我也可以对下属说"在这件事上，我很欣赏你的这股拼劲儿"，这样可以吧？

对！这样说效果就很好了。你可以平时多观察下属的行为，然后给这些行为贴标签。

然后用这些标签来表扬下属吗？

没错，你会发现给下属贴的好标签越多，他的行为就会越靠近这些标签。

问题拆解

团队管理者持续表扬下属什么，下属就会持续表现出什么。如果持续表扬某种行为，下属就会持续表现出这种行为；如果持续表扬某种品质，下属就会持续表现出这种品质。

一般来说，表扬品质优于表扬行为，因为优秀的品质能够产生出更多难以预料的优秀行为。

工具介绍

贴标签式表扬法

贴标签式表扬法指的是归纳出人们行为背后的品质后，通过表扬人们具备的这种品质，使人们获得正反馈，从而持续表现出与这种品质相符的行为。

贴标签式表扬法需要团队管理者具备观察能力和总结能力，可以根据人们的行为总结成正向关键词，并把这些关键词作为下属品质的标签。

人们都有品质和外显行为相关的"一致性倾向"。当人们相信自己具备某种品质的时候，就会倾向于表现出能够证明该品质且与该品质一致的行为。

贴标签式表扬法原理图示

用关键词在公开场合多次表扬下属。表扬时同样遵循一分钟表扬法的原则。

通过接受表扬，下属产生对关键词标签品质的认可，开始相信自己真的具备该品质。

下属会根据一致性倾向持续表现出类似行为，以保持自己与品质的一致性。

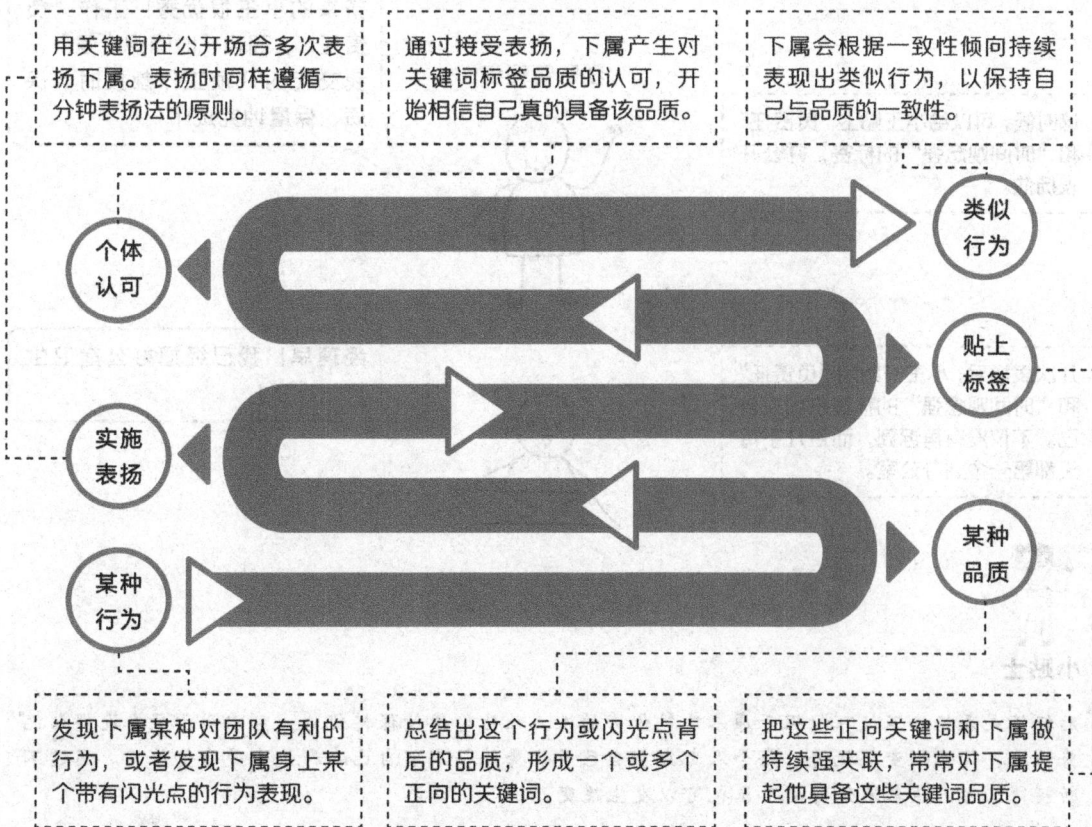

- 个体认可
- 类似行为
- 实施表扬
- 贴上标签
- 某种行为
- 某种品质

发现下属某种对团队有利的行为，或者发现下属身上某个带有闪光点的行为表现。

总结出这个行为或闪光点背后的品质，形成一个或多个正向的关键词。

把这些正向关键词和下属做持续强关联，常常对下属提起他具备这些关键词品质。

贴标签式表扬法的更多应用

新员工小王上班经常迟到，并且没有其他客观原因，由此可以推测他可能时间观念比较差。

小王

> 抱歉，又迟到了。

但交给小王的几项工作他都完成得比较出色，而且比较准时。说明他对待工作有好的一面。

小王

> 经理，您交给我的工作已经完成了。

这时候，可以给小王贴上"负责任"和"时间观念强"的标签，并公开表扬他。

团队管理者

> 新来的小王很优秀！工作"负责任"，而且"时间观念强"，我交代的几项工作都按时、保质、保量地完成了！

几次表扬后，小王开始用"负责任"和"时间观念强"的标签来约束自己。不仅没有再迟到，而且几乎每天都第一个到办公室。

> 经理早！我已经把办公室卫生打扫完了！

小贴士

贴标签式表扬法不仅可以用于原本比较优秀的人，让他们继续保持优秀，可以用于原本没那么优秀的人，让他们变得优秀。每个人都期望自己是优秀的，期望自己在群体中是有价值的。通过不断获得认可，原本不优秀的下属也可以发生改变。

5.2.3 听说，你有这方面的品质

🔒 **问题场景** | 如何通过表扬优化团队氛围

为什么我越实施表扬，团队氛围越差呢？

你觉得问题出在哪呢？

也许是因为我经常通过表扬某个人来批评其他人吧……

这叫**三角式批评**，是大忌，以后千万别这样。

有没有办法可以补救啊？

你可以试试**三角式表扬**。

什么是三角式表扬？

就是和三角式批评相反的做法。表扬某人的时候也表扬其他人，或者表扬 A 的时候关联 B，增进 A 和 B 之间的关系。

问题拆解

不要通过表扬某人来批评他人，如公开说某人在某方面非常优秀，其他人都比不过他，都要向他学习之类的话，这是非常不可取的。公开说团队中谁比谁好、谁比谁差更是大忌，这样做不仅不利于被贬低的一方接受批评，而且很容易造成团队的内部矛盾，不利于团结。

工具介绍

三角式表扬法

三角式表扬法有两种常见的形式。

1.在表扬A的时候同时表扬B，让A和B同时感受到被表扬，并让他们相互学习对方的优点。例如在公开场合说下属A"认真仔细"，工作中几乎没出现过错误，接着说下属B"善于思考"，工作报告有一定的深度和高度，然后说期望A和B相互学习。

2.在表扬A的时候关联B，团队管理者可以说因为B提供了某个信息A才获得表扬，增进A和B之间的合作关系。例如和下属A说："我听B说你昨晚为了完成今天会议要用的内容，加班到很晚才下班，辛苦你了，我很欣赏你这种对工作认真负责的态度！" 当这样说时，下属A不仅会接收到上级的表扬信息，感到欣慰，而且心中会对B心存感激。经常视情况采取这种三角式表扬，能改善个别团队成员之间不团结的情况，从而让团队成员间的关系越来越好，团队凝聚力越来越强。

三角式表扬法的原理

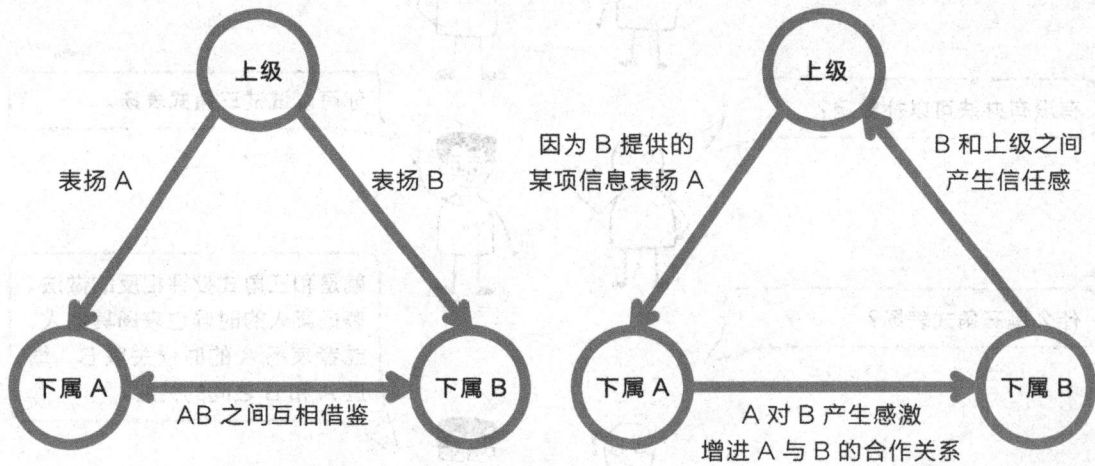

上级

表扬A   表扬B

下属A   下属B

AB之间互相借鉴

上级

因为B提供的   B和上级之间
某项信息表扬A   产生信任感

下属A   下属B

A对B产生感激
增进A与B的合作关系

表扬的话术比较

你很优秀
干得漂亮
你做得很好
挺不错的
好极了
特别好
棒棒哒

小王，这项工作报告你完成的质量
很高，数据充分、分析到位，说明
你是个"工作很用心的人"，以后
继续保持呀！
（贴标签式表扬法）
小王，听小李说你为了完成这份报
告占用了很多个人时间，而且自费
获得了很多数据，你真的很用心。
付出必然带来成长，加油！
（三角式表扬法）

VS

简单、空泛

详细、具体

小贴士

一些非常简单的、空泛的正面词汇虽然能起到一定的表扬效果，但单独应用会显得空洞、不真诚，不能准确表扬到下属的闪光点，时间长了下属可能会认为这是一种虚情假意。

另外，表扬不准确会导致下属并不知道自己究竟哪方面表现好，从而无法使真正好的行为得到激励，那么这种行为就可能无法持续，时间长了下属可能觉得自己不论做什么都好。这样的表扬反而起到了反效果。

表扬下属的时候要注意情绪，要发自内心，不要刻意为之。如果为了表扬而表扬，下属是能够感受到的，这样不仅表扬本身会失去效果，而且下属会产生负面情绪。

5.3 批 评

人们不喜欢被批评，但在必要的时候实施批评有助于实现好的效果。会批评人的团队管理者在批评下属之后，不但不会被下属记恨，反而还会得到下属的感谢。不会批评人的团队管理者在批评下属后，不但不能达到想要的效果，反而会激化和下属之间的矛盾。

5.3.1 你这个行为我认为有待改进

问题场景 如何正确地批评下属

表扬的时候可以表扬下属的品质，批评也是这样吧？

并不是这样……

啊！为什么？

品质毕竟是主观的、抽象的，用来进行表扬是可以的，但如果对此进行批评的话，下属是很难接受的。

为什么不容易接受呢？

因为这种批评很容易变成批评人格，而不是批评具体行为。

那应该怎么批评呢？

要尊重**客观事实**，不做主观判断；要批评**具体行为**，而不是抽象概念。

问题拆解

实施批评和实施表扬有所不同。通过下属行为归纳出的品质毕竟是主观的、抽象的，如果用来实施表扬，因为用词是积极的、正面的，下属会很容易接受。有时候下属在这方面的品质其实并不十分显著，但他在接受并认可他人的表扬后，可能会朝这种品质做出努力，有意强化它。

如果用来实施批评，因为用词是消极的、负面的，下属很容易抵触、不接受，会认为这是一种污蔑，并在大脑中找出很多自己并不具有这种负面品质的例证。管理者对下属实施批评是为了纠正下属的不当行为，不是为了对他评头论足，更不是为了评价他的人格。

工具介绍

一分钟批评

一分钟批评指的是当下属没有按照预期的要求完成工作或目标的时候，团队管理者对下属做出的必要的指正型反馈。

一分钟批评一般分为3部分：第1部分，大约半分钟，对事不对人，明确具体地指出问题出在哪儿，说出自己的感受以及这个问题的后果和影响；第2部分，停顿几秒钟，让下属审视自己犯的错；第3部分，大约半分钟，对人不对事，给予下属信心和鼓励，并提出期望。

一分钟批评的原则

提前告诉下属正确的做法以及评价标准，下属如果提前不知道，应当提醒告知，而不是批评。

在事情发生之后立即批评，不要等待，不要秋后算账。一次只处理一种行为，不要贪多。

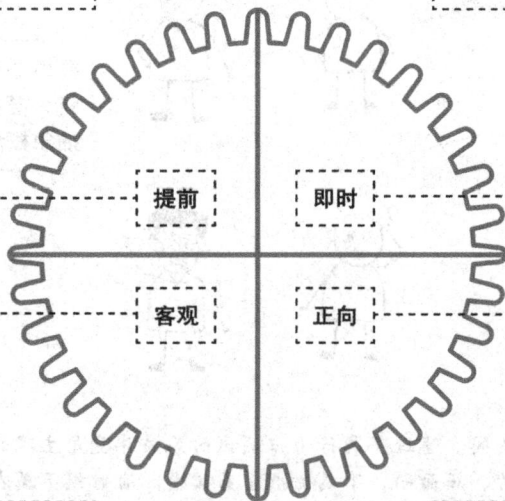

提前

即时

客观

正向

批评的时候要对事不对人，针对客观事实和具体行为进行批评，不要批评抽象的品质，更不要批评人格。

清楚地告诉下属正确的做法。在批评之后要有鼓励，提出期望，以正能量结束。

批评形成的行为衰减回路

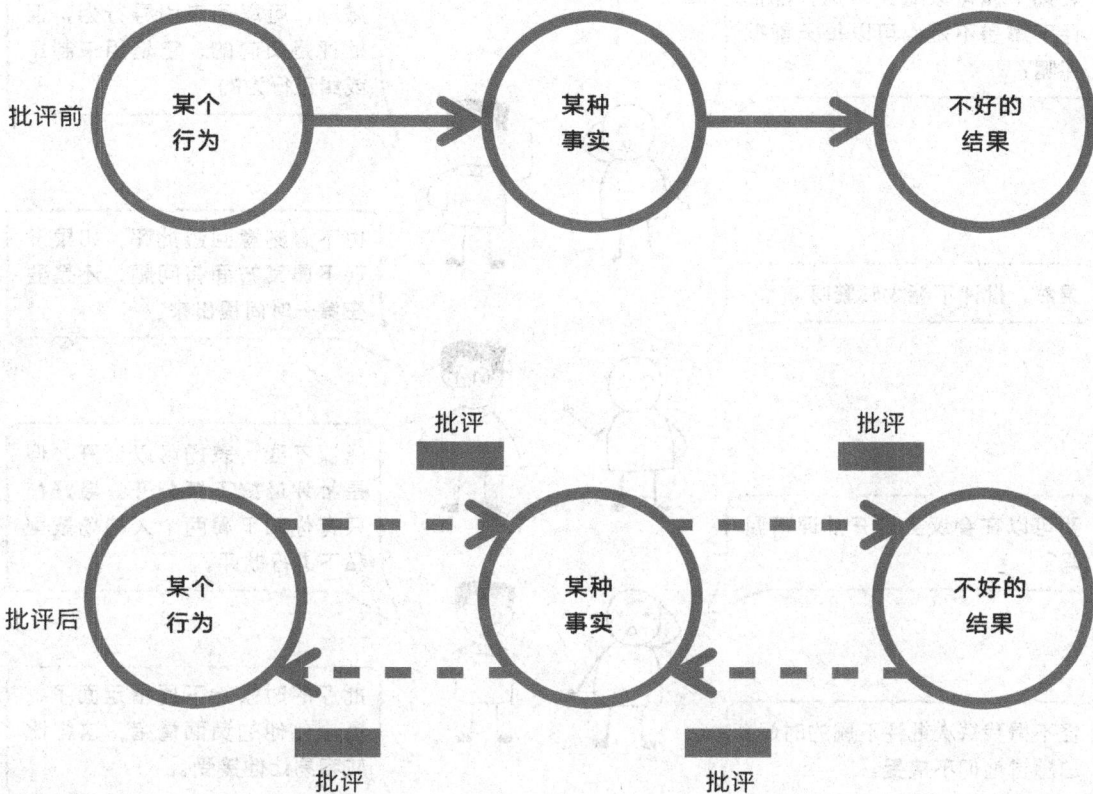

批评前

某个
行为 → 某种
事实 → 不好的
结果

批评

批评

批评后

某个
行为 ← 某种
事实 ← 不好的
结果

批评

批评

小贴士

和表扬形成"行为增强回路"的逻辑刚好相反，批评是为了形成"行为衰减回路"，以杜绝某种行为的产生。另外不同的是，表扬可以通过表扬某种思维、某个习惯或者某项品质来增强回路，批评则是直接通过批评某种行为、某个事实或者某种不好的结果来减少行为回路。

5.3.2　多踩油门，少踩刹车

表扬下属可以每天表扬，那批评下属是不是也可以每天都批评呢？

当然不是……表扬是一种正向激励，可以用来引导行为，但批评是负向的，它是用来制止或纠正行为的。

果然，批评不能太频繁呀。

也不必刻意回避批评，如果发现下属某方面有问题，还是要在**第一时间**提出来。

我可以在会议上公开批评下属吗？

建议不要，表扬可以公开，但是**批评最好不要公开**。最好在只有你和下属两个人的场景里私下进行批评。

怪不得我每次批评下属的时候，总感觉他们不接受。

批评的时候给下属留足面子，最小化他的负面情绪，这样比较容易让他接受。

问题拆解

如果用开车来形容表扬和批评的话，表扬就像"踩油门"，批评就像"踩刹车"。带领团队，就应当在控制好方向盘之后，多踩油门，让车持续行驶，而不是多踩刹车。当行车过程中遇到危险时，再踩刹车。

工具介绍

容易被接受的批评

表达批评的方式影响着下属接受批评的程度，只有下属愿意接受批评才能起到预期作用。

要让下属更容易接受批评，就需要注意以下几点。

1.给下属解释说明的机会，有时候可能我们看到的只是表面，下属的行为也许是有原因的。

2.理解下属行为背后的动因，以同理心来建立彼此的信任感。

3.把焦点放在问题的预防措施和解决方案上，而不是一直强调下属所犯的错误。

4.批评下属的时候，要同时发现和批评自己的问题，和下属一起改正。

不容易被接受的批评有哪些特点

1.扮演"事后诸葛亮"，事先没有标准或标准不明确，没有事先把"该怎么做"告诉下属。

2.平时对下属存在的小问题不管不问，等出现大问题的时候把平时的小问题都拿出来集中批评。

3.在公开场合批评下属，批评下属的时候完全不顾及下属的感受，完全不给下属留面子。

4.觉得自己是"前辈"，摆出一副高高在上的姿态指责下属，用自己的"辉煌历史"贬低下属。

5.通过表扬或抬高某个下属来批评另一个下属。常用"你看看人家"等话语来批评下属。

6.只有负面的批评，没有任何正向的沟通，给下属带来较大的心理压力和消极的情绪。

批评的话术比较

你真蠢！
你怎么那么懒！
你太差劲了！
你怎么连这个都不知道！
这点小事都做不好！
你工作一点都不认真！
你就这种做事态度？
你是不是不想干了？
没见过比你更笨的！

小王，你这次的工作报告中有多处数据统计错误，我感到很意外，你不该犯这类错误。做报告之前怎么没审核出来呢？这个错误可能会严重影响公司的决策，并且可能会造成比较严重的经济损失。
（停顿几秒钟）
你平时一直比较认真，责任心强，业务能力也很出色。把这次错误当成一次成长经验吧，只要能吸取教训，相信今后你一定不会再出现类似错误。
（一分钟批评）

VS

毫无价值

鼓舞人心

小贴士

只有负面评价的批评对团队来说毫无价值。
批评的时候要注意"对事不对人"，最小化批评的消极影响。
鼓励的时候要注意"对人不对事"，最大化鼓励的积极作用。
只要是批评，多少都会伤人。有效的批评在伤人之后能够使人成长，无效的批评只会伤人。

5.4 奖 罚

　　许多团队管理者对奖罚的观点是：好的行为就应该奖，不好的行为就应该罚。可按照这个思路实施奖罚的效果却并不如预期。有的奖罚实施之后并没效果，还有的奖罚在实施后甚至会导致下属怨声载道、联合抵制。实施奖罚是有原则和方法的，掌握了正确的方法，才能让奖罚获得正面效果。

5.4.1 对不起，这是你该做的

我发现最近有几个下属总迟到。我强调多次仍没效果。我想制定一个制度，给每月从不迟到的下属奖励一个小纪念品。

我建议不要这样做，做出贡献应该给予奖励，只是做到职责范围内的事则不应给奖励。

啊？有人说要多用正激励引导下属的行为，少用负激励，所以我才想出这样的制度。有什么问题吗？

这个原理没错，但不是这么用的。职责范围内的事是下属应该做的，贡献是下属额外做的。**没做到职责范围内的事应当直接惩罚，而不是奖励。**

说到惩罚，最近部门有几个人做的市场策划案太没有创意了，我正准备罚他们。

市场策划案没有创意这类事情用惩罚恐怕并不能起到想要的效果。

为什么？前面不是说应该惩罚吗？

有没有做市场策划是职责范畴；做的市场策划有没有创意是贡献范畴。这种情况可以用奖励的方法引导下属做出有创意的市场策划。

问题拆解

上下班不能迟到，这是每个岗位的基本职责，做不到应该受到惩罚，而不是做到了需要奖励。如果下属按时上班就给奖励，长此以往，下属会把按时上班的义务和奖励联系起来。本来再普通不过的按时上班变得有"价值"了，一旦没有奖励之后，下属反而可能会想："我凭什么要按时来呢？"做的市场策划有没有创意是对工作质量的评价，而且是一种主观判断，并不属于职责，而属于一种贡献。这种情况才应该用正激励引导下属的行为，通过奖励，鼓励下属做出更有创意的策划。

工具介绍

奖罚的应用原则

奖罚与表扬和批评有不同的功能定位。奖励和表扬都属于正激励，奖励偏重物质层面，表扬偏重精神层面；惩罚和批评都属于负激励，惩罚偏重物质层面，批评偏重精神层面。

实施奖罚，就是对做出贡献的人给予奖励，对没有履行职责的人给予惩罚。

职责指的是那些只要在所在岗位上任职，就应该做的事，不做就是失职，也可以理解为应尽的义务；贡献指的是在履行了岗位职责的基础上，工作还做得比较出色，或者做了不在岗位职责范围内的、对团队有利的事情。

一般来说，职责是"有没有"的问题；贡献是"好不好"的问题。

●**奖罚形成的履行职责和做出贡献线路逻辑**●

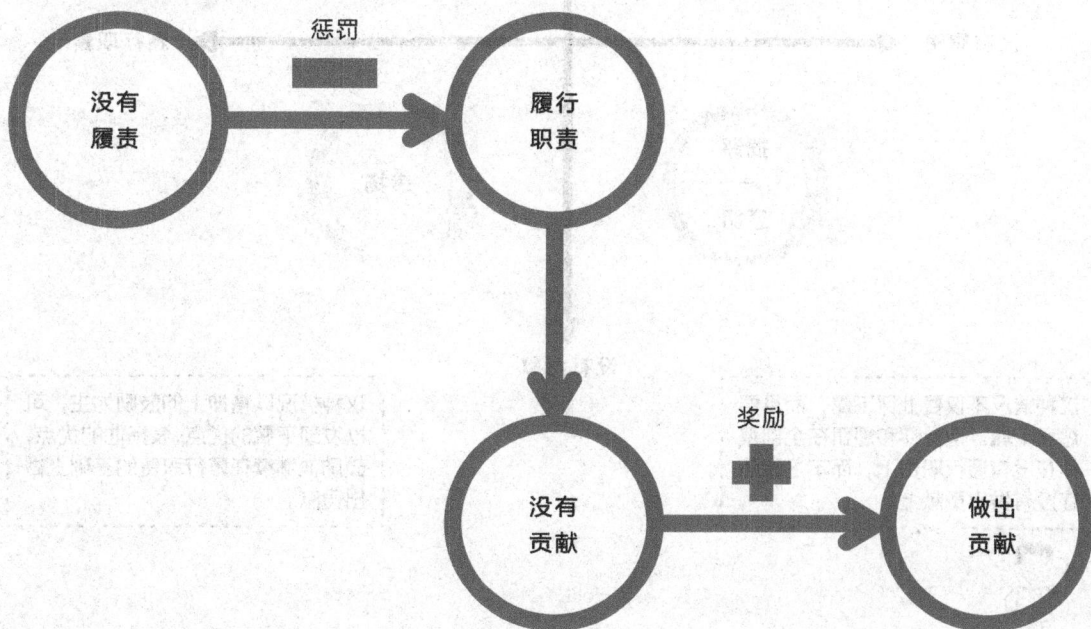

● 职责 / 贡献在不同情况下的应对策略 ●

这种情况应该奖励下属的贡献，并对下属没有履行好职责进行惩罚，分开探讨，做到赏罚分明。

这是最好的情况，不仅应当表扬下属，而且应当奖励下属。注意，这里不论表扬还是奖励都应该全部落在做出的贡献上。

做出贡献

奖励
+
惩罚

表扬
+
奖励

没有履责 ←————————————————————→ 履行职责

批评
+
惩罚

表扬

没有贡献

这种情况不仅要批评下属，而且要惩罚下属。但批评和惩罚在全部聚焦在)没有履行职责上，而不是聚焦在)没有做出贡献上。

这种情况以精神上的鼓励为主，可以发现下属的优点，表扬他的优点，鼓励他继续在履行职责的基础上做出贡献。

小贴士

根据下属是否履行职责和是否做出贡献，可以分成 4 种情况：1. 既履行了职责，又做出了贡献；2. 没有履行职责，但做出了某方面贡献；3. 履行了职责，但是没有做出贡献；4. 既没有履行职责，又没有做出贡献。这 4 种情况分别有不同的应对策略。如果用错了策略，很可能会出问题。

5.4.2　用法治代替人治

🔒 **问题场景**　如何建立奖罚机制

看起来奖罚是个很好的工具，我以后要多用！

奖罚同样要**谨慎应用**。

奖励虽然是一种正激励，但应用过多也可能会使员工感到麻木，起不到该有的效果；惩罚是一种负激励，应用过多可能会起到负面效果。

怎么个谨慎法呢？

不矛盾，奖罚的最终目的是引导和约束下属的行为。总是应用奖罚不如建立**奖罚机制**，这样就算不一直实施奖罚，也可以让下属有可能被奖罚的意识，从而达到目的。

奖罚又有用，又要谨慎应用，这似乎是矛盾的？

原来如此！有没有什么方法能让我在应用奖罚的时候，让下属的感受更深刻呢？

要想奖罚起到效果，应用时你的**情感**也很重要。要让下属感受到你情感上的波动。

问题拆解

对下属实施奖罚不是目的，目的是通过奖罚让下属做出有利于团队的行为。
奖罚涉及下属物质的增加或减少，实施的时候应当比表扬和批评更慎重。
有时候奖罚机制比奖罚本身更重要，就像高压线摆在那里的时候，人人都知道不能碰。

工具介绍

奖罚机制

奖罚机制指的是规则鲜明、应用得当、执行到位的奖罚流程和制度。
奖罚机制不同于单次的奖罚行为，它就像一个自动运转的机械齿轮，推动着团队良性发展。
良好的奖罚机制能让团队中的奖罚成为一种公正有效、人人信服的管理工具。
团队人数越多，建立奖罚机制越重要。

建立奖罚机制的原则

所有的奖罚规则必须合法合规、合情合理。要符合实际，做到奖罚得当。

奖惩措施应当即时执行,快速实施,不能拖拉和延迟。

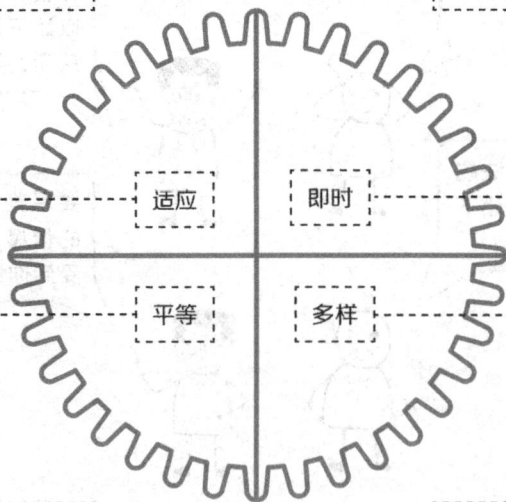

适应　即时

平等　多样

奖罚机制应当对公司所有人的影响力、效力和应用方式都是相同的。

奖罚不仅有奖金、奖品这种物质层面的兑现方式，还有许多精神层面的兑现方式。

应用解析

● 实施奖罚的注意事项 ●

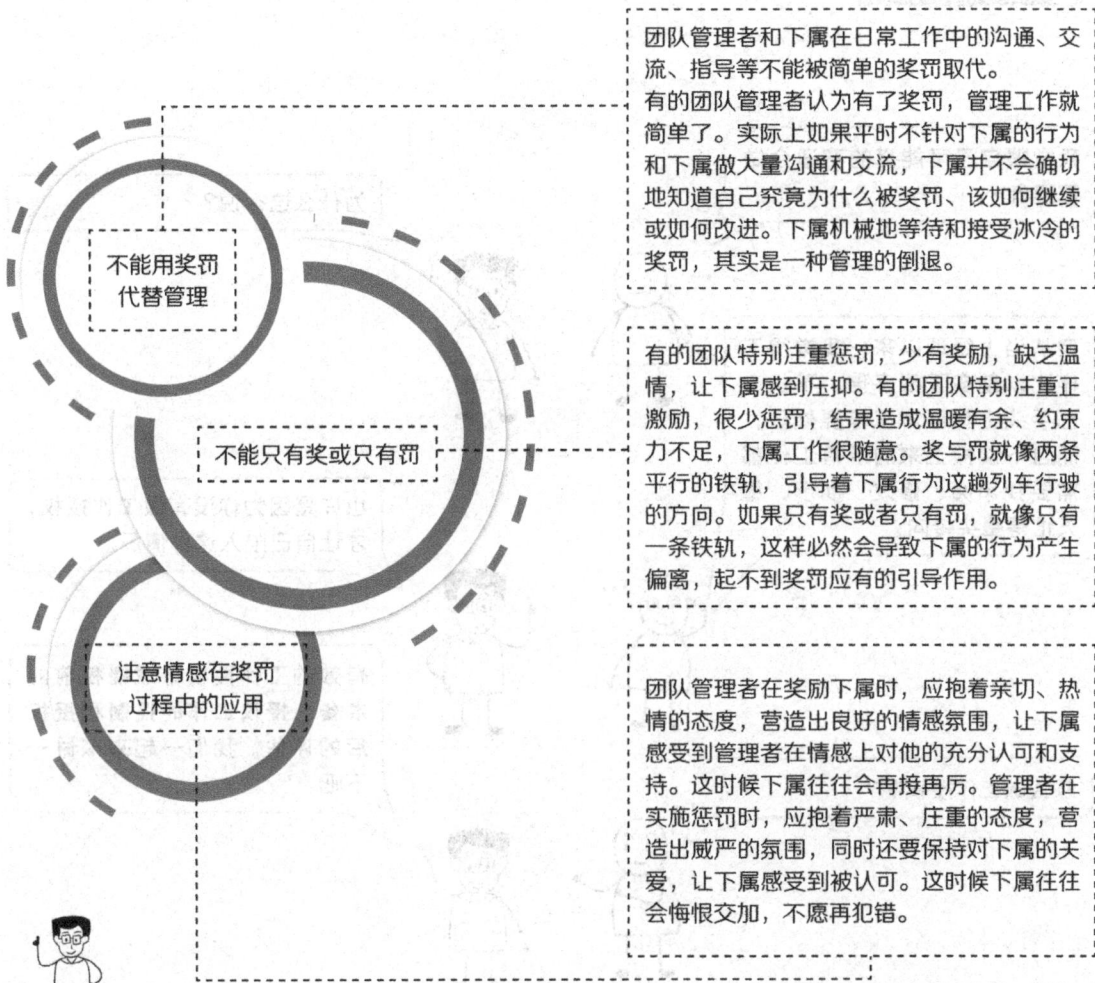

团队管理者和下属在日常工作中的沟通、交流、指导等不能被简单的奖罚取代。

有的团队管理者认为有了奖罚，管理工作就简单了。实际上如果平时不针对下属的行为和下属做大量沟通和交流，下属并不会确切地知道自己究竟为什么被奖罚、该如何继续或如何改进。下属机械地等待和接受冰冷的奖罚，其实是一种管理的倒退。

不能用奖罚代替管理

不能只有奖或只有罚

有的团队特别注重惩罚，少有奖励，缺乏温情，让下属感到压抑。有的团队特别注重正激励，很少惩罚，结果造成温暖有余、约束力不足，下属工作很随意。奖与罚就像两条平行的铁轨，引导着下属行为这趟列车行驶的方向。如果只有奖或者只有罚，就像只有一条铁轨，这样必然会导致下属的行为产生偏离，起不到奖罚应有的引导作用。

注意情感在奖罚过程中的应用

团队管理者在奖励下属时，应抱着亲切、热情的态度，营造出良好的情感氛围，让下属感受到管理者在情感上对他的充分认可和支持。这时候下属往往会再接再厉。管理者在实施惩罚时，应抱着严肃、庄重的态度，营造出威严的氛围，同时还要保持对下属的关爱，让下属感受到被认可。这时候下属往往会悔恨交加，不愿再犯错。

小贴士

有效的奖惩机制能防止团队管理者感情用事。例如，对自己不喜欢的人该奖励时不奖励，该惩罚时格外严厉；或者对自己喜欢的人该惩罚时不严厉，该奖励时给予更多额外的奖励。

要想奖惩机制发挥作用，不是有了奖惩管理制度就可以了，还需要有相应的配套措施才能有效地实施。例如建立完善的奖惩评价标准和评价体系、追究相关人员奖惩执行不到位的责任、防止管理者利用奖惩制度徇私舞弊等。

第6章 适时授权

◆ 本章背景

我觉得自己可能真的不适合做管理者……

为什么这么说？

自从当上经理以来，我觉得工作比以前多了很多倍，不仅自己手头上有很多工作要处理，而且下属报上来的所有工作都需要我审阅、修改、批示，每天忙得晕头转向。

也许是因为你没有**做工作授权**，才让自己陷入这种情况。

有效的工作授权分成**授权前的准备、授权工作的控制和授权后的评估**。我们一起来探讨一下吧。

怎么做工作授权呢？

背景介绍

源智公司（化名）人力资源部经理陈芳（化名），女，35岁，长期从事基础一线工作，优点是做事认真仔细；缺点是喜欢大包大揽，不能容忍下属的小错误，不知道怎么授权。所以常出现她自己累死累活，下属却没工作可做的情况。

6.1　授权前的准备

　　没有准备的授权很可能不但起不到预期的作用，反而会起到反作用，这对被授权的工作和被授权的下属都非常不利。什么样的工作能够被授权，什么样的人适合被授权，这都需要在授权前认真评估。

6.1.1 有多少爱可以重来

🔒 **问题场景** 如何评判什么样的工作可以被授权

怎么做授权呢？

首先，我们要做授权前的准备。

先要评估一下手头的**工作内容**，然后评估这些工作内容会占用**的时间**。

准备什么呢？

判断每一项工作如果授权给下属是否能做得更好、用时更少、成本更低、令下属得到成长，然后再确定授权的人选。

评估完之后呢？

一般什么样的下属适合被授权呢？

一般来说，工作态度积极、能力比较强、有晋升潜力的下属适合被授权比较重要的工作。

问题拆解

工作授权并不是想当然地把占用自己时间最多的工作授权给下属，也不是把一些没有价值的工作抛给下属，让下属替自己工作。而是在对自己的工作内容进行综合评估之后，找出适合授权的工作和适合授权的下属人选，再进行授权。

工具介绍

授权前的工作评估表

在做工作授权之前，需要做 3 个方面的评估。

1. 评估手头目前都有哪些工作内容，以及这些工作占用的时间。

2. 评估这些工作内容授权给下属是否能提高工作完成的效率或者让下属成长。

3. 评估当前适合被授权的工作可以授权给哪些下属。

授权前的工作评估样表

评估的工作内容应当包括手头所有的工作。不要在评估一开始就抱着某项工作不适合授权的想法，从而不考虑此项工作。

如果某一项或某几项变好时，要注意其他几项是否变差。综合评估变好和变差的情况后，确定该工作是否适合被授权。

可以被授权的下属不一定只有团队中的佼佼者。可以通过工作授权来培养一些暂时不够优秀的下属的责任心和能力。

我职权范围内的工作		如果授权给下属是否能够				适合授权的下属人选
工作内容	占用时间	做得更好	用时更少	成本更低	令其成长	

什么样的下属适合被授权

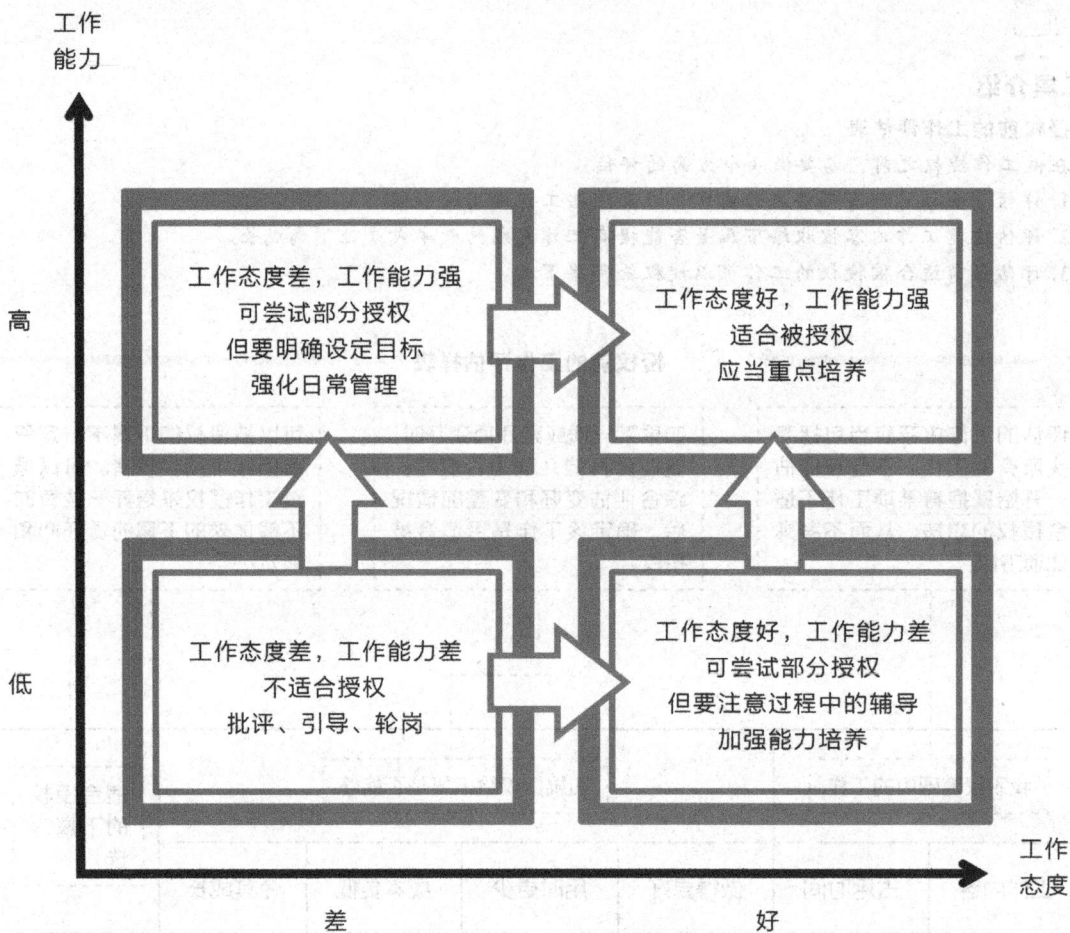

工作
能力

↑

高	工作态度差，工作能力强 可尝试部分授权 但要明确设定目标 强化日常管理	→	工作态度好，工作能力强 适合被授权 应当重点培养
低	工作态度差，工作能力差 不适合授权 批评、引导、轮岗	→	工作态度好，工作能力差 可尝试部分授权 但要注意过程中的辅导 加强能力培养
	差		好

→ 工作态度

小贴士

一般来说，工作态度积极、能力比较强、有晋升潜力的下属适合被授权比较重要的工作。团队管理者可以把这类下属作为自己的接班人来培养。工作态度好，但是能力比较差的下属，可以尝试授权部分工作，通过这种授权来培养其能力。工作态度差、工作能力强的下属，同样可以尝试部分授权，通过授权来增加其责任感和参与感。

6.1.2 留二分之一的信任

有一些工作内容,我想要授权,但我又觉得不应该把所有工作内容全都授权给下属,这时候怎么办呢?

这时候我们可以划分**授权程度**。

就是根据工作内容和下属的情况进行授权,有的工作授权程度比较高,有的工作授权程度比较低。

什么意思呢?

我从来没有对下属授过权,可以尝试先从比较低程度的授权开始吧?

当然,授权等级可以由低到高、**循序渐进**。

这里的授权程度可以是动态变化的吧?

没错,你可以根据情况随时把授权程度调高或者调低。

问题拆解

刚开始实施授权的时候,为了防止出现问题,可以不用马上全部授权。尤其是当下属当前的能力还不足以独立完成工作的时候,全部授权的风险会更大。这时候,可以采取"部分授权"。

工具介绍

授权程度分级

授权程度分级指的是对下属工作授权之后的权限划分等级和具体要求。

提前划分授权程度有助于团队管理者和下属根据实际情况更有效地实施工作授权，这样可以降低工作授权的风险。

授权程度可以由低到高分成4级，分别是命令性授权、培养性授权、指导性授权、结果性授权。

授权程度越低，被授权的下属权限越低，自主性越小，团队管理者需要对这项工作关注越多。

授权程度越高，被授权的下属权限越高，自主性越大，团队管理者需要对这项工作关注越少。

工作授权程度样表

团队管理者经过评估后，认为可以对下属授权的工作内容。

团队管理者经过评估后，认为适合被授权该项工作内容的下属人选。

根据事先的授权程度等级划分确定授权的程度。

我职权范围内待授权的工作内容	被授权下属人选	授权程度

工作授权程度分级参考

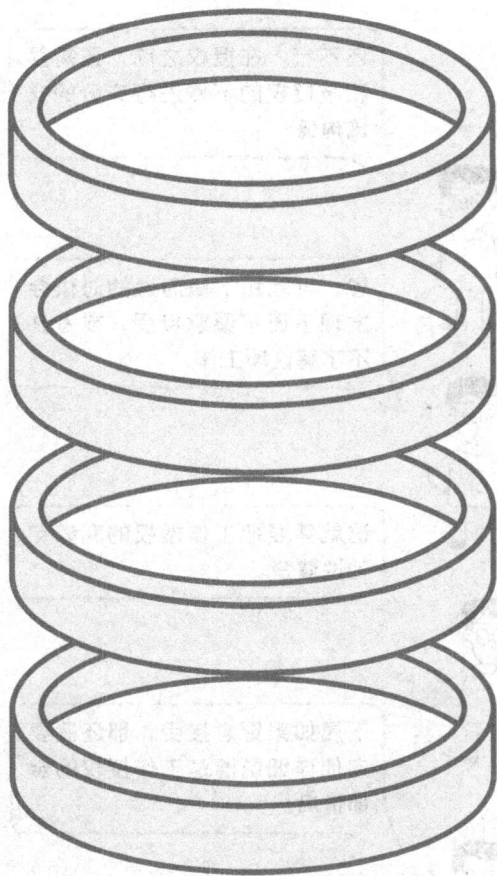

4 级授权
最高级授权，结果性授权
将工作内容和责任全部授权给下属，下属接受授权后直接行动，定期汇报，一般每周或每月汇报一次。

3 级授权
较低级授权，指导性授权
工作授权给下属后，下属需要较频繁地汇报工作进展情况，一般每天汇报一次。

2 级授权
低级授权，培养性授权
下属每次行使职权时，可自行制订行动方案，但需要征得上级同意再行动。

1 级授权
最低级授权，命令性授权
下属等待上级命令，一次只接受上级在一件事上的授权，且授权时间很短，事情完结后授权就结束。

小贴士

不同的团队可以根据实际情况确定自己特有的授权等级规则。
当团队管理者对下属进行授权时可以根据工作内容选择不同程度的授权；也可以根据授权对象选择授权程度，从较低级别的授权开始，随着下属能力的成长，逐级向上提高授权级别。

6.1.3 把丑话说在前面

在明确了适合授权的工作内容、被授权下属的合适人选和授权程度之后，我就可以开始授权了吧？

还不行，在授权之前，还需要和被授权的下属进行充分的**交流沟通**。

也对，和下属谈一下是有必要的。

恩，可能和下属沟通的时候会发现下属不愿意接受，或者并不了解这项工作。

如果下属不愿意接受怎么办？

这就需要把工作授权的利弊和他说清楚。

下属接受之后就可以直接把工作授权给他了吧？

下属如果愿意接受，那还需要向他详细说清楚工作授权的**全部情况**。

问题拆解

在正式授权工作之前，工作授权只是团队管理者个人的想法。要把这个想法落实，还需要和下属面谈。工作授权对下属来说有利有弊，一方面下属被授权工作之后，责任增加、工作压力变大；另一方面，下属也会得到比较大的锻炼，能为将来的晋升发展锻炼个人能力。有的工作授权能节省下属做某些工作的时间，因为他可以直接做出决策，减少工作汇报的耗时。

工具介绍

工作授权前的面谈

在授权前，上级和被授权工作的下属进行充分交流沟通的目的主要有 3 个。

1. 判断下属是否愿意接受工作授权，如果不愿意接受，可以相互交流意见。

2. 告知下属做好授权工作需要了解的全部相关信息。

3. 方便下属更好地开展工作。

工作授权前面谈的 3 个步骤

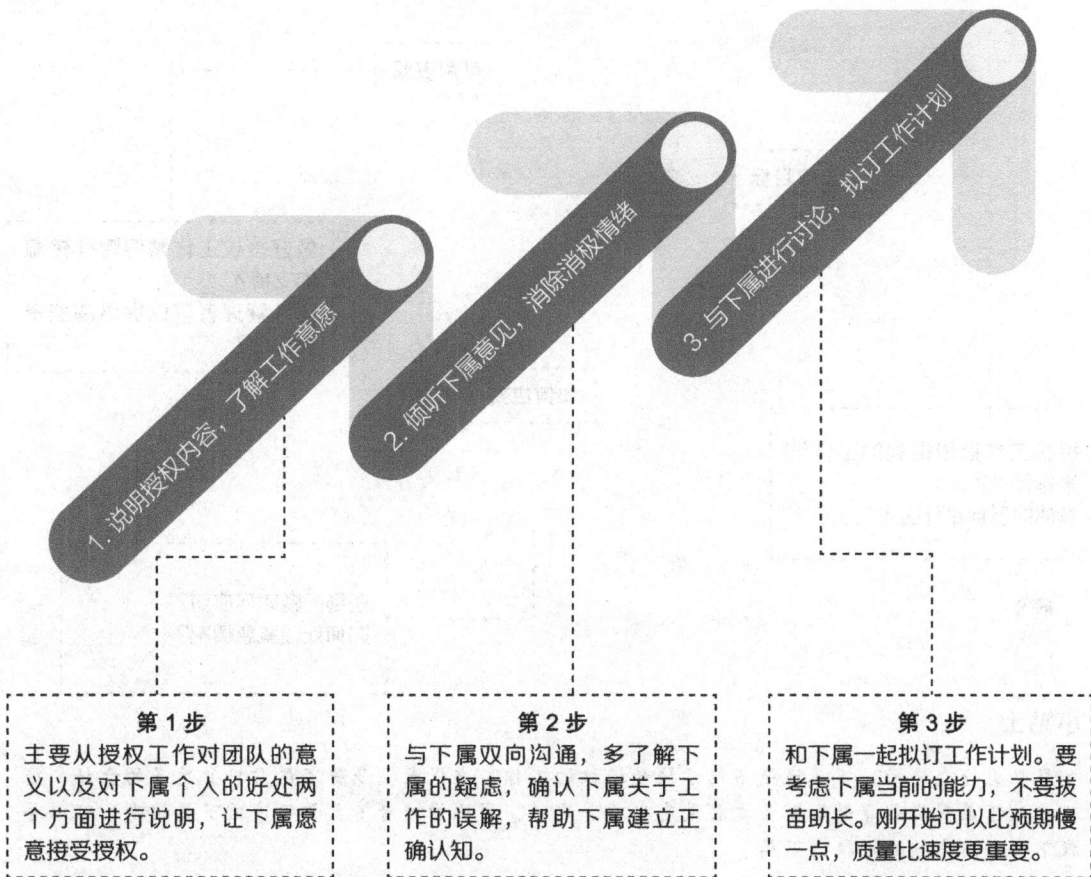

1. 说明授权内容，了解工作意愿

2. 倾听下属意见，消除消极情绪

3. 与下属进行讨论，拟订工作计划

第 1 步
主要从授权工作对团队的意义以及对下属个人的好处两个方面进行说明，让下属愿意接受授权。

第 2 步
与下属双向沟通，多了解下属的疑虑，确认下属关于工作的误解，帮助下属建立正确认知。

第 3 步
和下属一起拟订工作计划。要考虑下属当前的能力，不要拔苗助长。刚开始可以比预期慢一点，质量比速度更重要。

工作授权前面谈的主要内容

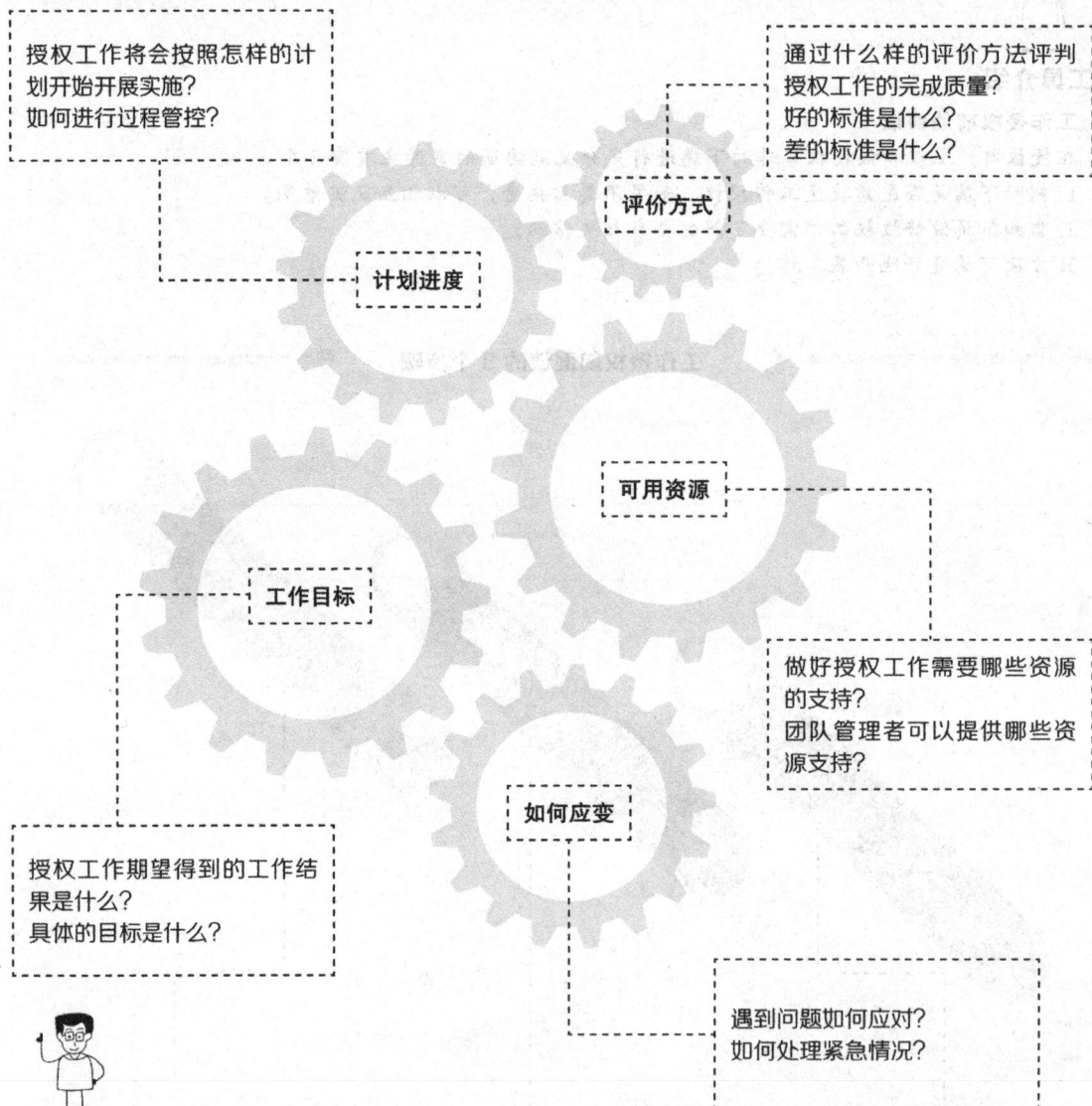

授权工作将会按照怎样的计划开始开展实施？
如何进行过程管控？

通过什么样的评价方法评判授权工作的完成质量？
好的标准是什么？
差的标准是什么？

评价方式

计划进度

可用资源

工作目标

做好授权工作需要哪些资源的支持？
团队管理者可以提供哪些资源支持？

如何应变

授权工作期望得到的工作结果是什么？
具体的目标是什么？

遇到问题如何应对？
如何处理紧急情况？

小贴士

如果在充分交流后，下属还是不愿意接受授权的工作，这代表下属并不愿意接受更多的责任，很可能该下属对岗位晋升和职业发展没有兴趣。这时，团队管理者不需要强迫该下属接受，可以寻找下一个愿意接受授权的下属。

6.2　授权工作的控制

　　工作授权给下属后，不代表团队管理者就可以做"甩手掌柜"了。但团队管理者也不能看得太紧，否则就跟没有做授权一样。授权的目的是提高工作效率、培养下属能力，要实现有效授权，就需要对授权的工作进行有效控制。

6.2.1 越检查，越信任

🔒 **问题场景**　如何对授权后的工作实施检查

其实我之前也想过要授权一部分工作，可是我怕授权下去之后工作就变味了，所以一直没有实施授权。

工作授权不代表放手不管，即使对方是自己最信任的下属，在工作授权之后也要做必要的过程控制。

怎么进行过程控制呢？

除了等待下属主动定期汇报工作外，还要进行抽查。

抽查的频率怎么设置比较好呢？

抽查可以定期，也可以不定期。抽查时要注意，不仅要关注下属的工作结果，还要关注下属的工作过程。

也就是既要知其然，也要知其所以然对吧？

是的，可以这么理解。工作授权的关键不是下属把所有的事都做正确，而是下属一直按照正确的方式做事。

问题拆解

工作授权不是让团队管理者成为一个"甩手掌柜"，如果授权后不管不问，很可能会出问题。即使对方是自己最信任的下属，在工作授权后也要做必要的过程控制，并实施必要的检查。检查不代表对下属不信任，而是代表对下属很信任。

工具介绍

授权工作的检查

工作授权不代表放手不管，管理者对授权给下属的工作，要做必要的过程管控。检查就是一种比较好的过程管控方式。检查可以定期，也可以不定期。

授权下去的工作难免会需要下属做一些关键决策，检查授权工作的时候，可以把重点放在下属的决策思路上。没有谁能保证自己的决策毫无瑕疵，但是从决策的思路和决策的过程能够看出下属会不会决策，也能看出下属有没有按照正确的方式做事。

授权工作检查的重点示意图

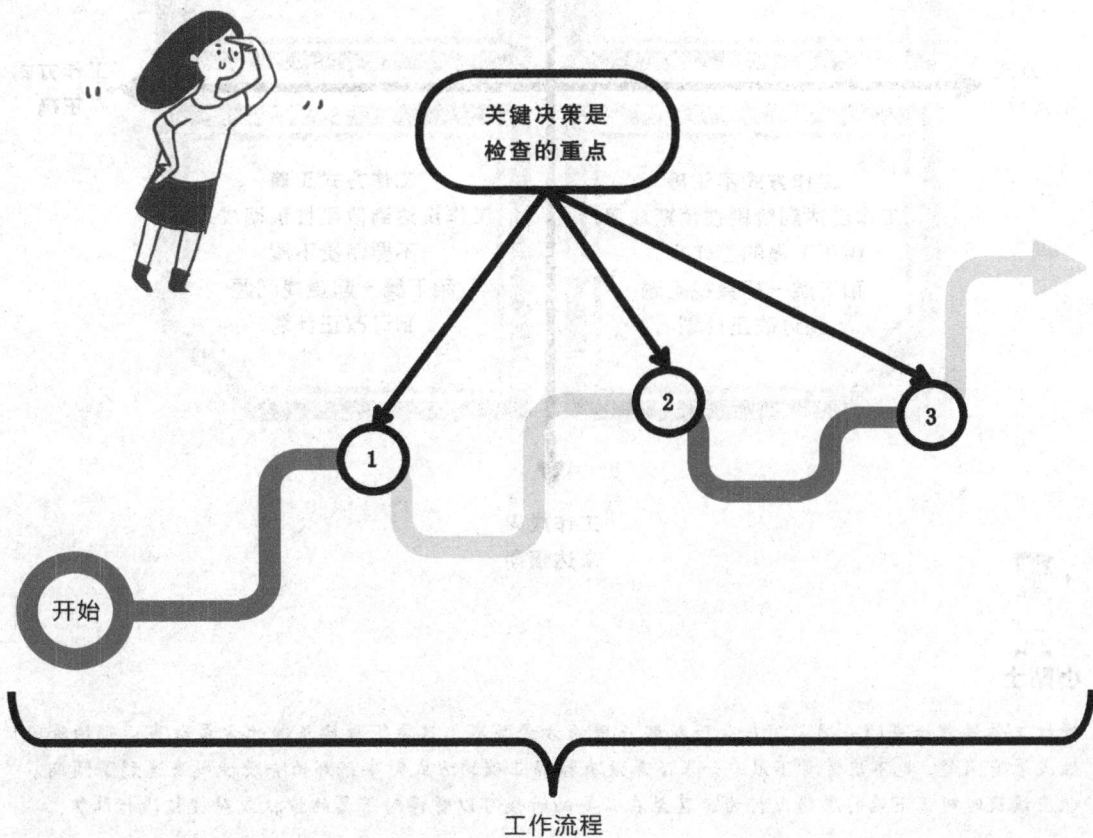

关键决策是
检查的重点

① ② ③

开始

工作流程

● **授权工作过程检查的 4 种情况** ●

工作成果
达到预期

工作方式不正确
工作达到阶段性预期成果
纠正下属的工作方式
找到工作成果达标的原因

工作方式正确
工作达到阶段性预期成果
表扬和鼓励下属
给予适当的奖励

工作方式
不正确 ◄————————————————————► 工作方式
正确

工作方式不正确
工作没达到阶段性预期成果
纠正下属的工作方式
和下属一起查找问题
制订改正计划

工作方式正确
工作没达到阶段性预期成果
不要苛责下属
和下属一起查找问题
制订改正计划

工作成果
未达预期

小贴士

授权工作过程检查的关键是下属是否按照正确的方式做事。只要下属按正确的方式做事，哪怕阶段性成果有问题，也不应苛责下属；如果下属没有按照正确的方式做事，哪怕阶段性成果达到了预期，也应该及时纠正下属的思路或行为，甚至在必要的时候可以暂停对下属的授权或对授权进行降级。

6.2.2　怎么样，拆开看

如何评价授权工作的运行质量

刚才说的是过程，那对于一些项目制的授权工作，我在抽查的时候是不是也要注意结果啊？

没错，项目类工作一般都有比较明确的目标，所以抽查时也要注意结果有没有达到**预期目标**。

预期目标是在和下属进行授权前的沟通时就应该想好的吧？

是的，预期目标可以分成两种，一种是**总目标**，另一种是**关键阶段性目标**。

关键阶段性目标是什么？

就是由总目标分解而来的目标，是完成总目标的关键节点。

怎么评判阶段性目标完成的质量呢？

除了下属在工作中的表现外，还可以从**有没有在预期时间内完成**和**有没有达到预期目标**两个维度来评价。

问题拆解

对授权工作的过程管控除了要关注下属的工作方式之外，还需要对阶段性成果进行评估。一些项目类的工作，对目标的完成情况要求会更高。

工具介绍

授权工作结果质量评价

对授权工作进行过程管控的时候，要对阶段性的工作结果进行工作质量评价。

工作结果质量评价可以分成两部分，一是对下属工作表现的评价，二是对下属工作目标的评价。

工作表现包括下属的工作态度、积极性、责任感等。

不同的工作目标有不同的侧重要求，有的在数量、速度、质量和成本等方面都有要求，有的则只在其中的某一个或某几个方面有要求。

● 授权工作结果质量评价的维度示意图 ●

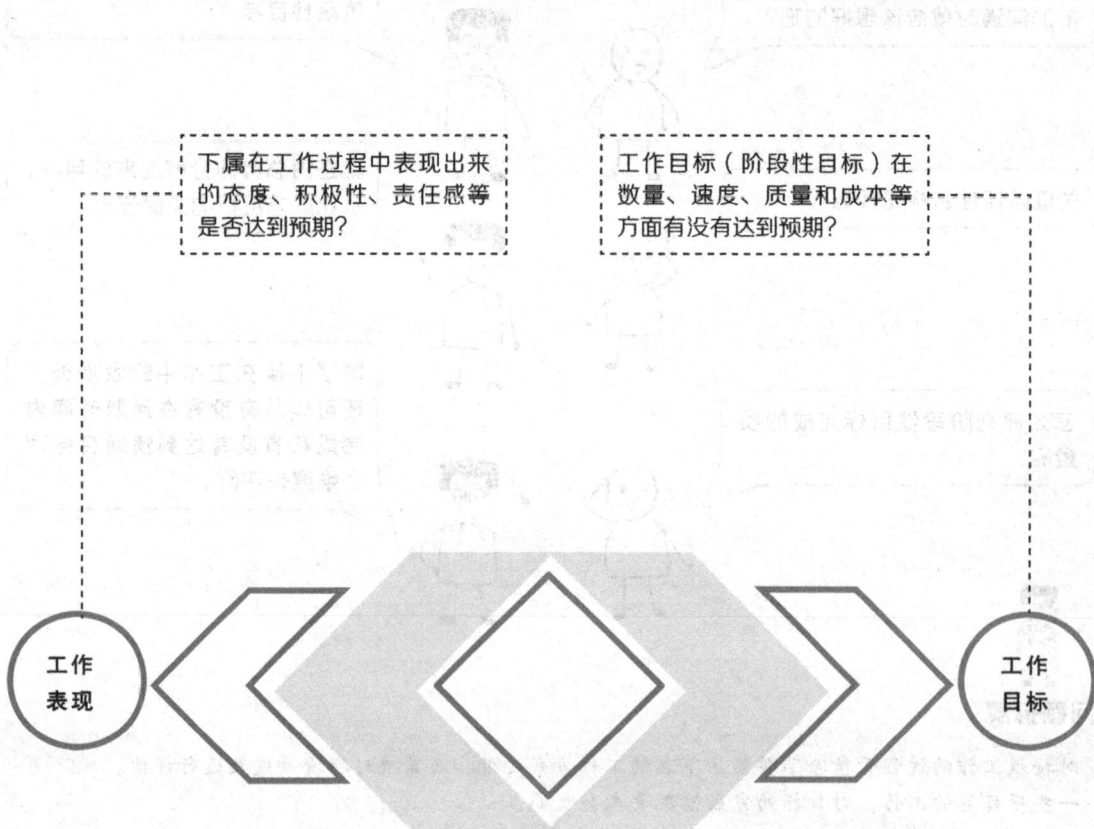

下属在工作过程中表现出来的态度、积极性、责任感等是否达到预期？

工作目标（阶段性目标）在数量、速度、质量和成本等方面有没有达到预期？

工作表现

工作目标

授权工作目标进度分析表

总目标 1 预期		总目标 2 预期		总目标 3 预期	
总目标 1 结果		总目标 2 结果		总目标 3 结果	
关键阶段性目标 1.1 预期		关键阶段性目标 2.1 预期		关键阶段性目标 3.1 预期	
关键阶段性目标 1.1 结果		关键阶段性目标 2.1 结果		关键阶段性目标 3.1 结果	
完成时间		完成时间		完成时间	
被授权人		被授权人		被授权人	
情况评估		情况评估		情况评估	
下一步对策		下一步对策		下一步对策	
关键阶段性目标 1.2 预期		关键阶段性目标 2.2 预期		关键阶段性目标 3.2 预期	
关键阶段性目标 1.2 结果		关键阶段性目标 2.2 结果		关键阶段性目标 3.2 结果	
完成时间		完成时间		完成时间	
被授权人		被授权人		被授权人	
情况评估		情况评估		情况评估	
下一步对策		下一步对策		下一步对策	

小贴士

预期目标可以分成两种，一种是总目标，另一种是关键阶段性目标。
关键阶段性目标是由总目标分解而来的，是完成总目标的关键节点。
一般一个总目标下会有多个关键阶段性目标。

6.2.3　改进比评判更重要

我原来在工作质量评价方面做得不好，现在学会了，看来我以后能做好授权了！

工作质量评价固然重要，但接下来的**分析和改进**更重要。

是针对工作实际质量与预期差异的分析和改进吗？

没错，有了分析和改进才会有提高。

具体要怎么做呢？

简单来说就是和下属一起分析工作质量出现差异的原因，然后制订下一步的改进计划。

有没有需要注意的呢？

工作质量评价要客观；改进分析要全面、深入；改进计划要详实，别走形式。

问题拆解

工作质量出现差异，团队管理者要做的不是责怪下属，而是和下属一起找原因、找对策。如果不分析工作质量出现差异的原因，以及不做出相应的改进计划，下属就会找不到问题的原因，那么被授权的工作很可能还是做不好。

工具介绍

工作质量差异分析

在授权工作的过程管控中，不仅要找到工作实际质量与预期质量之间存在的差异，还要找到工作质量存在差异的原因。根据工作质量存在差异的原因，制订出具体的改进计划。

要全面彻底地分析工作质量存在差异的原因，涵盖能找到的全部信息。

在改进计划中，可以根据需要修改目标，也可以重新设立目标。

改进的计划中应当包含指定计划的要素（详见"目标计划"一节的内容）。

工作质量差异分析工具表

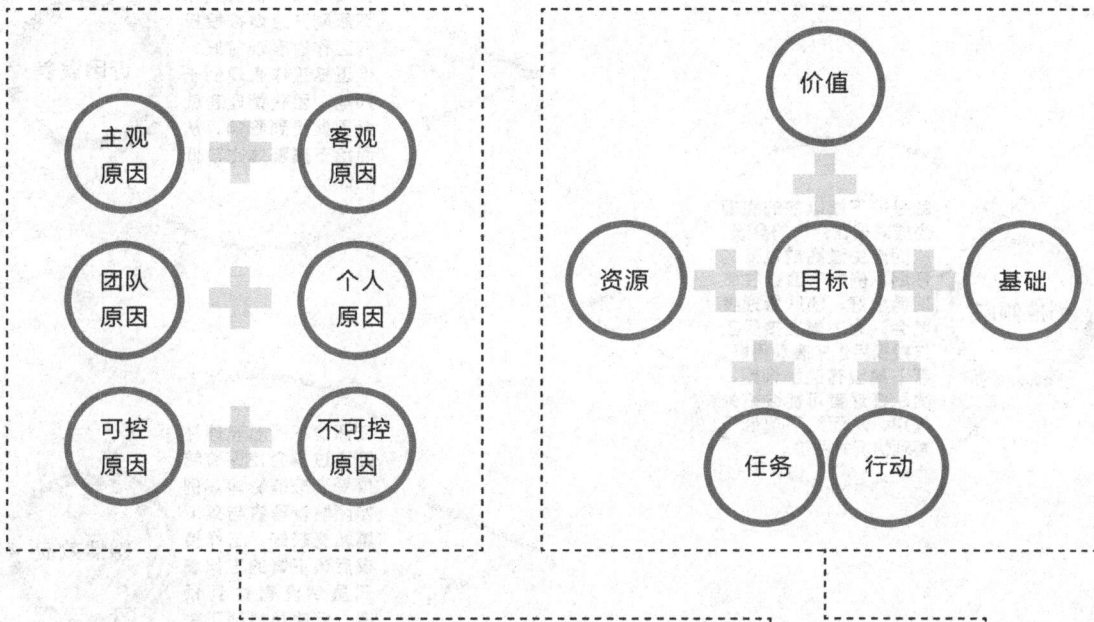

主观原因　＋　客观原因

团队原因　＋　个人原因

可控原因　＋　不可控原因

价值

资源　＋　目标　＋　基础

任务　行动

目标预期	目标结果	工作质量差异	差异原因分析	改进计划

工作质量评价中的常见问题

晕轮效应

团队管理者以偏概全，因为下属某一次或某几次的工作成果给自己留下了深刻的印象，就误把那时的印象当成对下属现在工作的评价。

近因误差

把近期对下属的评价当成全部评价。例如下属刚开始做被授权的工作时表现较好，但近期工作表现低于预期，团队管理者就会因此受到影响，从而给下属整体比较低的评价。

倒推倾向

就是把下属以往的表现当成对现在评价的参照，从而产生过高或过低的预期。例如下属以往表现得很好，团队管理者就会认为下属在接受工作授权后也应表现得好。若下属没有达到预期，团队管理者可能会格外失望，从而给下属低于客观情况的评价。

感情效应

在评价下属时非理性因素过多会使评价结果受到感情影响。例如团队管理者与某下属私交较好，工作授权后该下属的工作表现虽然没有达到预期，但他却得到了较高的评价。

小贴士

许多团队都会出现工作授权出问题、授权执行不下去的情况，这正是因为工作质量评价的环节出现了问题。工作质量评价如果不客观，将直接影响整个团队的工作氛围和工作效果，也会影响下属对自身的评价，甚至将影响整个团队或下属的经济利益，从而使团队内部产生难以调和的矛盾。

6.3　授权后的评估

工作授权有质量之分，对授权后的工作进行评估，不仅能够了解授权行为本身的质量，而且能够掌握授权后工作的实施质量。这既有助于团队管理者做工作改进，又可以及时发现工作中的问题，提高工作质量。

6.3.1 金无足赤，人无完人

🔒 **问题场景** 如何正确对授权工作结果做评价

我还是有点担心，总觉得把工作授权给下属后他们会做得不好。

为什么有这种担心呢？

我看到别的管理者对下属进行了工作授权后，下属完成的工作质量并不高，而且有的工作甚至完成得比较差……

抱着这样的心态可不好。做工作授权时我们要在心里给下属留一定的**空间**，甚至要**允许下属犯错误**。

给下属留空间的意思是要我在做授权工作评价的时候降低一点要求吗？

不需要降低**客观评价**的要求，但可以视情况在**主观评价**上做调整。

嗯，看来我不能对下属要求太苛刻。不然的话我永远学不会授权。

没错，要做好工作授权，就要有**包容的心态**。

问题拆解

金无足赤，人无完人。如果总抱着100%追求完美的心态去要求和评价授权给下属的工作，那么最后可能没有一项工作是能够被授权的。这也是很多团队管理者不愿意做工作授权的原因。很多团队管理者只要发现授权给下属的工作出现了一点问题，就后悔自己进行了授权。实际上，对下属来说很多授权的工作是新的内容，一开始对这些工作内容的把握达不到管理者的要求是正常现象。

小团队管理的7个方法（全图解落地版）

工具介绍

授权结果的客观评价和主观评价

客观评价指的是对下属完成的被授权工作的结果做出的公允评价；主观评价指的是团队管理者对下属工作过程中的表现做出的评价。客观评价比较固定，不应随意改变；主观评价比较灵活，可以根据实际情况适度调整。

一味地遵循和强调客观评价，并不一定就非常准确；只遵循主观评价，不看客观评价，也同样有问题。应灵活运用客观评价和主观评价，使它们能同时发挥作用。例如，如果下属的实际工作表现比较差，就算工作结果很好，能从客观上得到比较高的评价，团队管理者仍然可以在主观上给他比较低的评价。

当下属的工作表现较好时
授权结果的客观评价和主观评价示意图

工作结果较好

比较简单、确定性比较高的工作，即使工作结果的客观评价比较高，在进行主观评价时也应当酌情考虑。

复杂的工作能做出较好的结果，客观和主观上都应给予比较高的评价。

工作
简单　　　　　　　　　　　　　　　　　　　　　　工作
　　　　　　　　　　　　　　　　　　　　　　　复杂

简单的工作，结果却比较差，客观和主观上都要给予比较低的评价。

比较难的、不确定性比较大的工作，即使工作结果的客观评价不高，在主观上仍然可以给予比较高的评价。

工作结果较差

常见的授权失败的 4 种类型

1. 在过去的工作授权中，下属有过失败的经历，造成了比较大的损失，给团队管理者留下了心理阴影。团队管理者害怕这类情况再发生。

2. 团队管理者与下属在工作授权的责任归属上意见不同。团队管理者只想授权工作，但不愿意承担授权失败的责任，下属也不愿承担这种责任，从而导致了冲突。

3. 授权之后，团队管理者因失去了部分实际工作，而产生了空虚感和失落感，甚至有时还会感到不安。

4. 授权的工作具有一定的多变性，团队管理者怀疑下属的能力，担心下属应付不了这种变化。

小贴士

团队管理者对授权的认识和心态在很大程度上决定了授权能否发挥作用。

不愿意授权的团队管理者可以从如下 3 个方面入手学会授权。

1. 工作授权不一定要授权大事，可以先从小事开始。由小到大，在尝试中开始，在总结中进步。

2. 提前规范授权的权责划分和授权限度，提前设计好规则。

3. 可以把工作授权与下属的职业发展和个人成长联系在一起。这样既对团队有利，又对下属个人有利。

6.3.2　总找员工的麻烦是没用的

🔒 **问题场景**　如何查找授权工作失败的原因

当我发现工作结果出问题的时候，我要帮助下属在自己身上找出原因吧？

当发现问题的时候，我们其实不应该先从下属身上找原因。

啊？那应该先从哪里找原因呢？

应该先从环境层面找原因，再从员工个人层面找原因。

为什么？

根据吉尔伯特的结论我们可以得知，环境因素对绩效影响的占比为75%，个体因素对绩效影响的占比为25%。

怪不得，我平时几乎把所有注意力都放在下属身上，想要改变他们，但其实有时候改变环境可能效果更显著。

没错，当发现问题的时候，不要第一时间责怪下属，我们可以按照**"先环境，再个人""先客观，再主观""先主要，再次要"**的顺序去查找和分析问题。

问题拆解

很多团队管理者只要一发现下属工作出现问题，就认为是下属的问题，总是第一时间责怪下属。实际上，下属工作达不到预期结果，不只是下属自身的原因，还很有可能是环境因素所造成的。团队管理者要先从环境层面入手查找问题。

工具介绍

吉尔伯特行为工程模型

吉尔伯特行为工程模型把影响组织绩效的因素分成了两大类，一是环境因素，二是个体因素。环境因素主要来源于组织的内部或外部，而个体因素来源于个人。

根据吉尔伯特行为工程模型的结论，我们可以知道对绩效影响最大的是环境因素，影响的总占比为75%，而个体因素的影响占比仅为25%。

吉尔伯特行为工程模型中
影响绩效因素的项目分类及比例关系

这里指信息的通畅性，包括明确清晰的工作行为标准和目标，明确及时的反馈，以及能及时获取所需信息。

下属能够获取到的资源条件，包括工具、系统、适当的流程、易于查阅的参考手册、充足的时间、专家支持，以及充足、安全的附属设施。

可以分为经济性和非经济性的，包括有形的奖励和无形的奖励，例如对下属的认可、下属可以获得的晋升或处罚等。它不是只针对某个人的，而是针对团队中所有人的。

环境因素 75%	分类	信息	资源	奖励 / 后续结果
	影响	35%	26%	14%
个体因素 25%	分类	知识 / 技能	素质	动机
	影响	11%	8%	6%

能够通过各种职业技能培训让下属获取到的能让下属胜任本职工作的知识和技能。

包括下属的个人特点、性格特质、行为偏向、生理特质、心理或情绪特质，以及由生活状况、生活方式、生活环境等因素造成的个人认知和习惯上的局限性。

下属在某方面的价值认知、下属对做好工作的信心、下属的情绪偏向，以及下属能够被环境、文化、氛围等因素引发的其他主观情绪和能动性变化。

吉尔伯特行为工程模型应用案例

举例如下。

某主营城市公交车的大型交通客运公司曾遇到过一个大问题——售票员的售票速度太慢。每到月初或月底顾客集中买票的时候，售票窗口就要排很长的队。而且售票员经常出错，例如算错票价、找错钱等。这些事引起了顾客大量投诉。

这家公司一共有400多个售票员，绝大部分是以前的公交车司机，他们因年龄偏大、健康状况不佳等原因不能再开公交车了。他们的平均年龄是55岁，售票员的岗位是公司为了照顾他们特意安排的。因为和工会有协议，公司不能轻易辞掉他们。

该公司曾经为此组织了大量的内部培训，教这些售票员怎么样准确、快速地卖票以及怎么做顾客服务，但是培训完了之后情况没有明显改善。公司觉得一定是组织培训的方式或培训内容上出了问题。

无奈之下，公司找来了一位人力资源方面的咨询专家，想让这位专家开发一套培训体系或者再制订一个培训计划，好好培训一下这些售票员。

是不是所有的售票员速度都很慢？或者都经常出错？有没有做得比较好的呢？

大部分都不行，只有一个车站做得不错，那个车站基本没有被投诉过。

人力资源专家　该公司经理

专家来到这个车站，发现这个车站的售票员果然售票速度很快。不管乘客买什么票，他都能一下子就算出价格。专家走近观察后发现了这个售票员的"秘密"。原来售票员的工作台上放着一张硬纸板，上面有一张手绘的表格。

		普通月票数								
		0	1	2	3	4	5	6	7	8
优惠月票数	0	0	42	84	126	168	210	252	294	336
	1	26	68	110	152	194	236	278	320	365
	2	52	94	136	178	220	262	304	346	388
	3	78	120	162	204	246	288	330	372	414
	4	104	146	188	230	272	314	356	398	440

这张表的顶端横向代表正常票价的购票数量，左端纵向代表老人和小孩这种优惠票的购票数量，表格里每一个格代表买 X 张正常票，Y 张优惠票的价格。

原来这件事可以这么简单地解决！这个工具后来被印刷成彩色版本，塑封后分发给了每个车站。然后，专家把使用方法教给了所有售票员。最终解决这个问题一共只花了 500 美元左右的材料费，仅用了几天时间进行指导就让售票速度整体提升了 70%。而且从此以后，售票员的出错率几乎为零。

小贴士

大多数团队管理者最常做的就是为了改善某个下属的工作状况，坚持不懈地想办法去诊断和改变下属，但他们却没有从环境层面，从信息、资源、奖励/后续结果这些组织、流程、规范等层面去诊断和发现问题。实际上，改变环境对团队来说往往成本更低，效果也更好。

6.3.3 知错能改，善莫大焉

🔒 **问题场景** 如何对授权工作进行改进

当查找完环境原因之后，如果最后发现问题出在下属身上，就可以让下属改进了吧？

是的，在改进之前最好先和下属一起做**总结**。

都需要总结什么呢？

首先根据情况分析总结**出问题点**，明确问题究竟在哪。然后总结解决问题的**最佳方案**。

这样就行了吗？

还没完，接下来可以和下属一起总结他的**优点**和**缺点**，并和他一起制订**下一步的计划**。

如果下属做得不好，也可以惩罚吧？

如果不是特殊情况，最好不要惩罚，应以鼓励为主。

问题拆解

之所以把工作授权给下属，一方面是让团队工作更高效，另一方面是锻炼下属的能力。因此当发现下属在授权的工作上出现错误的时候，应当以培养和引导为主，不需要过分聚焦和强调下属的错误。如果下属不是主观故意地犯错误，那么就要谨慎实施批评。如果下属不存在违反岗位职责或公司规章制度等特殊情况，就更要谨慎实施惩罚。

工具介绍

改进工作的 5 步台阶

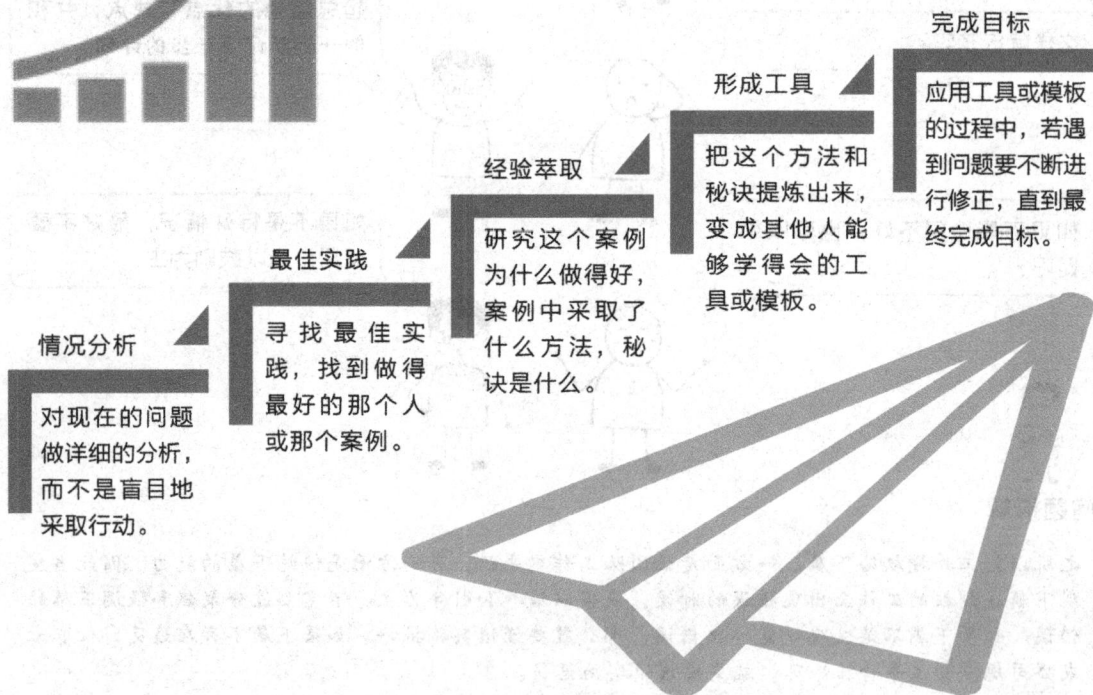

当下属的工作出现问题的时候，团队管理者可以按照 5 个步骤来查找问题、分析问题、解决问题，防止问题以后再次出现。

这 5 步台阶分别是：情况分析、最佳实践、经验萃取、形成工具、完成目标。

这 5 个步骤参照了吉尔伯特行为工程模型的原理，在定义出问题之后，首先总结出优秀的经验，然后再通过对优秀经验的推广进行绩效改进。

改进工作的 5 步台阶

情况分析
对现在的问题做详细的分析，而不是盲目地采取行动。

最佳实践
寻找最佳实践，找到做得最好的那个人或那个案例。

经验萃取
研究这个案例为什么做得好，案例中采取了什么方法，秘诀是什么。

形成工具
把这个方法和秘诀提炼出来，变成其他人能够学得会的工具或模板。

完成目标
应用工具或模板的过程中，若遇到问题要不断进行修正，直到最终完成目标。

授权工作结果评估反馈表

被授权人姓名	被授权的工作内容		承诺目标	
授权人姓名				
被授权人从事授权工作的优势和不足				
原因分析与改进措施				
授权人对被授权人的指导				
行动改进计划				
改进的具体目标				
目标类型	具体目标	目标结果	衡量标准	考核权重
业绩目标				
能力目标				
行为目标				
行动改进计划完成时间				
被授权人签字：　　日期：				
授权人签字：　　日期：				

小贴士

授权工作结果评估反馈表是团队管理者和被授权工作的下属对授权工作的总结。

不是非要等到授权工作完全结束后才能应用授权工作结果评估反馈表，在对授权工作实施过程管控的时候同样可以应用。把授权工作的过程评估和结果评估结合在一起，更有助于授权工作的整体把控。

第 7 章　培养下属

我团队里的下属能力真是差，新员工成长得也很慢，真不让我省心。

下属能力提高了，工作效率自然会提高。

可下属的能力什么时候能提高啊？

也许你应该在平时注意多培养下属。

这方面我做得确实不够，要怎么培养下属呢？

我们分别从新员工培养、老员工培养和接班人培养 3 个方面来探讨一下如何培养下属吧。

背景介绍

源智公司（化名）客服部经理宋心洁（化名），女，36 岁，长期从事基础一线工作，优点是客服工作业务能力很强；缺点是比较自我，没有培养下属的意识，不知道该如何培养下属。

7.1 新员工培养

      对新员工进行培养有助于新员工融入团队，是新员工全方位了解团队情况、认同并融入团队、坚定职业选择、理解并接受团队规章制度和行为规范的关键。对新员工进行有效的培养，能让新员工明确自己的工作目标和岗位职责，掌握工作的流程和方法，尽快进入工作角色。

7.1.1　高手常来自傻瓜式培养法

🔒 **问题场景**　如何简单、快速又不漏项地培养新员工

我们来谈一谈如何对新员工进行培训吧，我一直觉得自己在新员工培训方面存在问题。

你现在是怎么做的呢？

新员工来了以后，我会给他讲一讲部门情况，给他安排一个工位，然后就开始上班了。

那最近新员工的入职和离职情况怎么样？

最近3个月有5个新员工入职，但已经有4个员工离职了，现在公司还在继续招聘。现在的年轻人一点吃苦耐劳的精神都没有，经常工作没几天就离开了。

当你做好了新员工的培训之后，也许这种情况会大幅改善。

其实我心里隐约知道可能会这样，只不过培养新人太麻烦了，我也经常忘记，所以渐渐地就放弃了对新人的培养，任由他们自然成长了。

有一个能防止你漏项的方法，叫**清单式培养法**。你可以把需要对新员工介绍的重点项目以及新员工需要培养的能力全部列在一个清单上。

问题拆解

很多团队管理者因为新员工离职频繁，所以对培养新人没有兴趣，甚至觉得没有必要培养新人，反正他们大部分人早晚要离开，不如等他们工作一段时间，稳定下来以后再培养。实际上，这是把因果关系搞反了。不是因为新员工容易离职，所以就没必要对新员工进行培养，而是因为没有做好新员工的培养，所以新员工才会频繁离职。培养新人本身就是留住新人的有效方式。

工具介绍

清单式培养法

团队管理者可以把需要对新员工介绍的重点项目以及新员工需要培养的能力全部列在一个清单上。这个清单可以叫"对新员工做的 N 件事"或"新员工需要培养的 N 项能力"。

把新员工培养用清单的方式标准化。以后不论来多少新人，不论是由团队管理者培养还是由其他员工培养，都不会漏项。这样新人会有较好的体验，而且培养效果也会很好。

● **团队管理者必须为新人做的 N 件事样表** ●

序号	事项	完成时间	团队管理者签字	新员工签字
1	互相进行自我介绍			
2	与新员工进行一次最初的交流，了解新员工的基本情况			
3	将新员工介绍给部门的其他人，并向新员工介绍其他人			
4	带领新员工熟悉办公环境和其他部门情况			
5	带新员工去餐厅吃一顿午餐			
6	教新员工使用办公系统			
7	与新员工一起制订学习计划			
8	将新员工送到实习车间，并为其介绍车间情况			
9	给新员工示范讲解一项工作			
10	让新员工动手做一件事情，并给予指导			
11	给新员工布置一项稍有点难度的任务，并检查			
12	检查新员工每周的工作，并给予点评			
13	每月对新员工的表现进行书面总结			
14	每月就学习计划的完成情况与新员工一起讨论			
15	每月与新员工谈一次心			
16	帮新员工解决一项工作中的困难			
17	帮新员工解决一项工作以外的困难			
18	表扬并鼓励一次新员工			
	……			

清单式培养法举例

举例如下。

某连锁零售公司客服岗位新员工学习清单内容如下表所示。

序号	学习内容	学习要点	参考学习天数	学习起止时间	团队管理者签字	新员工签字
1	员工规章制度奖惩条例	1.员工工作纪律（出勤、禁止行为、员工上下班、顾客接待等）；2.做哪些事情会被奖励；3.调动管理；4.处罚制度；5.违纪行为；6.款项管理规定	1			
2	服务礼仪	以礼待客，微笑服务	3			
3	岗位职责	详见《客服岗位职责》	2			
4	卫生清洁标准	1.客服台的卫生标准；2.监督考核、检查规范	2			
5	安全注意事项	1.人身安全；2.消防安全；3.防盗安全；4.物品安全	2			
6	熟悉柜组和商品	1.掌握卖场柜组分类、分布；2.熟知各柜组经营的商品品类	5			
7	存包柜管理	1.营业前打开电源，检查是否正常；2.清理纸屑；3.更换打印纸；4.清理空柜，整理顾客遗留物品；5.处理故障	5			
8	广播和电子屏	1.根据不同季节、节日、时间段和客流情况，选择合适的播音形式和内容；2.帮顾客广播找人、寻物等；3.播音设备的使用和保养；4.检查门头电子屏是否能正常播放文字	7			
9	会员管理	1.会员招募；2.会员关系维护；3.会员定期跟踪回访；4.做会员分析（会员销售占比、客流、客单）并反馈给店长；5.向顾客传递促销、买赠活动信息；6.为顾客开具发票；7.统计会员卡库存量，做好物料准备；8.完善会员资料；9.会员卡遗失登记；10.做好会员数据分析，提升会员销售占比	5			
10	储值卡	1.销售和办理贵宾卡（售卡、延期、换卡、充值等）；2.核对账务；3.无金额的储值卡做物理回收	5			
11	赠品管理	1.赠品发放；2.清点库存；3.核对成本	5			
12	客诉和退、换货	1.处理顾客投诉和咨询工作；2.整理上周的顾客意见；3.接待和指引退换货顾客；4.及时反馈异常退货情况	7			
13	公共关系	1.对内（①物流 ②公司各部门、柜组等）；2.对外（①维护顾客关系 ②联系和接待团购客户、大客户等）	7			
14	时间管理	管理好自己的时间，合理利用每一分钟，提高工作效率	2			

小贴士

在新员工入职以后，可以打印两份清单样表，团队管理者和新员工各一份。清单表格中的每一项完成后，由团队管理者和新员工分别在表格中签字。注意须在每项内容实际完成后逐一签字，不要多项连签。可以将完成该清单内容定为新员工转正的必备条件之一。

7.1.2 听不懂？那就讲个故事吧

🔒 **问题场景** 如何让新员工快速掌握团队理念和文化

> 我不愿意培养新人是因为公司有很多理念很重要，可就算我告诉新人，他们也很难理解。

> 确实，单纯的理念比较空洞，新人很难真正地理解。

> 所以我觉得不如让新人工作一段时间之后再告诉他这些理念。

> 如果没有正确传授理念的方法，就算等一段时间再对他讲，他也还是理解不了。

> 那怎么办呢？

> 对于难以传达的理念，可以借用**故事**来传达。

> 给下属讲故事吗？

> 是的，你只要把团队发生的典型故事真实地讲出来，最后再说出需要新员工理解的理念和思维，他就比较容易理解了。

问题拆解

很多公司的理念和文化是长期发展总结下来的，新员工入职后若想快速融入团队、做好工作，就必须掌握这些理念和文化，按照团队的要求做事。但新人没有时间的积累，很难理解它们的真正内涵。这时候团队管理者应当采取一些特殊的方式来帮助下属快速掌握这些理念和文化。其中讲故事就是一种很好的方法。

工具介绍

讲故事

团队中的理念和文化往往是以标语的形式存在的，这些标语虽然有意义，但很难被人真正理解和体会。无法被理解的理念和文化是很难最终体现在下属的行为上的。这些很难传承的理念和文化，可以用讲故事的方式来传达给新员工。通过讲述一个个真实的故事，新员工能快速理解其背后蕴含的精神。

好的故事的组成要素

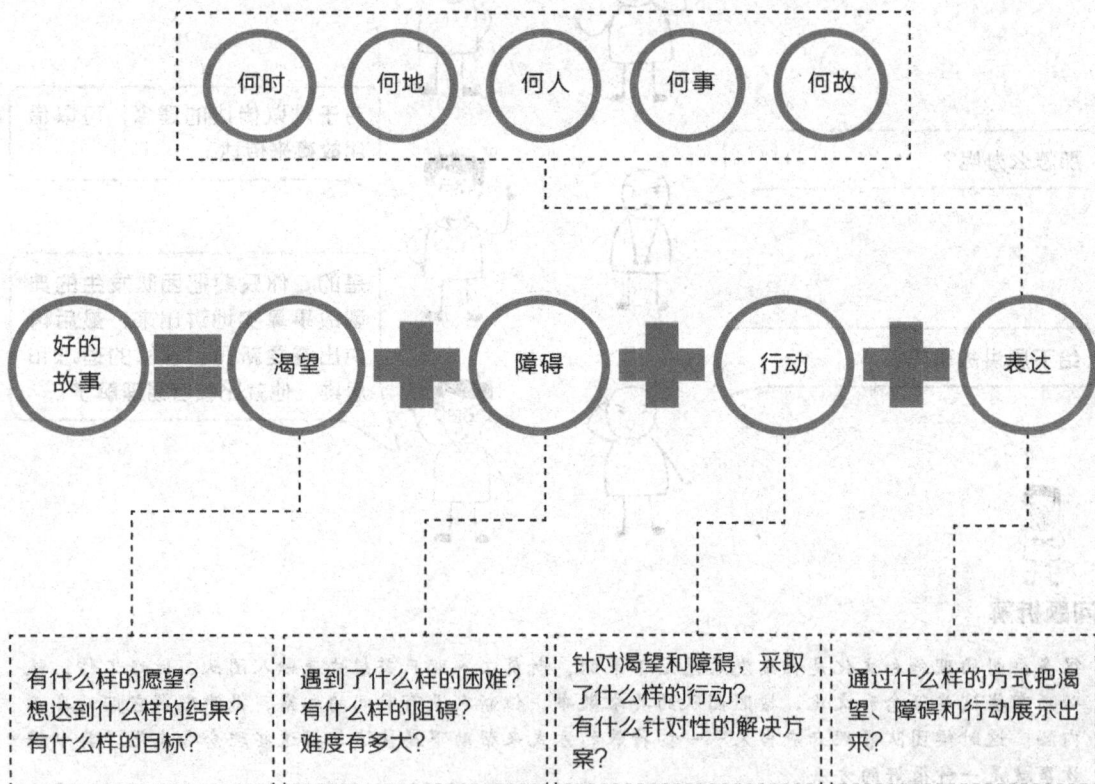

何时　　何地　　何人　　何事　　何故

好的故事 ＝ 渴望 ＋ 障碍 ＋ 行动 ＋ 表达

渴望	障碍	行动	表达
有什么样的愿望？ 想达到什么样的结果？ 有什么样的目标？	遇到了什么样的困难？ 有什么样的阻碍？ 难度有多大？	针对渴望和障碍，采取了什么样的行动？ 有什么针对性的解决方案？	通过什么样的方式把渴望、障碍和行动展示出来？

━━━━━━━━━━━━●　某公司新员工培训中　●━━━━━━━━━━━━
传达理念时讲的故事

举例如下。

国外有个零售公司的经营理念是"顾客至上"。为了贯彻这条理念，公司规定要无理由退货。然而，顾客至上、无理由退货，这些概念还是停留在标语层面。在向新员工传达这条理念的时候，他们会向员工讲一个故事。这家公司有个店的客服接待了一个要退货的顾客，退货的商品是雪地防滑链。这是一种雨雪天绑在汽车轮胎上用来防滑的金属链。顾客来退货的时候，冬天已经过了。这条雪地防滑链明显已经用了很长时间了，看样子至少用过一整个冬季。

某店客服	某顾客
您什么时候买的？可以提供一下购物凭证吗？	购买凭证早没了！你们的雪地防滑链质量差！我就是要退货！
要购物凭证是想确认一下您当时花了多少钱？	花了 100 美元！
这是您的 100 美元，请收下。	这还差不多！

故事到这，已经传达了"无理由退货"的理念，很多零售公司为了提高服务质量都是这么做的，似乎没什么特别的。但这还不是这家公司"无理由退货"的真正含义。

故事还没讲完，接下来才是关键：这家店其实从来都没卖过雪地防滑链这种商品！也就是说，顾客退货的商品，其实根本就不属于这家店！这才是这家公司区别于其他公司"无理由退货"的真正含义，也是这家公司"顾客至上"理念的真正含义。

小贴士

理念和文化绝对不是说几句简单的标语就能明白的，要让下属真正体会其中的含义，就需要引入具体的案例或故事来进行解释说明。这些案例或故事背后的精神比简单的标语更加让人印象深刻，更容易让人体会到其中的深层含义。团队管理者可以通过讲述类似这样的真实案例或故事，让新员工快速理解并传承团队的理念和文化。

7.1.3　新手到高手是如何演化的

🔒 **问题场景**　如何有效培养新员工的工作技能

我现在感觉自己原来对培养新人有很大的误解，接下来我一定要加强对新人的培养！

太好了，加油！

在培养新人工作能力方面有没有比较好的方法呢？

新人的工作能力主要是通过实战工作得到提高，而不是课堂学习，我建议新人入职之后安排一个师傅带他。

带人也是一种能力，也有方法，平时要多培养老员工在这方面的能力。

我也觉得师徒制挺好的，可是我的团队很多老员工都不会带新人，我自己又没有精力亲自带。

大致是这样：先师傅做，新人看；接着师傅和新人一起做；然后新人做，师傅看；最后师傅再针对问题对新人进行指导。

作为师傅应该怎么教新人呢？

问题拆解

下属工作中需要的绝大部分知识和技能都可以在日常工作中获得，集中培训主要是对此进行查漏补缺。而下属知识技能转化和内化的全过程则几乎都发生在岗位工作中。要保证下属的岗位知识和技能持续提升，就需要团队建立起以师带徒的管理机制。在欧美企业中，这种模式也叫导师制。

工具介绍

师徒制

师徒制指的是团队中由师傅向徒弟传授技能的体制。任何团队都可以运用师徒制。

在许多管理已经非常先进的大型企业中，师徒制不仅存在，而且还被当作是提升员工能力的重要方式，受到企业各级管理者的高度重视。

● **师傅向徒弟传授技能的 6 个步骤** ●

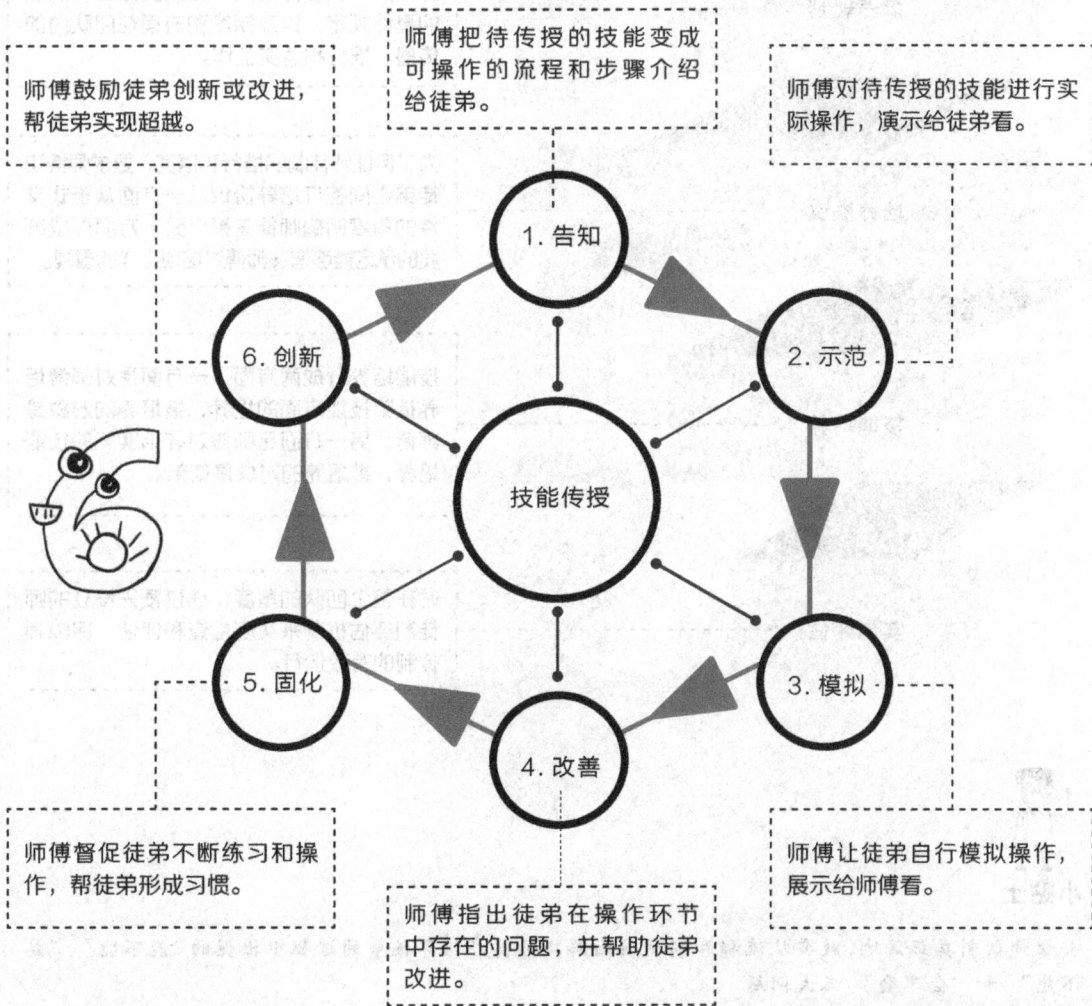

师傅鼓励徒弟创新或改进，帮徒弟实现超越。

师傅把待传授的技能变成可操作的流程和步骤介绍给徒弟。

师傅对待传授的技能进行实际操作，演示给徒弟看。

1. 告知

6. 创新

2. 示范

技能传授

5. 固化

4. 改善

3. 模拟

师傅督促徒弟不断练习和操作，帮徒弟形成习惯。

师傅指出徒弟在操作环节中存在的问题，并帮助徒弟改进。

师傅让徒弟自行模拟操作，展示给师傅看。

团队中实施师徒制的流程

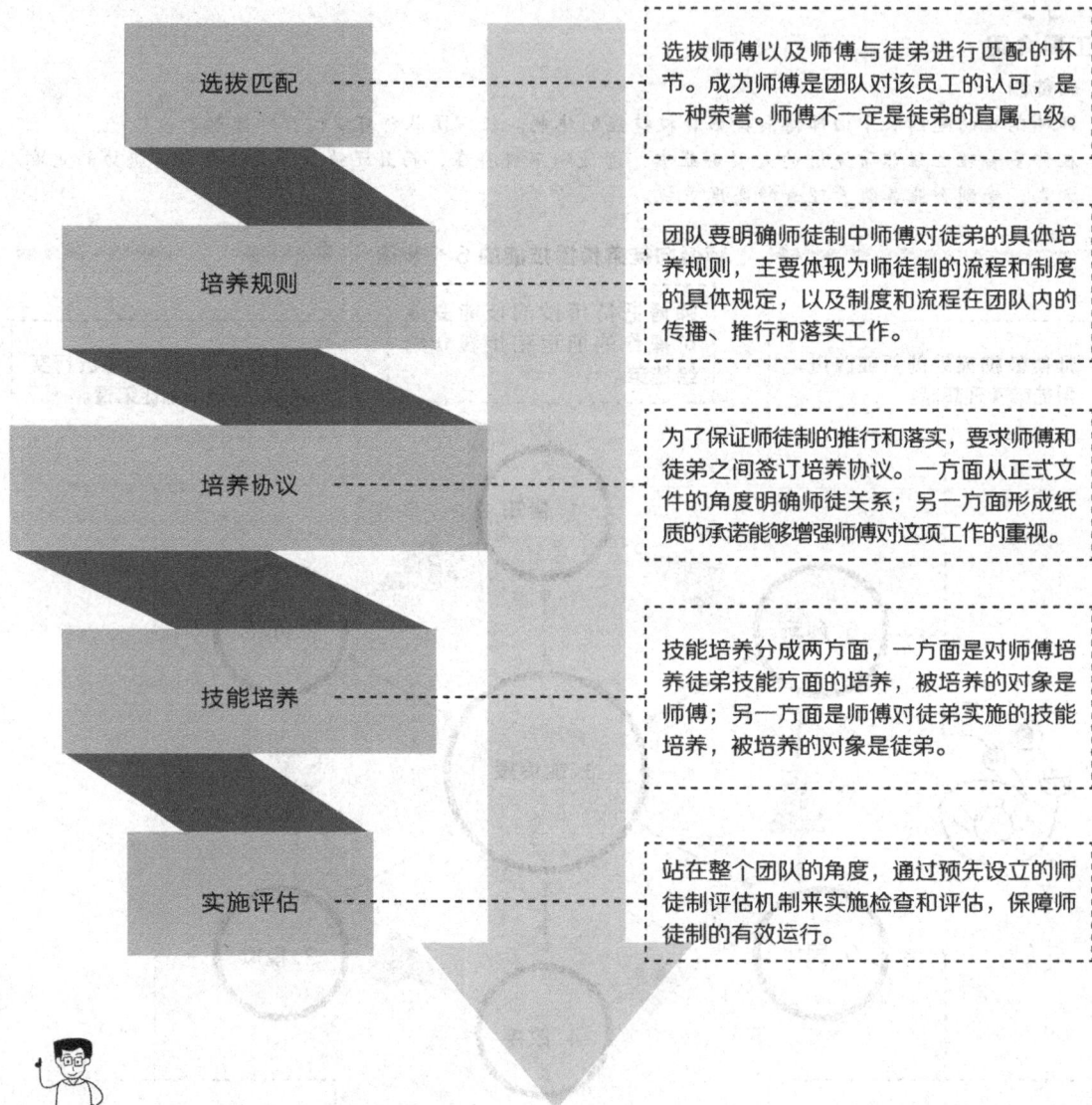

选拔匹配 ----- 选拔师傅以及师傅与徒弟进行匹配的环节。成为师傅是团队对该员工的认可，是一种荣誉。师傅不一定是徒弟的直属上级。

培养规则 ----- 团队要明确师徒制中师傅对徒弟的具体培养规则，主要体现为师徒制的流程和制度的具体规定，以及制度和流程在团队内的传播、推行和落实工作。

培养协议 ----- 为了保证师徒制的推行和落实，要求师傅和徒弟之间签订培养协议。一方面从正式文件的角度明确师徒关系；另一方面形成纸质的承诺能够增强师傅对这项工作的重视。

技能培养 ----- 技能培养分成两方面，一方面是对师傅培养徒弟技能方面的培养，被培养的对象是师傅；另一方面是师傅对徒弟实施的技能培养，被培养的对象是徒弟。

实施评估 ----- 站在整个团队的角度，通过预先设立的师徒制评估机制来实施检查和评估，保障师徒制的有效运行。

小贴士

要让师徒制真正落地，就要从流程和制度层面解决师傅在培养徒弟的过程中出现的"能不能"、"愿不愿"和"会不会"三大问题。

7.2 老员工培养

老员工虽然有更丰富的经验，但这并不能代表他们有更强的能力、更好的绩效或更大的价值。老员工也是需要培养的，培养老员工的成本比培养新员工更低，而且他们能够创造的价值很可能比新员工更大。

7.2.1 你是我们团队的希望

🔒 **问题场景** 如何应对老员工不学习、不上进的情况

我的团队里有几个老员工总是倚老卖老、自以为是，完全不想学习进步。

你准备怎么办呢？

我想找个机会直接告诉他们，他们的技能和方法已经过时了，现在时代变了，如果他们再不上进就只有被淘汰了。

千万不要这样和老员工谈话，很伤人。这样很可能不但起不到预期效果，还会起到反效果。

对待这部分老员工，你可以通过引导来让他们自己发现问题。

那我该怎么办呢？

可以让他们自己发现问题，或者给他们鼓励，也可以时不时地运用正激励和负激励。

怎么引导呢？

问题拆解

面对团队中部分老员工不学习、不成长、倚老卖老的现象，团队管理者不宜直接表达不满。这样做不但不能解决问题，而且可能会引发老员工的不满，引起团队内部的矛盾。对待这部分老员工，团队管理者可以从肯定、提醒和行动几方面来激发他们的热情，引导他们行动起来。

工具介绍

引导老员工进步的方法

老员工因为有比较多的经验，对自己所做的工作已经非常熟悉了，就形成了舒适圈。在舒适圈中待久了，有的老员工主动学习的意愿就变得很弱。长时间这样下去，这些老员工虽然经验在增长，但是能力却越来越弱。就像长颈鹿一样，虽然它的脖子很长，眼界很广，但是腿却很短。

老员工的学习成长需要团队管理者进行善意引导。

团队管理者可以从表达认可、做出提醒、制订方案这3个方面来引导老员工进步。

引导老员工进步的3个步骤

肯定老员工曾经做出的贡献。要尊重、承认老员工做出的成绩，并且给他们应有的肯定。

做出肯定评价之后，提醒他们当前的工作需要什么样的工作技能和工作方法。提醒的时候不应当把注意力放在他们原来的方法上，而应当放在他们工作的绩效结果上。他们的绩效不仅影响着团队的业绩，还影响着个人的奖金和晋升。

和他们一起制订行动方案时，可以引导他们学习新的工作技能和方法，让他们意识到只要改变行为去学会新技能和新方法，就能获得更好的绩效，从而获得更丰厚的物质和精神奖励。

1. 表达认可

2. 做出提醒

3. 制订方案

激发老员工学习动力的 4 种方法

有时候人们不学习、不成长、不行动，是因为人们觉得自己努力后产生的价值较低。这种价值不足以让自己行动。这时候可以给老员工设计提高薪酬或提升职位的机会。

有时候可以夸大对老员工的夸奖，把他的责任描述得比较重大，强调他对团队的重要性，让他感受到自己的成长不仅对自己，而且对整个团队来说都具有很高的意义和价值。

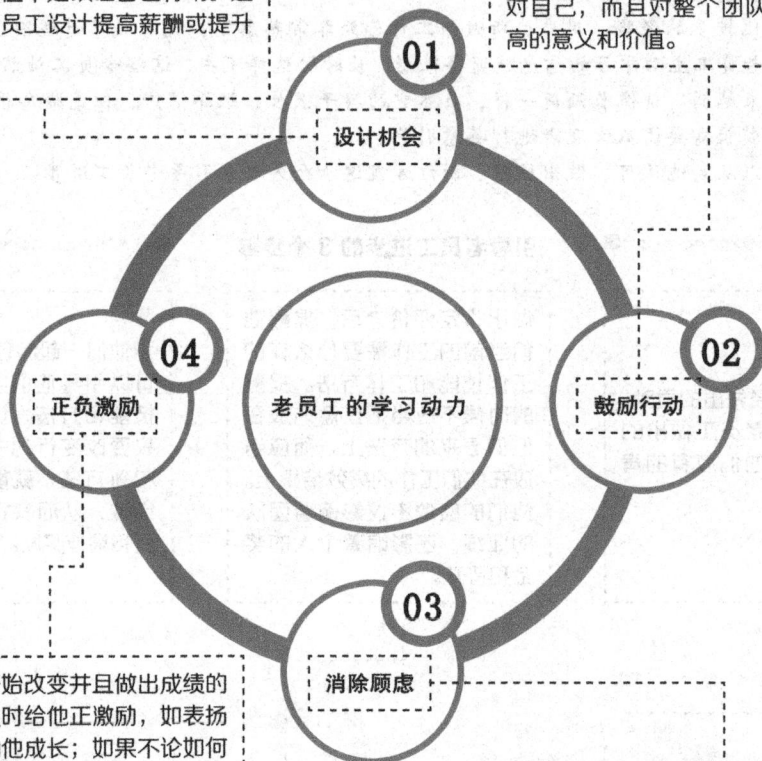

01 设计机会

04 正负激励

老员工的学习动力

02 鼓励行动

03 消除顾虑

当老员工一开始改变并且做出成绩的时候，可以及时给他正激励，如表扬或奖励，鼓励他成长；如果不论如何他都不愿意做出任何改变，并且已经影响到了部门绩效，就可以给他负激励，如批评或惩罚，从而要求他成长。

有时候老员工不愿意成长可能是因为担心自己学不会或者做不到。他对自己做出努力之后的结果有种未知感和恐惧感，所以才不愿行动。这时候可以为他营造画面感，降低他对结果的恐惧，用可能性来代替目的性。

小贴士

学习成长的动力与人的主观意愿直接相关，尤其是对已经有比较深的岗位认知和职场经验的老员工来说更是如此。如果老员工明知道有问题，但却不愿意学习、不愿意成长，这时候团队管理者就可以采取一些方式来激发他学习成长的动力。

7.2.2　升职加薪不是万能的

🔒 **问题场景**　如何帮老员工设计职业生涯规划

> 我发现我的团队存在好员工留不住，坏员工赶不走的问题。

> 为什么这么说？

> 有好几个非常优秀的老员工离职了，给团队造成了很大损失。

> 有没有问过他们为什么离职？

> 问的时候他们都说是家庭原因，后来听和他们比较熟的员工说他们是因为认为在我这没发展前景才离职的。

> 看来主要是**职业发展**问题。

> 你可以试试和员工一起设计他们的**职业生涯规划**。

> 我要怎么办呢？

问题拆解

和一般人才相比，优秀人才能获得更好的发展机会，所以优秀人才格外容易流失。优秀人才的流失很容易造成团队人才断层的问题。团队管理者与其让优秀人才在外部寻找发展，不如在团队内部给他们提供他们想要的发展机会，帮助他们设计职业生涯规划。

工具介绍

职业生涯发展

职业生涯指人们一生的工作经历中所包括的一系列行为活动。一个人的职业生涯通常可以分成以下 4 个发展阶段。

1.30 岁以前是寻觅期，属于人生初期的职业生涯阶段。

2.30 ~ 45 岁是立业期，属于人生中期的职业生涯发展阶段。

3.45 ~ 65 岁是守业期，属于人生后期的职业生涯发展阶段。

4.65 岁以上是衰退期，属于人生末期的职业生涯引退阶段。

团队管理者在帮助下属做职业生涯规划的时候，应当根据下属所处的职业阶段灵活设计。

职业生涯发展的 4 个时期

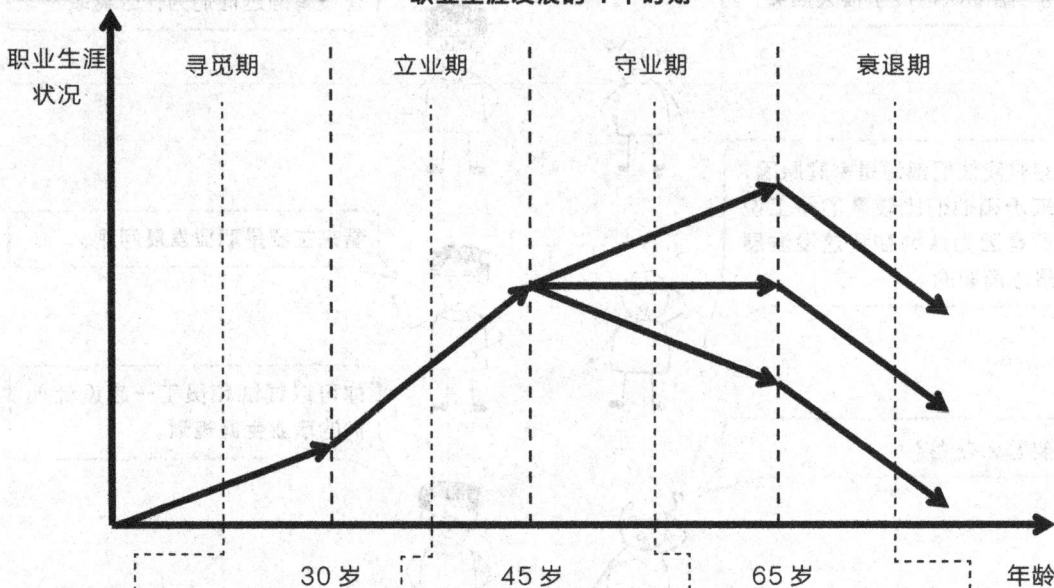

职业生涯
状况

寻觅期	立业期	守业期	衰退期
30 岁	45 岁	65 岁	年龄

这时候大部分人并不知道自己想要什么，也不知道自己适合做什么工作。人们在这个阶段逐渐了解和接触到各类职业，并逐渐寻找到适合自己的职业或组织。

人们在组织中逐渐确立了自己的位置，逐渐明确了自己的发展方向，并沿着这个方向发展。在这个时期，人们的事业会得到比前一个时期更快速的发展。

人们开始对中期的职业发展进行检视，并开始面临未来的职业生涯选择。可以选择继续维持自己的成就；也可以选择继续成长发展自己的事业；还可以选择职业衰退。

人们可以选择继续留在组织中做贡献，维护自己在组织中的自我价值；也可以选择退休，离开职场，开始自己新的生活。

职业发展的 4 条路线

职业高度路线是传统观点认为的"升职"路线。这种职业发展路线适合具备"成就导向"或具备管理潜质的人。这类人期望通过自己的能力来兑换价值，崇尚用职位变化来衡量努力后的结果。

孙悟空是偏向于追求高度的人，他自封为齐天大圣，觉得天底下没有比他更大的"官"了。

职业高度

职业宽度路线是追求尝试多种职业的路线。有的人既不喜欢比较高的职位，也不喜欢专业上的精深，他们喜欢新鲜的感觉，喜欢尝试不同的职业。

猪八戒是偏向于追求宽度的人，他总是喜欢新鲜的事物。

职业深度 ←——————→ **职业宽度**

职业深度路线是追求专业领域精神的路线。有的人天生不愿意领导或管理别人，职位上的提升不适合这类人。

但是他们愿意持续提高自己专业领域内的能力，他们能够成为优秀的专家顾问或咨询师。

唐僧是偏向于追求深度的人，他刻苦钻研耐心钻研经文，淡泊名利。

职业温度

职业温度路线是追求安全感的路线。有的人不想把过多的时间和精力用在职业的发展上。他们把职业定位成一个养家糊口的工具。他们只期望职业给他们基本的安全感。他们更期望把时间和精力用在非工作的事情上，比如家庭生活、兴趣爱好、社群活动等。

沙和尚是偏向于追求温度的人，师徒的温情和团队的安全感就能让他满足。

小贴士

很多人都对职业发展有误解，认为职业发展只有一个方向，就是升职加薪。其实职业发展的方向非常广泛。团队管理者在给下属设计职业发展或转换方向时，要注意下属的诉求。对于不同的下属要有针对性地提供指导和建议。

7.2.3 你在哪，想去哪

🔒 **问题场景** 如何为老员工设计职业发展通道

和老员工一起设计职业生涯规划之后，老员工的离职率就会大幅度降低吧？

不一定，团队还需要有一条通畅的**职业发展通道**来支持职业生涯发展规划。

我们公司目前不像大公司那样有专业的职业发展通道，这样员工的职业生涯规划就没法做了吗？

职业发展通道其实就是职业发展的规则，它的关键不在于**"好不好"**，而在于**"有没有"**。

什么意思？

员工首先关心的是有没有发展，其次关心的才是这个发展自己满不满意。

我懂了，有就比没有强！

没错，小团队的职业发展通道也许不像大公司那么规范，但只要规则明晰、路线通畅、有吸引力，一样可以有很好的效果。

问题拆解

有的团队管理者嘴上和员工谈职业发展，实际上公司内部根本没有支持员工职业发展的规则和机制。员工看不到希望，最终还是会选择离开。要建立职业发展通道，首先追求的不应是大而全，而是得到团队成员的普遍认可。只要团队成员认可了，大伙看得到希望，那就是有效的职业发展通道。

工具介绍

职业发展通道

团队能吸引并留住员工的关键因素之一就是能为员工创造职业发展的环境和条件，使员工在获得物质回报的同时，还拥有良好的职业发展机会，满足员工的自我实现需求。

常见的职业发展通道可以分成 4 类：管理类通道，适用于企业的各类人员；业务类通道，适用于从事市场销售的人员；技术类通道，适用于从事技术工作的人员；操作类通道，适用于生产车间的人员。

团队可以根据通用的职业发展通道来设计适合自身的职业通道。在设计职业发展通道时要注意 2个问题：1.条件和标准要明确，避免出现模棱两可的情况；2.条件和标准要符合企业的实际情况。

职业发展通道示意图

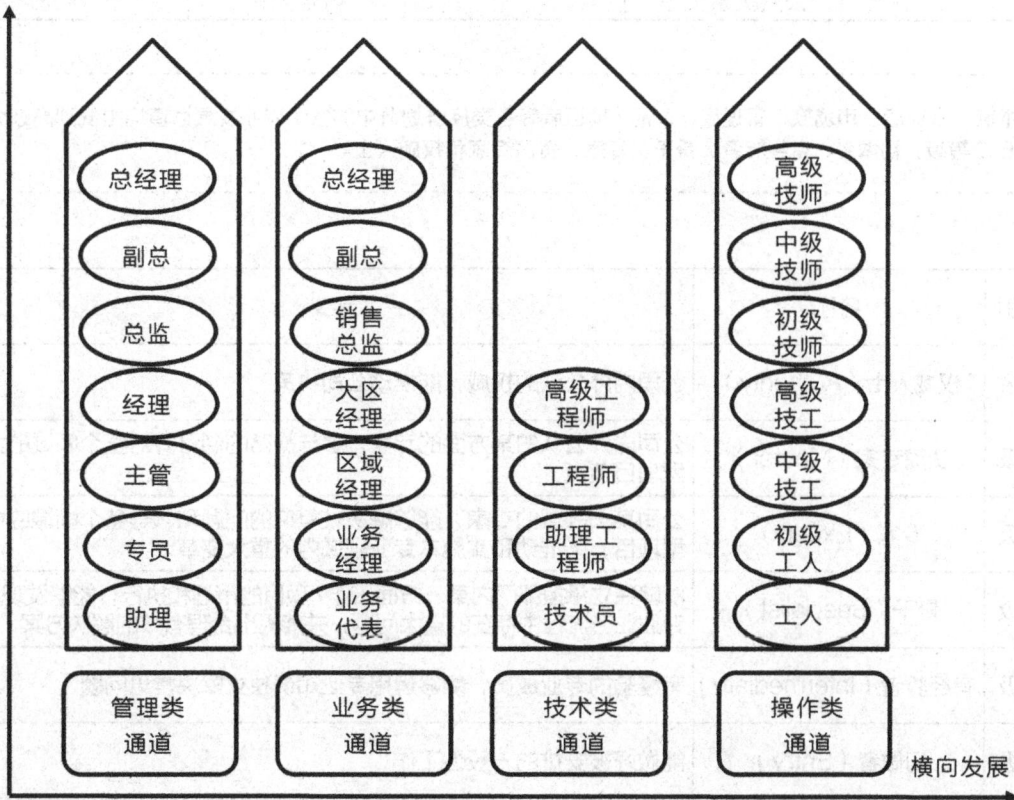

● **某大型互联网公司的职业发展体系** ●

举例如下。
国内某大型互联网公司的职业发展通道设置是建立在职位类别的基础上的。
该公司职位分为管理族、市场族、专业族、技术族、产品 / 项目族等类别。

技术族	专业族	管理族	市场族	产品 / 项目族
软件研发类 质量管理类 技术类 技术支持类 游戏美术类等	企业管理类 财务类 人力资源类 行政类 法务类 公共关系类等	领导类 高级管理类 管理类 监督类等	战略类 产品类 销售类 客服类 销售支持类 内容类等	游戏策划类 产品类 项目类等

技术族、专业族、市场族、管理族、产品 / 项目族等各类族群划分中的各个职业发展通道均由低到高划分为 6 个等级：初做者、有经验者、骨干、专家、资深专家和权威人士。

级别	名称	定义
6 级	权威人士（Authority）	公司内外公认的权威，能推动公司决策
5 级	资深专家（Master）	公司内外公认的某方面的专家，参与战略的制订并对整个领域的大型项目负责
4 级	专家（Expert）	公司某一领域的专家，能够解决较复杂的问题和领导整个领域的中型项目，能推动和实施本专业领域内的重大变革
3 级	骨干（Specialist）	能够独立承担部门内某一方面工作 / 项目的策划和执行，能够发现本专业业务流程中存在的重大问题，并能提出合理有效的解决方案
2 级	有经验者（Intermediate）	有经验的专业成员，能够运用专业知识独立解决常见问题
1 级	初做者（Entry）	能做好被安排的一般性工作

为保证管理人员在从事管理工作的同时能够不断提升自身专业水平，要求除了总经办的领导以及执行副总裁外，其他所有管理人员必须同时选择技术族、专业族、市场族中的某一职位类别作为自己在专业方面的发展通道，实现双通道发展。

员工职业发展与专业技术任职资格等级的评定流程分成3步：盘点申报、等级评定和结果输出。

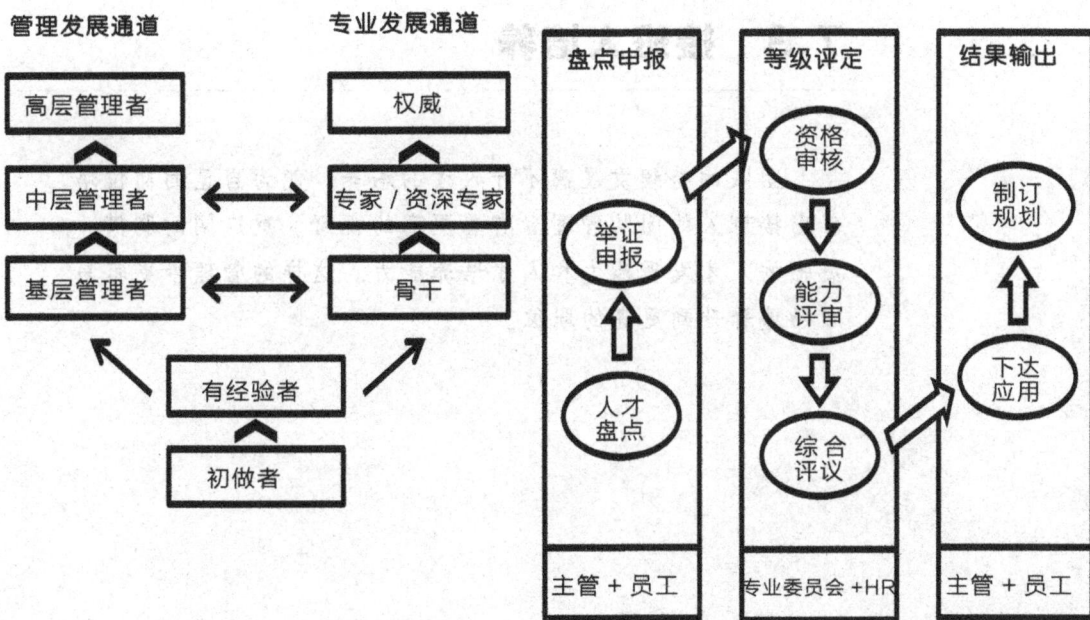

管理发展通道

| 高层管理者 |
| 中层管理者 |
| 基层管理者 |
| 有经验者 |
| 初做者 |

专业发展通道

| 权威 |
| 专家/资深专家 |
| 骨干 |

盘点申报

举证
申报

人才
盘点

主管 + 员工

等级评定

资格
审核

能力
评审

综合
评议

专业委员会 +HR

结果输出

制订
规划

下达
应用

主管 + 员工

小贴士

很多中小企业在员工晋升方面都没有明确的标准。然而成长之心人皆有之，"有奔头"是很多人行为动力的来源，员工都希望能够通过自己的努力获得公平公正的晋升或职业发展。为了激发员工的动力，每个团队都应有明确的员工晋升规则。

7.3 接班人培养

团队的持续发展离不开人才的培养，能为自己的岗位培养出接班人的团队管理者有着更高的视野、更广阔的胸襟、更强的人才发现能力和人才培养能力。这样的管理者更容易顺畅地晋升到更高的职位。

🔒 **问题场景**　如何发现高潜力人才

最近公司要求每个部门负责人都要培养自己的接班人，我不知道怎么做。

你具体指的是哪方面呢？

例如，在接班人的人选方面，我就不知道该怎么选。

选择接班人一般应当选择**高潜力人才**。

什么叫高潜力人才？

就是有很强的的潜质，但可能暂时还不具备高素质、高能力或高绩效。当然，如果具备的话会更好。

也就是说，我要把关注点放在潜质和未来上，而不能只看当下对吧？

是的，另外要注意的是，高潜力人才能不能发挥他的高潜力和上级对他的培养也有很大关系。

问题拆解

未来的高潜力不等于当前的高能力，也不等于当前的高绩效。如果人才当前已经具备了很强的能力和很好的绩效，那人才培养就变成了给人才提供更好的环境和更多的机会。

正因为很多人才当前能力不足，但却具备很好的潜质，所以才值得重点培养。

工具介绍

发掘高潜力人才

所谓高潜力人才，就是人才中的"潜力股"。发掘高潜力人才并不容易，不过高潜力人才具备一些共同特质。

通过发现这些特质，团队管理者就能够发掘出高潜力人才。

不同的学者、不同的咨询机构对高潜力人才具备的特质定义不同。综合来看，有 3 个特质是被普遍认可的，分别是元认知能力、逻辑思维能力和高情商。

●————— 高潜力人才的 3 个普遍特质 —————●

逻辑思维是人们在认识事物的过程中借助概念、判断和推理等思维形式能动地反映客观现实的理性认识过程。但逻辑思维能力的核心不是"知道"，而是"做到"。它也可以分解成"理解能力 + 分析能力 + 执行能力"。通过运用逻辑思维，人们能看到事物的本质，能真正认识客观世界。如果人们不具备基本的逻辑思维能力，就会出现主次不分、条理不清、前后矛盾以及概念混乱等问题。

2. 逻辑思维

元认知是美国心理学家弗拉威尔（John H. Flavell）在 1976 年首先提出来的。元认知是关于认知的认知，是个体对自我认知加工过程的自我觉察、自我反省、自我评价与自我调节，通俗地讲就是对于自我认知过程的思考。

元认知能力强的人，通常学习意愿和学习能力很强。他们能够在自我思考和自省后快速产生优化过的学习策略，快速构建自己对这个世界的认知，而且这种认知会不断更新。

美国心理学家丹尼尔·戈尔曼（Daniel Goleman）发现情商对业绩的贡献至少是智商、专业技能等其他因素的 2 倍。在公司中职位越高，情商的作用越重要。在身居高位的领导者中，优秀者和平庸者业绩差异的 90% 源于情商因素。

情商高表现为：有自知之明，对人对己都比较诚实，并且抱有务实的态度；善于控制自己的情绪，常常会自我反省、深思熟虑，一直在不断成长；追求成就感，对工作充满激情，乐于学习并富有上进心；善于社交，能帮助领导管理团队、调动资源。

3. 高情商

1. 元认知

💡 **应用解析**

某公司不同类型人才的培养课表

大类	小类	课程名称
管理技能	高层管理者	战略管理、组织机构设计、企业文化、品牌管理、风险控制、领导艺术、如何决策、危机管理、公关管理、压力管理
	中层管理者	知识管理、员工激励、员工授权、冲突管理、人才选用育留、项目管理、非财务人员的财务管理、非人力资源人员的人力资源管理、高效能人士做事的习惯
	基层管理者	目标管理、计划管理、团队建设、沟通技能、时间管理、解决问题、执行技能、会议管理、情绪管理、员工关系管理
岗位技能	营销技巧	电话销售技巧、客户服务技巧、渠道销售技巧、经销商管理、专业销售技巧、大客户销售、顾问式销售、客户关系管理、销售呈现技巧、双赢商务谈判
	生产运营	生产计划、现场管理、安全管理、品质控制、成本控制、设备管理、工艺管理、流程管理、订单管理
	人力资源	岗位管理、招聘管理、培训管理、素质模型、薪酬管理、绩效管理、劳动关系、人才测评、职业生涯培训、培训师管理、战略 HR 管理
	财务管理	统计核算、报表编制、现金管理、单证管理、成本管理、资产管理、税务筹划、预算管理、财务预测、管理会计
	技术研发	创新意识、产品知识、研发项目管理、研发项目管理沙盘、产品需求分析、产品中试管理、研发成本控制、研发质量管理
	采购管理	诚信意识、报价方法、谈判技巧、采购预算管理、供应商管理、合同管理、市场调研
	质量管理	品质控制流程、质量检验方法、全面质量管理、质量控制的数理基础、统计质量控制的常用工具和方法、产品生命周期质量分析和控制技术、质量可靠性分析
	仓库管理	仓储管理流程、仓库系统使用、供应链计划、库存管理、仓库数据分析
	物流管理	物流质量管理、报检流程、报关流程、物流系统、商品包装管理、物流运筹管理、物流成本管理
	客户服务	客户关系管理、客户服务原则、沟通技巧、电话礼仪、接待礼仪、如何有效地提问、服务用语、肢体语言
通用技能	个人成长	自我认知、人生规划、时间管理、压力管理、情绪管理、团队意识、沟通技巧、人脉经营、人际关系、个人知识管理、个人品牌管理、身体品质管理、心态塑造、如何处理问题、文书写作、办公软件使用
	新员工培训	企业文化、发展历程、规章制度、奖惩条例、消防安全

小贴士

不论人才的潜力有多大，想要发挥其价值、创造高绩效，就需要人才有突出的能力。这就需要对高潜质人才进行系统的培养。培养的方式可以采取师徒制、内部集中授课或外部学习。

7.3.2 怎么选，有方法

🔒 **问题场景** | 如何帮助人才选择职业发展的方向

有个很有潜力的下属，我想培养他，不过现在有好几个发展方向，我不知道该往哪个方向培养他，怎么办？

你有问过他本人的意见吗？

问了，他自己也很难抉择，拿不定主意。

你可以判断一下他的**职业价值观**。

什么是职业价值观？

就是在选择职业发展方向时，什么对他来说是重要的，什么相对不那么重要。

听起来职业价值观像是某种重要性排序？

没错！帮助下属发现他职业价值观中重要性靠前的要素，能帮他做出最佳选择。

问题拆解

在职业发展方向的选择方面，个人的性格、兴趣固然很重要，但价值观更重要。价值观和兴趣不同，它是人们内心最深层的对事物重要性的排序。例如，有人觉得在职业发展中的"经济报酬"很重要，"成就感"不重要，而有人则刚好相反。这种不同就源于他们价值观的差异。

小团队管理的 7 个方法（全图解落地版）

工具介绍

职业价值观量表

价值观是指个人对客观事物（包括人、物、事）及对自己的行为结果的意义、作用、效果和重要性的总体评价。它指导个体对行为进行选择与评估，是人们内心中的一把尺，决定了人们对人生中不同人、事、物重要程度的排序。职业价值观是人们希望通过工作来实现的人生价值，是人们选择职业的重要因素，它是指不同人生发展阶段所表现出的阶段性的人生价值追求。

职业价值观量表将职业价值观分成了 15 项，分别是：利他助人、美的追求、创造性、智力激发、成就感、独立性、声望地位、管理权力、经济报酬、安全感、工作环境、上司关系、同事关系、生活方式和变动性。

职业价值观量表

价值标准（8 项）	重要度	选择 1	选择 2	选择 3
1				
2				
3				
4				
5				
6				
7				
8				
总分				

第 1 步
罗列出 8 项自己觉得重要的价值观，并填入表格

第 2 步
给价值观的重要程度打分，分值为 1～10 分

第 3 步
罗列出自己的职业选项，并填入表格

第 4 步
为不同职业满意度进行打分，分值为 1～5 分

第 5 步
计算各选项的加权总分值，并比较其大小

第 6 步
讨论并适当调整分数，得出结论

————————●　**职业价值观量表的应用案例**　●————————

举例如下。

小李在一家上市公司工作多年，兢兢业业，认真踏实，工作得到了领导和同事的一致认可，目前已经在分公司部门负责人岗位上做了 5 年时间。集团公司的领导有意提拔他，目前有两个职位空缺，一个是小李所在的分公司副总的岗位，另一个是集团公司某部门负责人的岗位。集团领导找了小李谈话，想征求小李本人的意见，小李回到部门后用职业价值观量表来帮助自己做出了决策。

价值观	重要度	分公司副总	集团公司部门负责人
成就感	8	5	4
智力激发	9	5	4
上司关系	6	5	3
美的追求	7	4	4
经济报酬	8	5	4
创造性	7	4	4
独立性	6	4	5
生活方式	5	4	4
总分		255	224

根据量表的计算结果可以得知，小李对分公司副总岗位的价值观满意度是 255 分，对集团公司部门负责人的价值观满意度是 224 分。小李对分公司副总岗位的综合价值认可度高于集团公司部门负责人岗位。

小李在反复检查各项分值与自身价值观的匹配度后，最终做出了选择分公司副总岗位的决定。

小贴士

团队管理者可以帮助员工确定自己的职业锚。职业锚是由美国麻省理工大学的埃德加·施恩（Edgar.H.Schein）教授提出的。它就是个人通过实际工作经验形成的与自己的能力、动机和价值观相匹配的一种职业定位。职业锚也可以理解为当人们不得不做出选择的时候，无论如何都不会放弃的某种至关重要的职业信念或价值观。实际就是人们选择自己的职业发展方向时所围绕的中心。

7.3.3 成长啊，天天见

🔒 **问题场景** 如何规划、测量、评价接班人的成长

在确定接班人的人选之后，该如何快速培养他呢？

需要寻找差距并帮助接班人弥补差距。

从哪些方面找差距呢？

可以将接班人的素质、知识、能力、经验和岗位要求的标准进行对比，从而找出差距。

接着就可以做一个**成长卡**工具，原理是把接班人的差距列出来，然后在差距后面增加弥补这些差距的方法和所需的时间。

找到差距之后呢？

是的。成长周期比较短的差距，评估周期可以短一些；成长周期比较长的差距，评估周期也可以相应长一些。

通过这个工具，我是不是就可以定期看到接班人的成长了？

问题拆解

培养接班人比较有效的的方式是"查漏补缺"。团队管理者可以先找到接班人当前能力和岗位要求能力之间的差距，然后再和接班人一起弥补这个差距。这就要求团队管理者了解岗位的具体要求和接班人当前能力的基本情况。

工具介绍

成长卡工具

成长卡工具不仅可以用来查找目标岗位的要求能力和人才当前能力间的差距，还可以用来形成能力提升计划。通过使用成长卡工具，团队管理者能清晰地看到人才当前的能力具体在哪方面和岗位要求存在差距，也能从中看到人才的成长。

这个工具不仅可以作为人才培养项目的依据，也可以作为培养结果评估的依据。所以这个工具中应当包含培养方法、完成时间和责任人。

成长卡样表

类别可以按照素质、知识、能力和经验 4 个维度分类。也可以按照单项能力维度细分。

学习计划和培养方法是补充能力的具体做法。有计划、有行动，才会有落实。

完成时间主要是用来对能力培养进行评估检查的。
团队管理者可以在完成时间结束前评估下属的培养结果。

责任人指的是帮助下属提升这方面能力的人，可以是团队管理者本人，也可以是某个具备这方面能力的人。

类别	岗位要求	接班人现状	存在差距	弥补差距的学习计划 / 培养方法	完成时间	责任人

成长卡应用举例

举例如下。

某公司客服经理岗位在胜任力方面的要求与当前接班人现状之间的差距如下表所示。

类别	岗位要求	接班人现状	存在差距	弥补差距的学习计划 / 培养方法	完成时间	责任人
素质	具备创业心态； 能拥抱变化； 能快速适应工作调整	具备创业心态； 不喜欢变化； 对工作调整的适应性较差	拥抱变化和快速适应工作调整方面			
知识	熟悉售前、售中、售后各环节的服务质量评估标准； 熟悉客服团队的工作流程和规范话术； 了解各种投诉及突发事件的处理方法； 了解售前售后疑难问题的解决方法	熟悉售前、售中、售后各环节的服务质量评估标准； 熟悉客服团队的工作流程和规范话术； 了解各种投诉及突发事件的处理方法	售前售后疑难问题解决方法方面			
能力	熟练运用 Word/Excel/PPT/VISIO 等软件； 有较强的文档编辑、数据处理及分析总结能力； 具备较强的口头和书面沟通能力； 逻辑思维能力强，善于分析问题； 能独立带领客服团队，有较强的团队建设管理能力和计划统筹能力	熟练运用 Word/Excel/PPT/VISIO 等软件； 有较强的文档编辑、数据处理及分析总结能力； 具备较强的口头和书面沟通能力	逻辑思维能力和统筹管理团队方面			
经验	3 年以上客服团队管理经验； 两年以上第三方售后服务管理经验	无团队管理经验； 无第三方售后服务管理经验	团队管理和售后服务管理经验方面			

小贴士

成长卡工具的适用对象不仅限于接班人，如果团队管理者的时间和精力允许，还可以把成长卡用在每一个下属身上，也可以根据需要把这个工具进行变换，变成一个能对下属成长提出要求或目标的工具。

第8章 销售型团队的管理

◆ 本章背景

销售团队太难管了，感觉员工一个个都太精明了，管理他们还不如安安稳稳地当个业务员。

公司选你做销售经理说明公司认可你的能力，也说明你具备这方面的潜质。

你刚开始做管理者，角色转换上难免会不适应。只要掌握了带团队的方法，你不仅可以很快适应销售管理者的角色，而且能够非常轻松地完成工作。

我怎么一点都没发现自己有这方面的潜质呢？

有什么好方法吗？

我们从**稳定人心、提升业绩和把握市场** 3 个方面来一起探讨一下如何管理销售型团队吧！

背景介绍

源智公司（化名）销售部经理杨铭（化名），男，31 岁，优点是善于和客户打交道，一线销售经验丰富，市场开拓能力很强；缺点是不懂怎么做销售团队管理，不知道如何带领团队成员提升团队业绩。

8.1　稳定人心

销售型团队通常有明确的业绩要求和较大的业绩压力，团队成员的情绪波动较大且稳定性不高。这就要求销售型团队的管理者具备稳定人心的能力，能有效应对团队中的各类矛盾和冲突。

8.1.1 你的烦恼我其实都懂

🔒 **问题场景** 如何处理谈话过程中员工的对抗性

我不知道该怎么解决部门销售业绩比较差这一问题。我只要一说员工业绩差，他们就说是公司的问题！

如果公司什么问题都没有，产品自己就能卖出去，那还要业务员干什么？

是啊，可我又不敢给他们施加太大的压力，怕他们离职到竞争对手那里，那样的话不仅要重新培养新人，还相当于给竞争对手培养了人才。

该说的话，还是得说。不然销售业绩怎么改善？下属怎么成长呢？

感觉与下属就销售业绩问题进行对话就好像是一种博弈。

人们都不喜欢压力和责任，所以在针对这类问题与下属进行谈话时，下属难免会表现出一定的对抗性。

确实是这样，我要如何应对这些对抗性呢？

你可以参考如下几个关键词：保持客观、独立思考、理智回应、改进方案。

问题拆解

工作谈话中，员工的对抗情绪通常来源于人们总偏向于对自己做出较高的评价，当现实与这种自我评价相悖时，人们有逃离现实的倾向，就可能出现对抗情绪。对于一些工作具备一定挑战性和压力的岗位，下属的对抗情绪可能格外明显，团队管理者应理性面对。

工具介绍

处理下属对抗情绪的方法

员工的业绩压力越大，谈话过程中产生的对抗情绪可能就越大，团队管理者要锻炼自己应对下属各类对抗性情绪的能力。

当下属出现对抗性情绪的时候，团队管理者应保持镇定、积极应对，尽量缓解下属的消极情绪，并可以把焦点拉回到工作上，和下属一起寻找解决工作问题的方法。

处理谈话过程中下属的对抗情绪有 3 个关键点，分别是保持理智、倾听心声和客观判断。

●　　处理下属对抗情绪的 3 个关键点　　●

面对下属的对抗情绪，团队管理者要稳定自己的心智，不要慌张，也不要用对抗来回应对抗，要从客观的角度来弄清情况，不要被下属"带着走"。

倾听和考虑下属的观点，让下属充分表达，找到他们想表达的关键信息或核心思想，判断他们说的是客观事实还是主观判断，是否有理有据。

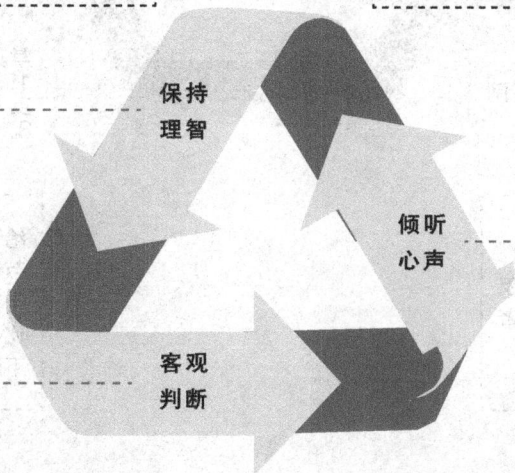

保持理智

倾听心声

客观判断

判断下属表达的内容是否合理，如果是合理的就应当考虑，并且给出一定的空间；如果不合理，那么应当以事实为依据给予下属反馈，并和下属一起思考和寻找解决方案。

员工在谈话中常见的 4 种对抗类型
及应对策略

领会下属的真正含义，但不要被"带着跑"，把落脚点放在工作成果上。

如果有需要可以提供援助；对这些事件保持一定的关注；保持参与，持续监控状况的演变。

转移型
常见的语言为：
这个事情是这样子的……，
我是有苦衷的……

家庭状况型
常见的语言为：
因为我家里最近……，
因为我亲人这段时间……

员工谈话中
常见的对抗类型

找理由型
常见的语言为：
都是因为其他人的某个问题，所以才……

情绪反应型
常见的反应为：
1. 表现出愤怒；
2. 开始哭泣；
3. 长时间沉默。

如果原因合理，可以考虑；
如果原因不合理，引导下属把关注点放到工作成果或者工作行为上。

给下属一点时间，放慢谈话节奏，让他平静下来。不要与其对抗，也不要使情况恶化。通过开放式的问题提高下属的参与感。

小贴士

下属的对抗情绪有时候是一种情绪抒发，有时候是一种信息表达，并不一定是下属对团队管理者的不敬。很多团队管理者为了表达自己对下属情绪的不满，用自己的对抗情绪来对待下属的对抗情绪。这样做不仅解决不了问题，而且很可能会激发团队矛盾，造成不良的后果。

8.1.2 冲突是怎么产生的

🔒 **问题场景** 如何应对和防止团队内部的冲突

我有很多下属就像"刺猬"一样。我和他们经常说着说着就吵起来了。

能举个例子吗？

例如，昨天我看到一个下属在办公室，我说"你真懒惰，做销售的整天在办公室坐着，怎么能有业绩！"他说他只是在做一些外出前的准备，后来我们就吵起来了。

看来是你和他的沟通方式出现了问题。

你是说问题出在我身上吗？

是的，有时候我们看到的只是"**现象**"，不一定是"**事实**"。而且我们的判断是主观的，并不**客观**。

可是这个下属的业绩确实不好啊！

业绩不好一定是有原因的，有很多方法可以帮他提升业绩，而不是给他定性为"懒"，以至于看到他在办公室就埋怨他。如果他每天都不在办公室就一定能有业绩了吗？恐怕未必。

问题拆解

团队管理者对下属主观上的总结和判断很容易引发团队矛盾，产生人际冲突。要避免这种冲突，最好的方法是双方都能聚焦于客观事实，而不是聚焦在主观的人格判断上。双方一起面对问题、解决问题才是最重要的。

工具介绍

产生人际冲突的 ABCD 原理

因为 A 客观事实，产生了 B 主观感受，得出了 C 抽象总结，做出了 D 结论表达。

例如，丈夫回家后发现妻子已经到家。丈夫问："做饭了吗？"妻子说："没有，点外卖吧。"
丈夫有些不高兴，埋怨妻子说："你怎么那么懒！"于是，一场家庭争吵就开始了……

"妻子没做饭"是 A 客观事实；"丈夫不高兴"是 B 主观感受；"妻子懒"是 C 抽象总结；
"丈夫表达了 C"是 D 结论表达。

回过头来看，妻子没做饭，想点外卖，就代表妻子懒吗？不一定，可能妻子今天身体不舒服；也可
能妻子下班去了市场后发现家人爱吃的菜已经卖完了；还可能因为妻子领了一张大额外卖优惠券。
丈夫在不弄清楚事实的情况下直接做出抽象总结和结论表达，必然会引发和妻子之间的冲突。
这个原理是工作和生活中很多无效沟通和冲突产生的原因。

● **产生人际冲突的 ABCD 原理示意图** ●

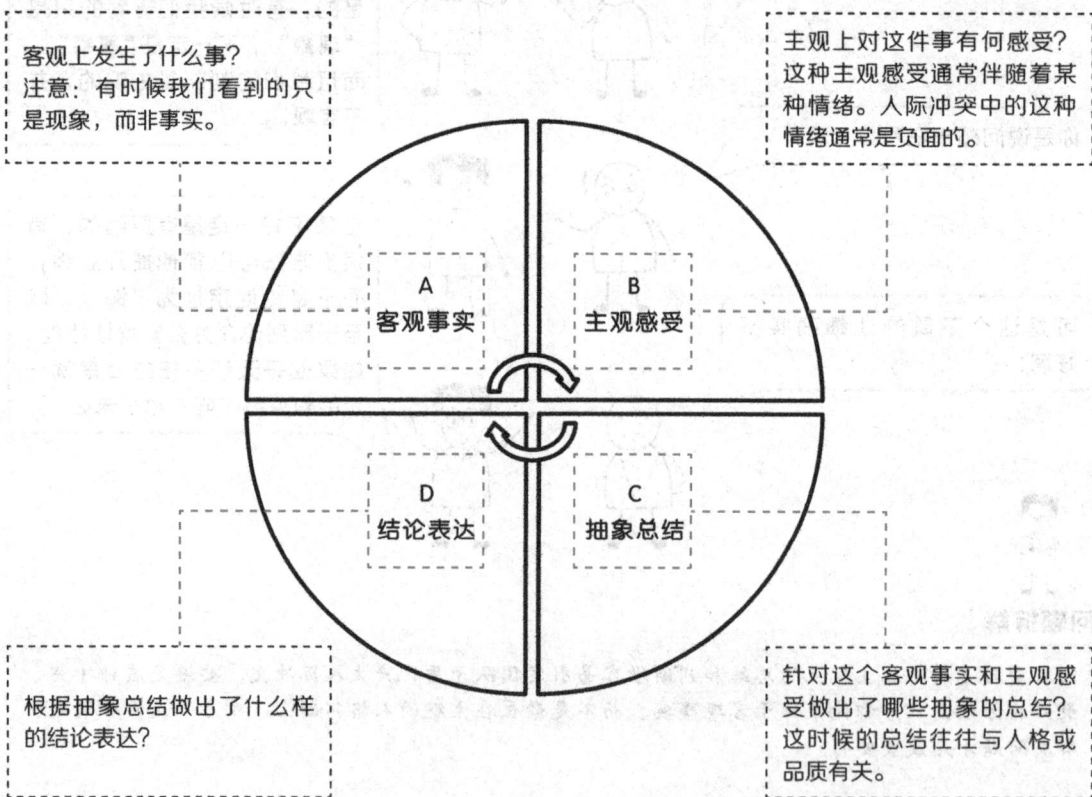

客观上发生了什么事？
注意：有时候我们看到的只
是现象，而非事实。

主观上对这件事有何感受？
这种主观感受通常伴随着某
种情绪。人际冲突中的这种
情绪通常是负面的。

A 客观事实	**B** 主观感受
D 结论表达	**C** 抽象总结

根据抽象总结做出了什么样
的结论表达？

针对这个客观事实和主观感
受做出了哪些抽象的总结？
这时候的总结往往与人格或
品质有关。

如何运用产生人际冲突的 ABCD 原理
避免无效沟通和人际冲突

聚焦在客观事实上，最好不要根据客观事实产生主观感受。沟通时可以只说事实。例如，我注意到刚才这件事是……这样的，对吗？

有时难免会产生主观感受，这时候务必要停下来，不要进行抽象总结。沟通时可以在说完客观事实后理智表达感受。例如，关于这件事，我的感受是……

冲突阻隔线

冲突阻隔线

冲突阻隔线

A 客观事实

B 主观感受

D 结论表达

C 抽象总结

冲突阻隔线

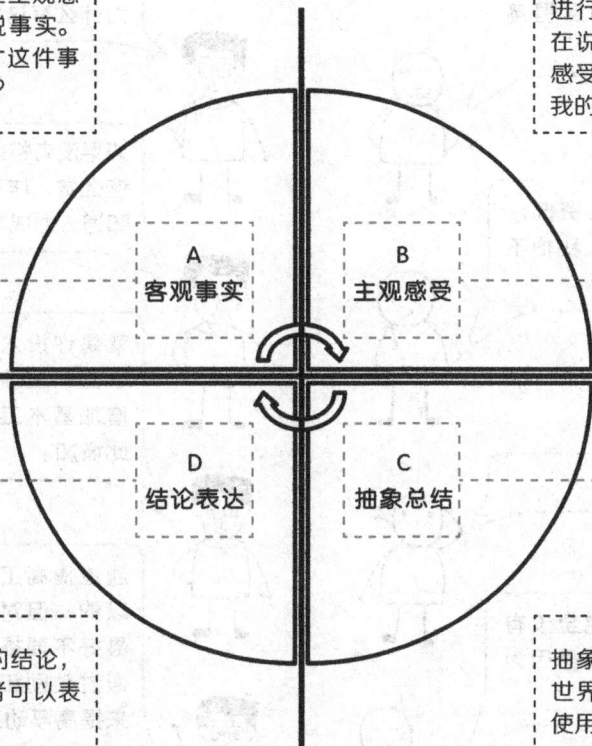

不要表达抽象总结的结论，最好只表达 A，或者可以表达 A+B。

抽象总结能够帮助人们认识世界，可在人际沟通中不要使用抽象总结来评判他人。

小贴士

在人际交往中，最容易引起冲突的部分是 C 抽象总结和 D 结论表达的环节。当感受（B）产生时，通常伴随有情绪，这时候注意不要在情绪推动下进入 C 和 D 环节。

如果在 ABCD 原理的 C 和 D 环节做出了正面评价，并表达出了正能量，则可以用在表扬和鼓励上。

8.1.3 为什么平白无故涨工资

为了稳定队伍，我想申请给工作年限比较长的下属提高固定工资。

为什么有这种想法呢？

有很多老业务员反映工资低，要求我给他们涨工资。我怕不涨工资他们就会离职。

如果没有特殊原因，我建议不要这么做。作为销售经理，你应该知道人力成本与业绩的比率。

那是什么？

就是你投入的人力成本和能够拿回的业绩的比率。平白无故增加基本工资，业绩却不会因此增加。

真的呀！我原来竟然完全没有想到这一点！可老业务员因为工资低而离职怎么办？

通过提高工资来稳定队伍是可以的，但对于销售团队来说，最好不要提高固定工资，可以通过鼓励和帮助他们提升业绩来提高浮动工资。

问题拆解

在职员工偏向表达自己对薪酬的不满，而销售团队中结果导向的人比较多，他们普遍对薪酬比较敏感和看重，经常表达出对薪酬的不满是正常现象。提升销售团队的收入最好从浮动工资入手，而非固定工资。如果担心薪酬有问题，可以做一次薪酬调研，客观了解外部同类岗位薪酬状况。做薪酬调研时，要注意了解总薪酬，而不是只了解外部某个岗位的局部工资或提成比例。总薪酬不仅包括工资、奖金、福利等能够量化成财务数字的部分，还包括其他不能量化成财务数字的部分。

工具介绍

人力成本与业绩的比率

人力成本与业绩的比率指的是团队获得的回报和在用人上投资的成本之间的比率。

销售团队的用人投资成本主要包括固定工资和浮动工资。固定工资是无责任底薪,浮动工资与业绩的相关性较大。业绩越好,浮动工资越高;业绩越差,浮动工资越低。

销售团队获得的回报指的是团队的销售业绩。

团队管理者应当对人力成本与业绩的比率保持敏感,尤其是销售业务部门的团队管理者。

● **销售团队人力成本与业绩的比率示意图** ●

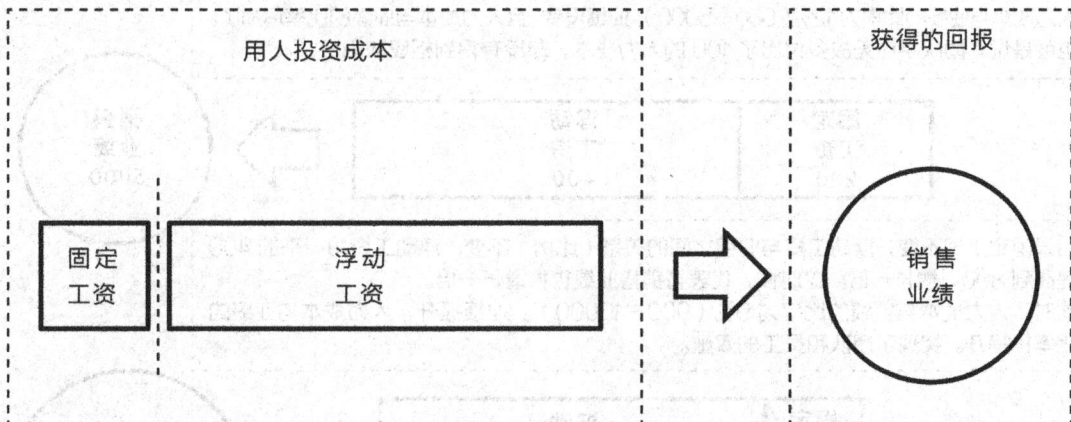

用人投资成本　　　　　　　　　　　　　　获得的回报

| 固定工资 | 浮动工资 | ➡ | 销售业绩 |

团队的人力成本与业绩的比率越低,从财务结果角度来说就代表着团队的用人效率越高。人力成本与业绩的比率可以作为判断管理成本的一项指标。

● **人力成本与业绩的比率的应用举例** ●

举例如下。

某团队下属的固定工资总额为100，浮动工资总额为400，整个团队产生的销售业绩为5000。

这时候可以简单理解成团队一共付出了500的人力成本，得到了5000的业绩回报。

人力成本与业绩的比率为10%（500÷5000）。

固定工资 100	浮动工资 400

➡ 销售业绩 5000

假如固定工资从100提高到200，浮动工资不变。因为固定工资缺乏激励性，所以对销售业绩产生的影响很小，销售业绩大概率还会保持在5000。这时就相当于团队付出了600的人力成本，得到了5000的业绩回报。

人力成本与业绩的比率为12%（600÷5000）。业绩没变，且人力成本与业绩的比率增加了。

也就是说，团队平白无故多付出了100的人力成本，却没有得到相应的回报。

固定工资 200	浮动工资 400

➡ 销售业绩 5000

如果固定工资不变，浮动工资与业绩之间的关系（比例）不变。浮动工资由原来的400提高到800，增长一倍。这时候，代表着销售业绩也将增长一倍。

此时，人力成本与业绩的比率为9%（900÷10000）。业绩提升，人力成本与业绩的比率也提升。实现了团队和员工的双赢。

固定工资 100	浮动工资 800

➡ 销售业绩 10000

小贴士

公司要想稳定人心，就要体现出价值优先的概念。公司的价值、团队的价值、员工的工资，其实都是员工通过自己的劳动创造的。从工资上稳定员工，思路应是鼓励员工用业绩说话。有好的业绩、好的结果，员工的浮动工资自然会增加。

除了从工资上稳定人心之外，团队管理者平时对下属的关心、帮助、支持、认可、信任等同样是稳定人心的好方法。

物质激励更容易留住员工的人，精神激励更容易留住员工的心。

8.2　提升业绩

　　销售型团队存在的最大价值就是提升业绩。衡量销售型团队是否优秀的最直接的方式就是看团队的业绩。提升团队业绩最好的办法就是让团队的业绩和每一个团队成员产生关联。团队与员工之间的利益关系越紧密，员工就会越努力提升业绩。

8.2.1 提成差距越大，激励性越强

🔒 **问题场景** 如何激发业务员提升业绩的积极性

我想利用浮动工资来鼓励团队成员，不过现在越来越没方向了。

为什么这么说呢？

如果当前人力成本与业绩的比率不能降低的话，业务员的浮动工资比例政策似乎也和原来没什么不同。如果没有变化，还能起到提升业绩的作用吗？

人力成本与业绩的比率并不是一定不能降低，而是在当前的业绩水平下，应当保持这个比率，不能随意降低。

也就是说，不必固守人力成本与业绩的比率？

是的，为了激励业务员提升业绩，销售提成比率可以随着业绩增长而提高，可以采取**梯度提成比率法**。

那是什么意思？

就是业绩越高，销售提成的比率越高。这种方式可以激发业务员提升业绩的动力。

问题拆解

在一定的销售业绩范围内，应当遵循人力成本与业绩的比率。随着销量业绩不断增加，单位产品的生产成本将逐渐降低。从理论上来说，当其他成本不变的情况下，浮动工资总额每增加 100，利润哪怕增加 101，对团队来说这也是有利的。在应用时，团队管理者可以参考这个原理来设计梯度提成比率。

工具介绍

梯度提成比率法

梯度提成比率法指的是销售业绩越高，浮动工资比率就越高的提成方法。

例如，当销售业绩为5000时，提成为400，提成比率为8%；当销售业绩为10000时，如果按照8%的提成比率，提成应当为800，可为了促进业务员主动提高业绩，可以将提成比率设置为15%，此时的提成为1500。这种提成方法可以用在整个销售团队上，也可以用在销售团队中的某一种产品上，还可以用在团队中的某一类岗位上。

梯度提成比率法示意表

销售业绩	浮动工资比率
小于或等于5000	8%
大于5000且小于或等于8000	10%
大于8000且小于或等于10000	15%
大于10000且小于或等于20000	30%

梯度提成比率法示意图

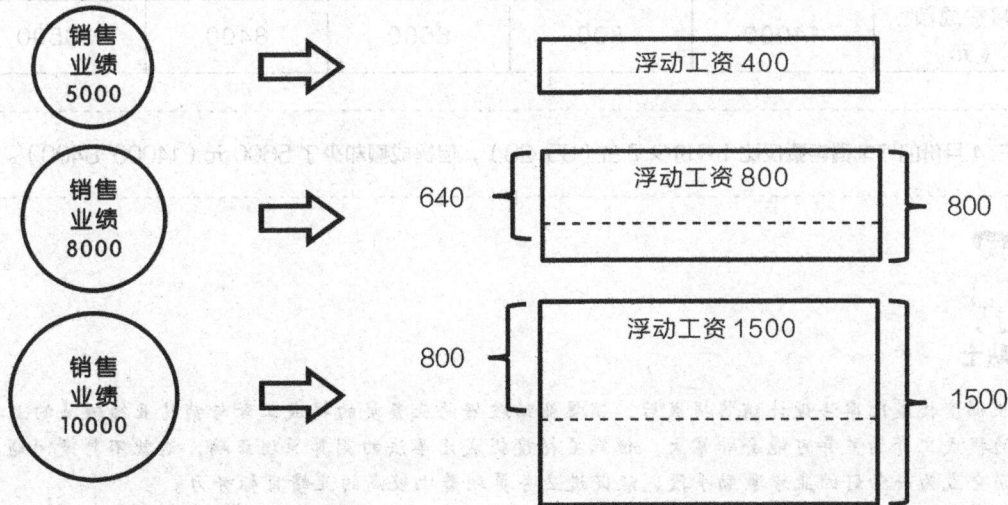

销售业绩 5000	⇒	浮动工资 400
销售业绩 8000	⇒	640 浮动工资 800 800
销售业绩 10000	⇒	800 浮动工资 1500 1500

梯度提成比率法的应用举例

举例如下。
某汽车销售公司为了鼓励业务员销售，制定的梯度提成奖金政策如下表所示。

每月汽车销售数量 （台）	每台车的销售提成 （元）
x<10	100
10 ≤ X<20	200
20 ≤ X<30	300
30 ≤ X<40	400
40 ≤ X<50	500
50 ≤ X	600

该公司销售人员张三今年连续5个月的汽车销售量和提成奖金额如下表。

月份	1月份	2月份	3月份	4月份	5月份
汽车成交量 （台）	35	8	22	28	41
月提成额 （元）	14000	800	6600	8400	20500

张三4月份的汽车销售量仅比1月份少7台（35-28），但提成额却少了5600元（14000-8400）。

小贴士

按照梯度提成比率法设计销售提成后，销售业绩较好的业务员的提成工资与销售业绩较差的业务员的提成工资的差异可能会非常大。但只要梯度提成比率法的测算原理正确，这就不算是问题，反而会成为一种好的业绩激励手段，能促进业务员朝着比较高的业绩目标努力。

8.2.2 打不开新市场？有办法的

🔒 **问题场景** 如何激励业务员开发新市场、新客户，促使业务员销售新产品

我这里的很多业务员普遍都没有开拓新市场的积极性，怎么办呢？

可以采取首单业务大力度提成法。

那是什么？

就是对新客户或新产品的首单销售业务加大提成力度。

这个方法好！这下大家就有动力了！

动力大小也和提成比率的高低有关，如果业务员觉得提成比率不值得自己为之付出努力，就可能会没有效果，所以提成比率要有足够的吸引力。

不过我有点担心个别业务员会为了比较高的提成工资而采取杀鸡取卵的短视做法，增加应收账款额。

为了减少应收账款，可以根据首单回款的时间来适当调整提成比例，或者按照实际回收的账款来计算提成。

问题拆解

对业务员来说，开发新客户比维护老客户需要付出更多的努力，而且不确定性较大，努力之后如果没有结果将会增加业务员的失落感。业务员不愿意开发新客户往往是因为效价和期望值不足以激发他们开发新客户的动机。根据效价期望理论我们可以知道，要增加业务员的动机，比较好的方法是增加他的效价。

工具介绍

首单业务大力度提成法

如果某团队增加 20% 的客户数量，每个客户单次消费金额增加 20%，客户重复消费次数也增加 20%，那么该团队的业绩将达到原来的 1.728 倍（1.2×1.2×1.2）。也就是说，只要每项指标都稍微增加一点，团队业绩就近乎能实现翻倍增长。

首单业务大力度提成法指的是当销售人员发展新客户或卖出新产品的时候，对新客户或新产品的首单销售业务加大提成力度的方法。这种提成方法能够鼓励销售业务人员发展新业务和新客户，从而能在短时间内增加客户数量；也能够鼓励销售业务人员推广公司的新产品，促使新产品快速打开市场。这种提成方式适用于当前的客户群体比较稳定，销售业务主要依靠当前客户的重复下单、消费或订货的公司。为了增加经营业绩、避免经营风险，需要开发新客户时也可以使用这种方法。这种方法不适合用于一次性消费属性的产品，如房地产销售。

首单业务大力度提成法示意表

老客户／老产品销售提成比率	新客户／新产品销售提成比率
10%	20%

首单业务大力度提成法示意图

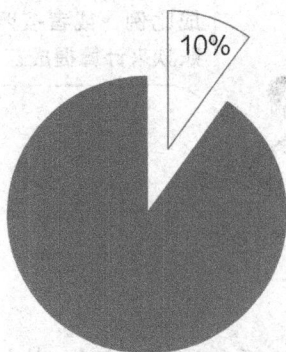

10%

20%

老客户／新产品
销售提成比率

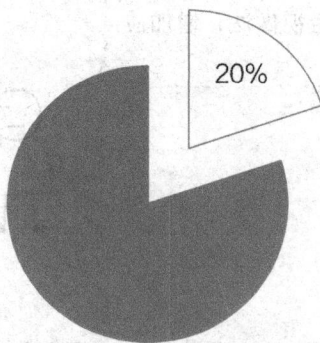

新客户／新产品
销售提成比率

首单业务大力度提成法应用举例

举例如下。

某医药销售公司近几年的发展速度非常迅速，但当该公司发展壮大到一定规模后，却在业务上遇到了瓶颈。原因是销售代表们普遍不愿意开发新客户，主要靠老客户维持业绩。同时，该公司上市的新药也很难打开市场。为了解决这些问题，该公司使用了首单业务大力度提成法，提成周期为季度，提成比例如下表。

老客户/老产品销售提成比率	新客户/新产品销售提成比率
10%	20%

张三是该公司的业务代表，某年第1季度张三完成的销售业绩和提成情况如下表。

老客户/老产品销售额（万元）	老客户/老产品提成额（万元）	新客户/新产品销售额（万元）	新客户/新产品提成额（万元）	合计提成额（万元）
30	3	20	4	7

虽然张三在第1季度新客户/新产品的销售额少于老客户/老产品的销售额，但新客户/新产品的提成额却高于老客户/老产品的提成额。

这体现了该公司对新客户/新产品的重视。

小贴士

为了降低风险和防止个别业务员为获得高提成而采取杀鸡取卵的行为，在实际应用这种提成方式时可以设定一些条件。例如，新客户首单销售形成后，后续还需要有2~3次新的销售业务产生才能兑现首单业务的大力度提成金额；首单金额达到一定数量时，进一步加大提成力度；为了减少应收账款，可以根据首单回款的时间来适当调整提成比例等。

8.2.3 "比学赶超"可不只是句口号

我的团队中有一些老业务员在工作上没有积极性,怎么办呢?

是不是因为他们现有的客户很稳定,而且业绩不错,他们的浮动工资就像固定工资一样稳定,而且金额较高,所以他们才失去动力?

对!就是这样!感觉浮动工资已经不能激励他们努力工作了。

可以在内部形成**"比学赶超"**的文化氛围,激发业务员的潜能、积极性和竞争意识。

具体要怎么做呢?

可以采取**竞争提成法**。让部门内部销售同类产品的业务员强制"PK"(竞赛比较),然后根据"PK"结果采取不同的销售提成比率。

可是如果按销售额排名,就会出现排名靠前的总是一些固定的老业务员的情况,这样会不会反而降低了销售新人的积极性呢?

没错,所以这种方法最好不要按照销售额排名,可以按照销售额占比变化来排名,用每个业务员的**进步**或**退步**来区分提成比率。

问题拆解

大多数人的激励刺激来源于与自己同阶层的其他人,人们总是偏向于希望自己成为这个群体中的"胜者"。人们很容易认为自己在这个群体中排名中上。当事实与想象不符时,人们就会开始行动。这种互相竞争能促使团队中所有人不断进步。

工具介绍

竞争提成法

这种方法是让部门内部销售同类产品的销售人员进行强制"PK"（竞赛比较），然后根据"PK"结果采取不同的销售提成比率，从而激发销售人员的潜能、积极性和竞争意识，鼓励销售部门内部形成"比学赶超"的文化氛围。

这种方法通常适用于那些积极主动性差、行动力弱、执行力差、安于现状、没有明确的工作目标、没有追求、潜能没有得到充分发挥的销售队伍。但是同类别的销售人员数量少于3人的销售队伍和负责关键大客户的销售人员不适合用此方法。

当公司规定业绩比较好的销售人员按照比较高的销售比例提成，业绩比较差的销售人员按照比较低的销售比例提成时，业绩比较差的人很可能会采取行动来赶超业绩比较好的人，业绩比较好的人也会采取行动保持自己的领先优势，于是团队内部"比学赶超"的氛围就形成了。

为了让业绩好的人也行动起来，这里的业绩应采取"相对业绩"，而不是"绝对业绩"。

竞争提成法示意表

竞争提成法最典型的应用方式是，在一段时间之内，提成比率随员工在团队中销售份额（某员工销售业绩占整个团队销售业绩的比率）的变化而变化。销售份额增加，提成比率增加；销售份额减少，提成比率减少。

销售份额变化	销售份额减少 b% 以上	销售份额减少 b% 以内	销售份额不变	销售份额增加 a% 以内	销售份额增加 a% 以上
提成比率	c% − d% − e%	c% − d%	c%	c%+d%	c%+d%+e%

举例

⬇

注：a、b、c、d、e 代表不同数字，其中 $c \geq d+e$。

销售份额变化	销售份额减少 4% 以上	销售份额减少 4% 以内	销售份额不变	销售份额增加 4% 以内	销售份额增加 4% 以上
提成比率	5%	8%	10%	12%	15%

● **竞争提成法的应用案例** ●

举例如下。

在一个销售团队中，有两个典型人物——张三和李四。

张三是人职职半年的新员工，刚开始开拓市场，比较有冲劲儿；李四是已经工作了 10 年的老员工，手里的客户和市场已经相对稳定，在工作态度和努力程度上有所懈怠。

为了激发团队成员的动力，该团队采用了销售份额竞争提成法，按照季度为时间单位进行提成，提成比率与员工在相邻两个季度之间的销售份额增加或减少的比率有关，如下表所示。

销售份额变化	销售份额减少 4% 以上	销售份额减少 4% 以内	销售份额不变	销售份额增加 4% 以内	销售份额增加 4% 以上
提成比率	5%	8%	10%	12%	15%

张三和李四第 3 季度、第 4 季度的销售业绩情况和提成额计算过程如下表。

业务员	3 季度销售额（万元）	3 季度销售额占比	4 季度销售额（万元）	4 季度销售额占比	4 季度销售比 3 季度销售额占比差异	4 季度销售提成比率	4 季度提成额（万元）
张三	20	2%	60	5%	3%	12%	7.2
李四	300	30%	300	25%	-5%	5%	15
……	……	……	……	……	……	……	……
合计	1000	100%	1200	100%	……	……	……

虽然第 4 季度李四的销售额是张三的 5 倍，但他的提成额却只是大约张三的两倍。这种差异从表面上看并不合理，但为了提高团队积极性，实则是合理的。

业务员	采用竞争提成法 4 季度提成额（万元）	采用普通提成法 4 季度提成额（万元）	竞争提成法与普通提成法相比变化（万元）
张三	7.2	6	1.2
李四	15	30	-15

如果采用普通提成法，张三第 4 季度的提成额为 6 万元，比采用竞争提成法少 1.2 万元。这 1.2 万元相当于团队对张三在团队中销售份额提升的奖励；采用竞争提成法后，李四第 4 季度的提成额比采用普通提成法降低了 15 万元。这 15 万元相当于团队对李四在团队中销售份额降低的惩罚。

小贴士

采取竞争提成法时，要注意应当按照业绩的"比率"排名，而不是按照业绩的"金额"排名。如果按照"金额"排名，往往会造成团队中排名靠前的销售人员总是一些经验相对比较丰富、客户资源相对稳定的资深业务员。持续按照这种方式进行竞争排名不仅会降低销售新手以及排名靠后的销售人员的积极性，而且也不会对业务靠前的销售人员产生刺激效果。

8.3 把握市场

时刻关注市场、掌握市场情况，有助于销售型团队找到机会点，更高效地提升业绩。把握市场不仅需要团队管理者一个人的努力，还需要把这项工作和一线业务员的职责做关联，这样会有助于更精确地掌握市场信息的变化。

8.3.1 机会总是喜欢玩捉迷藏

🔒 **问题场景** 如何找到市场的机会点，从而提高业绩

除了提成方法以外，有没有其他方法能让我和团队一起找出问题、提升业绩呢？

我建议你和团队一起梳理**价值结构**，找到市场的**机会点**。

我也想过这样做，不过怎么找机会点呢？从公司不同产品的销量情况上找机会点可以吗？

这是种方法，不过这种方法需要你深入了解每种产品的市场状况。如果不了解的话就没法给不同产品制定销售目标。

把关注点放到具体的业务员身上，根据他们当前的销售业绩找到机会点，然后再给每个业务员增加销售目标，这样可以吧？

这样也可以，不过这需要你非常了解每个业务员掌握的市场情况。如果没有深入了解就冒然给他们定销售目标的话，他们可能很难接受。

再不然的话，我就从不同的市场或者不同的用户身上找机会点。

这种方法更精准，直接从市场和用户的增量与**存量**两个层面找机会点。

问题拆解

机会点是痛点，也是团队工作的重点。对于销售型团队来说，找到市场的机会点是提升业绩的最好方式。要找到机会点就需要团队管理者和员工把焦点放在同一价值层面，并进行层层梳理。

工具介绍

价值结构图

价格结构图指的是把产生价值的过程图形化、结构化的呈现方法。价值结构图在空间上是横向和纵向排布的；在单一方向上通常是线性的。

价值结构就好像影响事情发展的一条价值链条，通过层层梳理，最终可以用简单的加减乘除的形式表现出来。例如销售额 =A 产品销售额 +B 产品销售额 +C 产品销售额；利润额 = 收入 − 成本 − 费用；毛利额 = 销售额 × 毛利率；成交率 = 成交客户数 ÷ 总客户数。

● **价值结构图示意图** ●

某零售行业销售额的价值结构图分解如下。

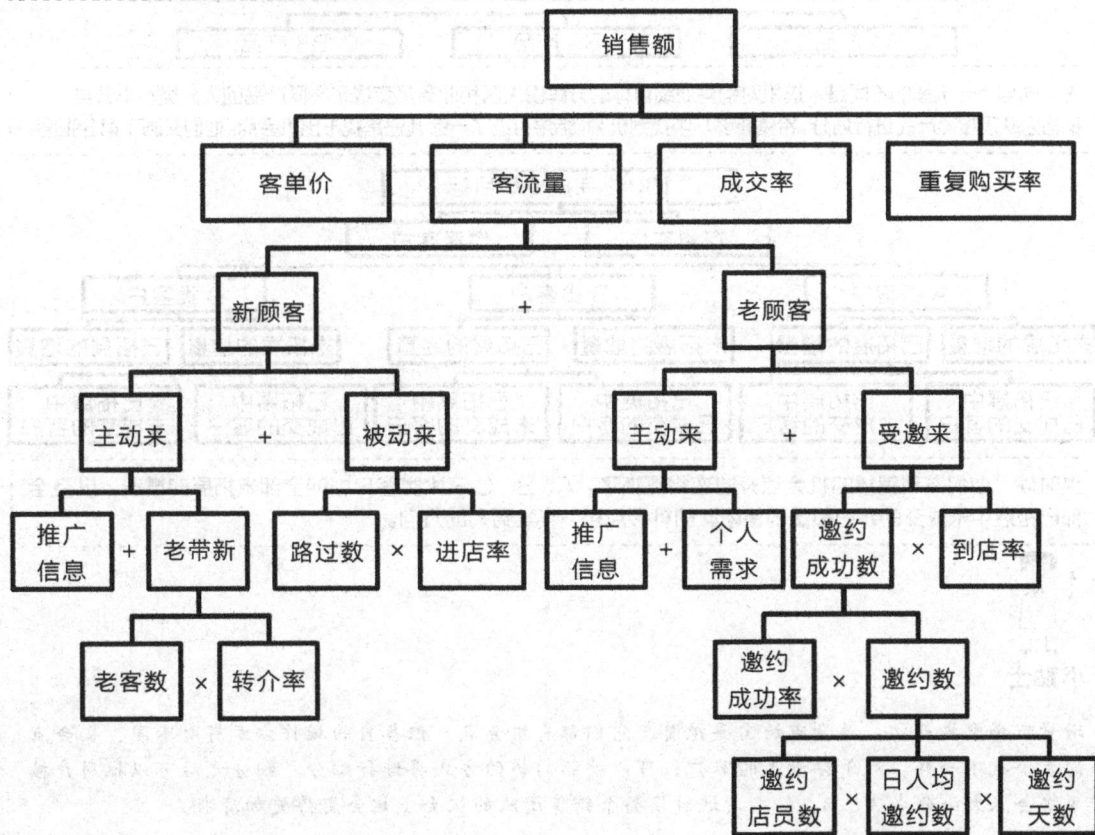

价值结构图应用案例

举例如下。

某大型机械设备生产公司的主要客户是一些大型的生产制造企业。该公司半年的销售业绩只完成了全年目标的40%。销售副总带领销售团队开始梳理销售业绩来源的价值结构图。一开始，销售团队画的价值结构图如下。

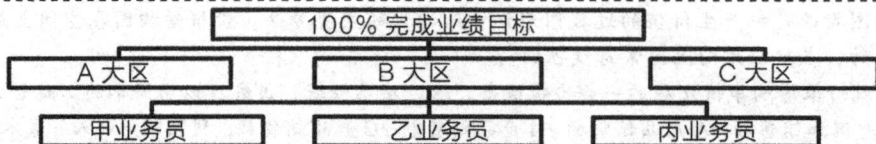

```
            100% 完成业绩目标
    ┌───────────┬───────────┐
  A 大区        B 大区        C 大区
  甲业务员      乙业务员      丙业务员
```

但是这张图画完了以后，这位副总和销售团队讨论了半天也找不出现在的问题和机会点在哪。于是，他们又画了另一张图。

```
            100% 完成业绩目标
    ┌───────────┬───────────┐
  A 产品类      B 产品类      C 产品类
  B1 产品       B2 产品       B3 产品
```

这张图与上一张图的不同是，这里对销售业绩目标的分解由大区和业务员变成了不同产品的大分类和小分类。销售团队想按照产品进行划分，希望能够从中找到机会，结果讨论了一会儿还是找不出机会点。他们又画了第3张图。

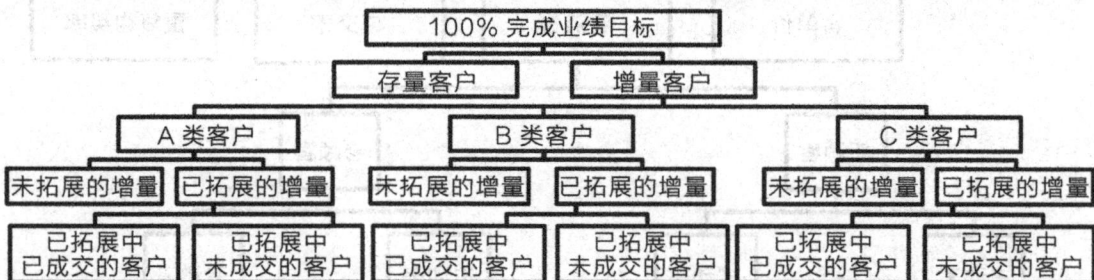

```
                100% 完成业绩目标
          ┌─────────────┬─────────────┐
        存量客户        增量客户
    ┌───────────┬───────────┬───────────┐
  A 类客户       B 类客户       C 类客户
 未拓展的增量 已拓展的增量  未拓展的增量 已拓展的增量  未拓展的增量 已拓展的增量
  已拓展中      已拓展中      已拓展中      已拓展中      已拓展中      已拓展中
 已成交的客户  未成交的客户  已成交的客户  未成交的客户  已成交的客户  未成交的客户
```

这时候，他们发现销售的机会点开始变得清晰了。A、B、C三大类客户中的全部未拓展的增量，以及全部已拓展中未成交的客户都是销售团队的机会点和下半年努力的方向。

小贴士

增量市场需要开拓，存量市场需要挖潜，它们都有机会点，但各自的操作方式有所不同，机会点的大小也不一样。对于存量上的客户，可以按照同样的方式再进行细分。细分之后可以把用户按照机会点大小分成A、B、C类。这时候整个销售团队的机会点就会变得更加清晰。

8.3.2 谁说这件事和你没关系

🔒 **问题场景** 如何让销售业务员时刻关注市场信息

找到机会点太重要了，这需要业务员主动了解和反馈外部市场信息。不过我发现业务员不愿意做和业绩没关系的工作。

有什么具体表现呢？

例如我要求业务员每周反馈市场信息，而且也有相应的工作表扬，但业务员却不重视，很多人都不做这项工作。

听起来还是团队管理上的问题。

这事儿怨我，我觉得业务员平常应以销售业绩为重。所以有时候看业务员们都在忙业绩，对其他工作我也就睁一只眼闭一只眼了。现在觉得这类工作也很重要，但却不知该从何入手。

你可以给业务员们增加绩效考核，在绩效考核的打分表中加入你希望业务员们完成的非直接产生销售业绩，但却非常重要的工作，然后对此进行评分。

绩效得分结果和业绩提成如何挂钩呢？

有两种方法：一种是百分折算法，就是把百分制的绩效得分结果折算成百分比；另一种是区间折算法，就是提前给得分结果设置不同的折算百分比。

问题拆解

很多销售团队在非直接产生销售业绩的工作方面做得很差，例如收集市场信息、销售合同管理、部门内部学习等。这类工作业务员自己是不会重视的，如果销售团队管理者也不重视，那就会出问题。这类工作虽然不直接产生销售业绩，但如果做不好却会直接影响着销售团队的管理。作为销售团队管理者，应当重视这项工作，并可以将其纳入对业务员的考核中。

工具介绍

非业绩类工作绩效考核

非业绩类工作绩效考核指的是一种对销售业务员非业绩类工作的要求和管理方式。

对于非业绩类的工作，可以事先约定标准和评分规则，并制定绩效考核打分表。在绩效周期结束时，根据标准和规则给业务员打分，并将得分结果与业务员的全部或部分业绩应发的提成工资挂钩。

非业绩类工作绩效考核得分结果与业绩挂钩的形式可以有两种，一种是百分折算法，另一种是区间折算法。

● 非业绩类工作绩效考核结果百分折算法 ●

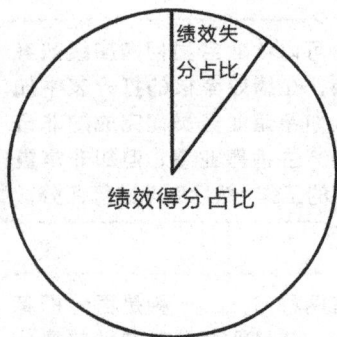

把百分制的绩效得分结果折算成百分比，用应发的销售提成工资乘以这个百分比数字，就可以算出实际发放的提成工资。

如果绩效考核结果与全部应发提成工资挂钩，例如，月度绩效得分为 90 分，月度实际发放提成工资 = 月度应发的提成工资 ×90%。

如果把提成工资中的一部分作为绩效工资折算额，例如，把提成工资的 50% 作为绩效工资折算，月度绩效得分为 80 分，

月度实际发放提成工资 = 月度应发的提成工资 ×50%+ 月度应发的提成工资 ×50%×80%。

● 非业绩类工作绩效考核结果区间折算法 ●

绩效得分区间和提成工资折算百分比之间的关系如下表。

月度绩效得分	提成工资折算百分比
80 分以上	100%
60 ~ 80 分	80%
60 分以下	50%

如果绩效考核结果与全部应发提成工资挂钩，当月度绩效得分为 70 分时，月度实际发放提成工资 = 月度应发的提成工资 ×80%。

如果把提成工资中的一部分作为绩效工资折算额。例如，把提成工资的 60% 作为绩效工资折算，当月度绩效得分为 70 分时，月度实际发放提成工资 = 月度应发的提成工资 ×60%+ 月度应发的提成工资 ×40%×80%。

● **非业绩类工作绩效考核的应用案例** ●

举例如下。

某产品销售公司对销售业务员除了有业绩要求之外，对日常行为同样有一定的要求。该公司将销售业务员岗位非业绩的关键行为项目概括为合同规范、市场信息搜集、团队协作、专业学习 4 项内容，绩效评价标准如下表。

绩效考核评价项	定义	5分	3分	1分	0分	权重
合同规范	保证所有业务签署的合同都遵守公司的时间要求、完整性的规范	☐完全能够按期提交合同，且销售合同完全符合公司规定	☐存在逾期提交合同的情况，但能够积极配合，及时挽回，合同符合公司规定	☐存在逾期提交合同的情况，且存在合同不符合公司规定的情况，但愿意配合改正	☐存在逾期提交合同的情况，且存在合同不符合公司规定的情况，且不愿意改正	25%
市场信息搜集	了解同行业竞争对手的具体情况，能及时、准确地搜集和反馈市场信息	☐熟悉外部市场情况，经常能够为公司搜集到有价值的信息	☐基本了解市场情况，偶尔能够为公司提供有价值的信息	☐对市场情况有简单了解，基本不能为公司提供有价值的信息	☐对市场信息不了解，无搜集市场信息的概念和意识	30%
团队协作	在团队内能够彼此协作，能够遵守上级管理者的指令并具备较好的执行力	☐团队协作意识强，始终能做到得令则行，执行力强	☐团队协作意识一般，执行力有时候较强，有时候一般	☐团队协作和执行力一般，偶尔会较差	☐不具备团队协作意识，执行力经常较差	25%
专业学习	具备销售相关的专业知识，具备一定的学习能力	☐专业知识和专业能力较强，学习能力较强，学习意识较强	☐专业知识和专业能力一般，学习能力一般，学习意识较强	☐专业知识和专业能力一般，学习能力一般，学习意识较差	☐专业知识和专业能力较差，学习能力和学习意识较差	20%

小贴士

非业绩类工作很多都不是结果型的工作，要对销售团队实施非业绩类工作的绩效考核，就需要团队管理者具备一定的观察能力，要多观察员工日常的工作行为和员工处理关键事件的方法。既要注意员工的工作行为处在何种水平，又要注意员工某种行为出现的频率，从而综合评价员工的得分。

8.3.3 是骡子是马拉出来遛遛

🔒 **问题场景** 如何评价业务员

我想给业务员们做区分，对不太优秀的员工进行轮岗和培训，对比较优秀的员工进行重点培养。但我从来没操作过，不知道该怎么操作？

你可以试试**强制排序法**。

就是建一个排行榜，然后把下属按排行榜的规则从高到低进行**排名**。

什么是强制排序法？

原来如此，可如果有一些下属能力相差不大，排不出先后来，怎么办呢？

强制排序法本身就有强制的意思，就是无论如何都要排出顺序。如果不想排序，也可以用另一种方法——**强制分布法**。

什么是强制分布法？

强制分布法就是**分类**，先设置出几个分类，然后把员工按照不同的规则放到不同类别中。

问题拆解

团队管理者在培养员工的过程中免不了要对员工做评价，并需要根据不同员工的评价结果采取不同的应对策略。除了通过某种绩效规则直接给员工打分之外，团队管理者还可以通过排序和分类两种方式来判断员工是否优秀。

工具介绍

强制排序法

强制排序法又叫强制排列法，是一种生活中比较常见的、简单易行的辅助性综合绩效评价方法。这种方法通常是由团队管理者或者专门的评价小组按下级工作表现的优劣，进行从第一名到最后一名的强制排序。

强制排序法被广泛应用在结构稳定、人员规模较小的组织中。当团队希望节约管理时间或管理成本，又希望能通过绩效评价来达到判断员工优劣的目的时，强制排序法将是一种比较好的选择。

强制排序法可以分成两种，一种是客观强制排序法，另一种是主观强制排序法。

客观强制排序法指的是排序过程用到的数据是量化的财务、生产统计等客观的数据。

主观强制排序法是根据上级的评价、同级的评价或评价小组的评价等主观判断来进行排序的方法。

实施强制排序法的 3 个步骤

第 1 步，确定评价人选。强制排序法的评价人可以是团队管理者，也可以是专门的评价小组。

第 3 步，评价汇总排序。收集主观打分的情况，汇总后得出最终的评价结果。

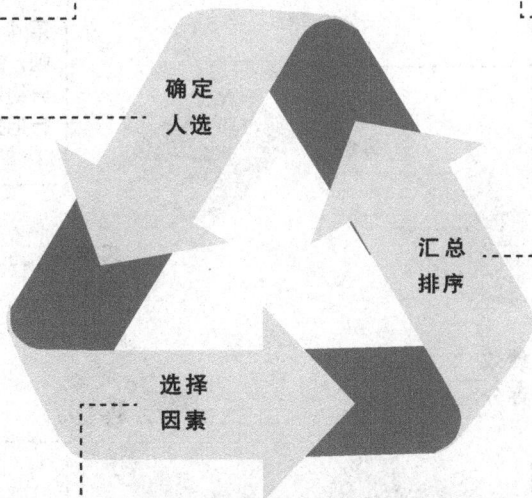

确定人选

汇总排序

选择因素

第 2 步，选择评价因素。可以不设置细分因素直接排序，也可以设置出不同的因素进行主观打分后排序。

强制分布法

强制分布法也叫强迫分配法或硬性分布法。与强制排序的方式不同，这种方法是对被评价人进行分类。先是人为设置出几个分类，然后把被评价人按照不同的绩效、行为、态度、能力等标准归到不同的分类中。

美国通用电气公司（GE，General Electric Company）的前 CEO 杰克·韦尔奇按照绩效和能力，将所有员工分成 3 类，A 类占比 20%、B 类占比 70%、C 类占比 10%。

对于 A 类的员工，杰克·韦尔奇对他们采取的策略是不断奖励，包括岗位晋升、提高工资、股权激励等。有的 A 类员工得到的奖励，是 B 类员工的 2 ~ 3 倍。对于 B 类员工，杰克·韦尔奇会根据情况适当提升工资。对于 C 类员工，不但不会有奖励，还将会被淘汰。

强制分布法就是根据员工优劣呈现出的"两头小、中间大"的正态分布规律，划分出公司员工的等级以及每个等级中员工的数量占比，然后按照每个员工绩效和能力的情况强制按照比例将其列入其中的某一个等级。

实施强制分布法的 4 个步骤

第 1 步，确定团队期望划分的等级和每个等级中的人数占比。需要区分出不同等级奖励的差别，各个等级之间的差别应当有一定的激励效果。

区分
等级

实施
应用

第 4 步，依据事先定好的规则，参照员工最终的等级划分结果实施应用，并严格执行相关激励政策。

绩效
评分

等级
划分

第 2 步，对员工绩效评分。可以由团队管理者或某位特定的评价人评分，也可以由评价小组评分，最终得出员工的绩效评价分数结果。

第 3 步，根据员工的绩效评价得分结果，将员工划分到事先分好的对应等级中。

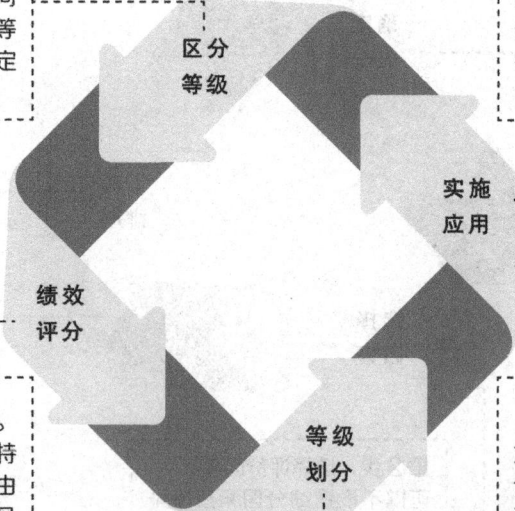

销售团队中常见的客观强制排序四大领域

回款额排序
回款率排序
回款速度排序

销售额排序
销售额占比排序

销售回款

客户开发

销售业绩

销售增长

新用户增长数量排序
新用户增长率排序
新用户增长速度排序
用户数量排序

销售增长额排序
销售增长率排序
新用户销售增长额/率排序

强制排序法的应用案例

举例如下。

某公司销售部门有张三、李四、王五、赵六和徐七5位销售专员，该部门对销售专员的考核评价分成业绩考核和日常行为的强制排序2种。销售专员在一个考核期内最终的绩效评价由这两部分按照某公式计算出结果。业绩考核根据财务部门提供的数据计算得出，而行为强制排序根据分管5位销售专员的销售经理依据5人日常的行为表现进行排序。

销售经理根据工作态度、团队意识、执行力和业务能力这4项分类，分别对5人进行排序，然后计算这4项排序值的平均值。

汇总后的平均值越小，代表排名越靠前；平均值越大，代表排名越靠后。

经过计算后得出的结果如下表所示。

被评价人	工作态度	团队意识	执行力	业务能力	汇总平均值	最终排序
张三	4	3	1	5	3.25	3
李四	1	2	2	1	1.5	1
王五	2	1	4	2	2.25	2
赵六	3	5	3	3	3.5	4
徐七	5	4	5	4	4.5	5

小贴士

强制排序法的优点包括：操作简单，容易执行；可以避免管理中的趋中倾向；能够强制分辨出优劣等级。

其缺点包括：只适合于评价相同岗位类别或相同职务的人员，不适合跨部门或跨职级的人员；当下属的绩效情况相近时，很难进行排序；主观排序时，无法有效判断相邻名次之间的差距。

举例如下。

某公司使用强制分布法来评判公司内所有员工的年度绩效结果。公司管理层决定把全公司所有员工分成ABCDE 5 个等级，每个等级对应的人数及第 2 年薪酬提升比例如下表。

绩效类别	A	B	C	D	E
人数占比	10%	20%	30%	30%	10%
第 2 年薪酬提升比例	20%	15%	10%	5%	0

某部门共有 10 名员工，该部门负责人为了体现公正性，成立了评价小组。评价小组按照工作态度、工作能力和工作绩效 3 个维度对部门内不同成员进行了评价，评分表如下表所示。

部门	姓名	工作态度权重 30%	工作能力权重 30%	工作绩效权重 40%	得分

汇总平均各评价小组成员的评分结果后得到了部门所有员工的绩效分数结果，并根据分数结果，参照等级划分比例，得出了不同员工所属的绩效等级，如下表所示。

姓名	绩效分数	所属绩效等级
张晓萌	82	C
李舒淇	87	B
王海燕	83	C
徐峰	89	A
王磊	75	D
张强	72	E
李艳	81	C
刘乐乐	78	D
徐晓梅	76	D
王晓明	86	B

小贴士

强制分布法的优点是操作简单，等级清晰；奖惩分明，刺激性强；执行严格，强制区分。

不过这种方法也有缺点，一是只能把员工分成有限的几类，不能比较同一类别中员工之间的具体差异；二是员工的业绩和能力事实上并不一定符合人们预想的正态分布规律，例如有的团队 80%的员工绩效和能力都非常优秀，采用这种方法可能会遭到员工排斥。

第9章 研发型团队的管理

研发团队太难管了！上面有公司给我的压力，下面的下属又不给力，我夹在中间真难受！

别灰心，研发型团队中技术型人才较多，他们大部分人想法比较多，思维比较活跃，沟通能力相对较弱。

没错！可是该怎么办呢？

有很多有用的工具和方法针对研发型团队成员的特点，这些工具和方法能帮助你带好研发型团队。

真的吗？都有哪些工具和方法呢？

让我们从**项目管理、发展创意**和**工艺升级** 3 个方面来一起探讨一下如何做研发型团队管理吧。

背景介绍

源智公司（化名）研发中心项目经理李卫（化名），男，34岁，典型的"理工男"，优点是个人技术能力较强；缺点是沟通直来直去，缺乏大局意识。

9.1 项目管理

　　项目管理需要团队管理者在有限的资源条件下，运用系统的观点、方法和理论对项目涉及的全部工作进行有效的管理。做好项目管理全过程的计划、组织、指挥、协调、控制和评价等工作后，可以有效地完成项目的目标。

9.1.1 出了问题到底是谁的责任

🔒 **问题场景** 如何划分不同岗位的责、权、利

我的团队采取的是项目制，但运行并不顺畅。一开始大家都不愿意担责任，于是我就制定了一个责任人制度。项目负责人是整个项目的责任人，如果项目出了问题，我就找项目负责人问责。

这个责任人制度运行的效果怎么样？

很不好，项目负责人被我问责的时候，一肚子委屈。时间一长，就没人愿意做项目负责人了。

看来是因为项目负责人承担所有责任后，责任太大，而权利太小。并且项目成员责任小，项目负责人很难管理项目成员。

不是都说任何事都要有责任人吗？为什么我设置了责任人之后却出现了这种情况？

因为你设置责任人的方式太粗放了，只抓**结果**，没抓**过程**；只关注**个体**，没关注**全局**；而且**责、权、利**三者之间不对等。

那我是不是应该把责任分得更细致一些，而且要给不同的责任人设置一定的权限和利益。

没错，你可以把责任人制度的范围扩大。不仅项目负责人对项目负责，而且项目里所有工作任务都要有**责任人**和**参与人**。他们都有责任，也都有**权限分配**和**利益归属**。

问题拆解

每个岗位都有对应的责任、权限和利益。当这 3 项达到平衡时是比较完美的状态。
如果某岗位的权限和利益太小，但责任太大，就会没人愿意从事这个岗位。如果某岗位的权限和利益很大，但责任却很小，虽然会有很多人愿意从事这一岗位，但对团队来说却是一种损失。

工具介绍

责、权、利分配矩阵

矩阵的纵向是根据项目划分的工作任务或工作目标，这些工作任务或目标最终会指向团队、部门或公司更大的目标。根据工作任务和工作目标，可以划分出责任、权限、收益的分配情况。

矩阵的横向是相关的部门或具体岗位。

根据责、权、利分配矩阵中纵向和横向之间的对应关系，可以划分出员工的责、权、利。

● 责、权、利分配矩阵示意表 ●

项目划分的任务在整个项目中的贡献度占比。

项目贡献度越大的任务在整个项目中的占比越高，分配到的责任、权限和收益也会越高。

项目分配的具体任务。项目能分成几项任务就写几项。

列出每个任务不同的责任、权限和收益划分，它们在每个任务中是相互对等的。

这里也可以把任务换成目标。

如果是比较宏观的项目或任务，责、权、利的划分可以与部门相对应。

如果是比较微观的项目或任务，责、权、利的划分应当对应具体的个人。

项目贡献占比	任务	A 部门 / 个人	B 部门 / 个人	C 部门 / 个人	D 部门 / 个人	E 部门 / 个人
	任务 1 责任划分					
	任务 1 权限划分					
	任务 1 收益划分					
	任务 2 责任划分					
	任务 2 权限划分					
	任务 2 收益划分					
	任务 3 责任划分					
	任务 3 权限划分					
	任务 3 收益划分					

责任划分可以按照负责、参与、协助等类别划分。

权限划分可以按照审批、知悉、报备等类别划分。

收益划分可以根据责、权的划分程度来划分，一般填百分比。

责、权、利分配矩阵的应用

举例如下。

某团队共有张三、李四、王五、赵六和徐七5人，日常工作采取项目制。该团队刚接到某个项目，该项目可以分成3个任务，分别是任务1、任务2和任务3。这3个任务对整个项目的贡献分别是30%、50%和20%。该团队根据责、权、利分配矩阵的原理，对整个项目中的责任、权限和收益划分如下表所示。

项目贡献占比	任务	张三	李四	王五	赵六	徐七
30%	任务1 责任划分	负责	参与程度 10%	协助程度5%	协助程度5%	协助程度 10%
	任务1 权限划分	审批	知悉	知悉	知悉	知悉
	任务1 收益划分	50%	30%	5%	5%	10%
50%	任务2 责任划分	参与程度 20%	负责	参与程度 20%	协助程度 10%	协助程度 10%
	任务2 权限划分	知悉	审批	知悉	知悉	知悉
	任务2 收益划分	20%	40%	20%	10%	10%
20%	任务3 责任划分	协助程度5%	协助程度5%	负责	协助程度 10%	参与程度 20%
	任务3 权限划分	知悉	知悉	审批	知悉	知悉
	任务3 收益划分	5%	5%	60%	10%	20%

常见的追责方式有如下两种。

一种是团体追责。假如任务1没有完成，张三负主要责任，李四负次要责任，王五、赵六、徐七负连带责任，对任务1的追责完全按照这个任务中不同个体的参与或协助程度来进行。这种问责方式适合团队协作型任务，团队中个体的具体工作越难分清楚，越适合这种追责方式。

另一种是个体追责。假如任务1没有完成，寻找出根本原因，是谁的责任就追谁的责。例如任务1没有完成的根本原因是赵六的某项工作没有完成，这时候即使赵六是协助方，仍然要对任务1没有完成负全责。这种问责方式适合分工型任务，个体在任务中的分工越明确具体，越适合采取这种追责方式。

小贴士

不同任务在项目中的贡献占比以及不同个体在任务中的参与或协助程度占比都可以在项目开始之前由团队共同讨论决定。这类讨论不仅有助于明确项目目标、工作任务和分工协作方式，还有助于划分项目的责、权、利。

9.1.2　秋后算账为什么很不高明

对项目的评估应该不限于项目结束后吧？

当然，在项目运行的过程中，就应当对项目进度不断实施**阶段性评估**。

怎么做阶段性评估呢？

实施阶段性评估应当把不同项目分解成不同的**工作任务**。不同的任务对应着不同的**工作输出**、**完成时间**、**责任人**、**参与人**、**关联人**等。

做项目阶段性进展评估时，这些维度都要评估吗？

是的，这些都是项目阶段性评估的重点内容。

这样对下属们的成长应该也会非常有帮助。

是的，相似项目间可以做**横向比较**。通过比较，不仅可以判断不同责任人和参与人的优缺点，还可以在平行项目之间做**优势借鉴**、**资源调配**、**关联融合**等工作。

问题拆解

有了项目的阶段性评估，就不需要在项目结束之后被动地等待项目的成败结果了，在阶段性评估的过程中就可以及时发现问题、及时调整、及时纠偏。这样就能保证项目一直朝着团队想要的方向发展，而不至于等到最后失败的时候才发现问题的所在。

工具介绍

甘特图

甘特图也叫条状图或横道图，之所以叫甘特图，是因为提出人是亨利·劳伦斯·甘特（Henry Laurence Gantt），是以他的名字命名的。甘特图通过条状图形来显示项目进度随时间变化的进展情况。

甘特图的纵向一般是由项目目标分解成的具体工作任务或工作目标；横向一般是时间单位。

甘特图中一般用条状线段表示工作任务的计划完成时间和实际进展情况。

●────────────── **甘特图示意** ──────────────●

项目被分解成具体任务之后，一般包括预期情况（计划情况）和实际进展情况两部分。

用条状图表示项目预期和实际的开始时间、结束时间以及持续的时间。

时间单位是根据项目的具体情况进行设置的，例如可以按照天、周、月来设置时间单位。

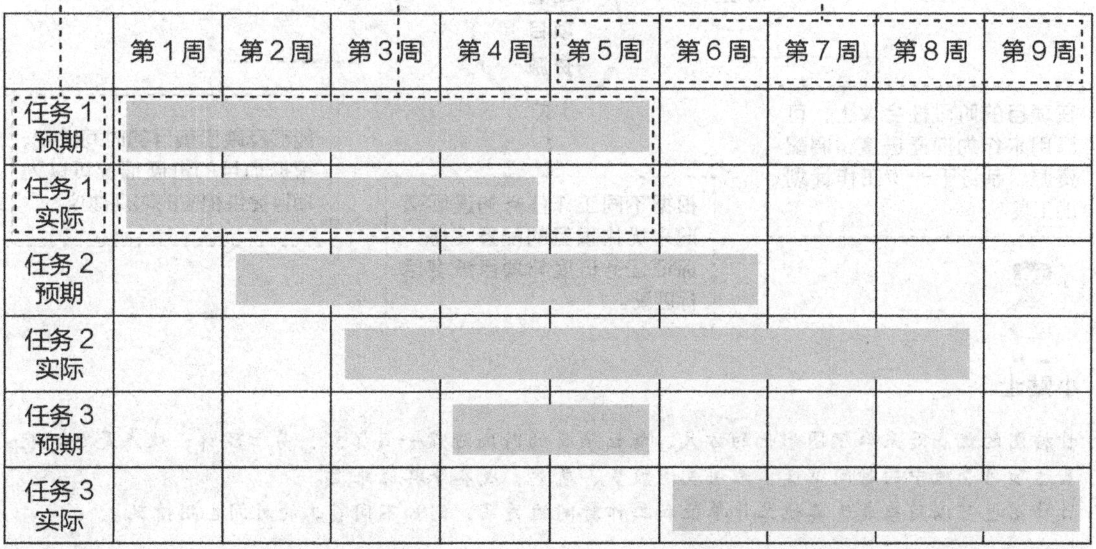

	第1周	第2周	第3周	第4周	第5周	第6周	第7周	第8周	第9周
任务1 预期	███	███	███	███	███				
任务1 实际	███	███	███	███					
任务2 预期		███	███	███	███				
任务2 实际			███	███	███	███	███	███	
任务3 预期				███	███				
任务3 实际						███	███	███	███

甘特图的应用场景

能够看出整个项目的概况。
例如项目包括哪些具体任务，
要进行哪些具体活动等。

可以用来随时监控项目的进
展情况，能够及时发现问题，
及时采取保证项目进度的应
对措施。

可以当作制订项目工作计划
的工具。而且可以看到工作
计划的完成时间。

可以用来评估和协调
任务进展与预期不符
的项目工作。

在进行项目工作任务拆
分时，可以单独设计罗
列出关键任务。并可以
重点关注关键任务。

概述
项目
活动

监控
项目
进度

进行
项目
计划

协调
项目
工作

设计
关键
任务

沟通
项目
活动

配置
项目
资源

提供
时间
建议

在项目的阶段性会议上，可
以用来作为沟通进度、调配
资源、制订下一步工作计划
的工具。

根据不同工作任务的进展情
况来优化项目的配置资源，
保证任务进度与项目进度目
标匹配。

能够反映出项目的时间进度，
根据项目的进展情况可以为
项目提供相应的时间建议。

🧑 **小贴士**

甘特图的优点是采取了图形化的方式，能让项目的时间进度一目了然，易于理解；缺点是它只能
表达项目管理中的时间维度，无法表达数量、质量、成本等其他维度。
甘特图也可以用来表达其他工作单位和工作时间的关系，例如不同员工的时间占用情况。

9.1.3　鱼与熊掌你到底想要哪个

🔒 **问题场景**　如何正确评价项目，为项目设置核心目标

我发现我们团队完成的项目质量非常差。现在已经结束了大大小小十几个项目了，但没有一个项目能让我真正满意。

怎么会那么差呢？

这是不是团队能力不够强或者团队的目标感太弱导致的呢？我是不是应该强化对员工的管理，采取一些更强硬的要求或措施呢？

先别着急下这个结论，你是怎么评价项目的呢？

我对项目评价的标准也不高，就 4 个字"多快好省"，既要数量多，又要时间快，还要质量好，而且要成本低。

"多快好省"确实是评价项目的方法，不过用这个方法评价项目的时候有一个基本原则，就是**"难以兼得"**。

那我应该怎么评价呢？

给项目设置 **1 个核心目标**，这个核心目标是"多快好省"当中的某 1 个维度，或**最多 2 个维度**，建议不要再多。

问题拆解

如果对项目要求过高，"多快好省"全想要，那么项目就会变成一个"不可能完成的任务"。如果长期以这种不现实的项目目标来要求团队的话，团队成员将会失去满足感和成就感，团队的氛围可能也会变得比较差。当人们发现自己不论怎么努力都完不成目标的时候，最可能做的选择就是不做任何努力。

工具介绍

项目评价的 4 个维度

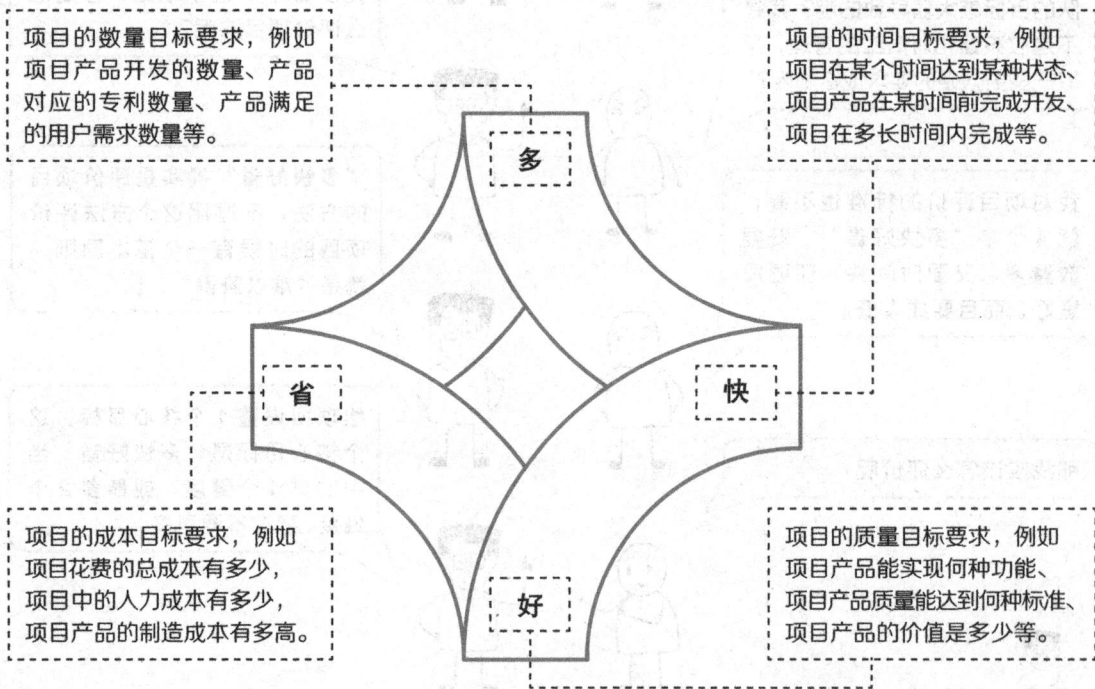

评价项目或者设置项目目标时，可以从"多快好省"4 个维度来设置。

"多"指的是数量；"快"指的是时间；"好"指的是质量；"省"指的是成本。

项目评价的 4 个维度

项目的数量目标要求，例如项目产品开发的数量、产品对应的专利数量、产品满足的用户需求数量等。

项目的时间目标要求，例如项目在某个时间达到某种状态、项目产品在某时间前完成开发、项目在多长时间内完成等。

多

省

快

好

项目的成本目标要求，例如项目花费的总成本有多少，项目中的人力成本有多少，项目产品的制造成本有多高。

项目的质量目标要求，例如项目产品能实现何种功能、项目产品质量能达到何种标准、项目产品的价值是多少等。

项目完成情况评价样表

项目	时间	数量	质量	成本
A 项目				
B 项目				

项目评价 4 个维度的互斥性

在设置项目的核心目标时，或者在进行项目评价时，需要考虑"多快好省"各维度之间的互斥性。

"多快好省"中每 2 个维度之间的"互斥性分隔线"（下图中的实直线）数量越多，代表彼此之间的互斥性越强。比如，相邻的"多"与"快"之间隔着 1 条直线，互斥性相对较小；对角的"多"和"好"之间隔着 2 条直线互斥性相对较大。

互斥性强的维度如果同时存在，通常代表项目目标的完成难度较大，或者项目评价的要求较高。

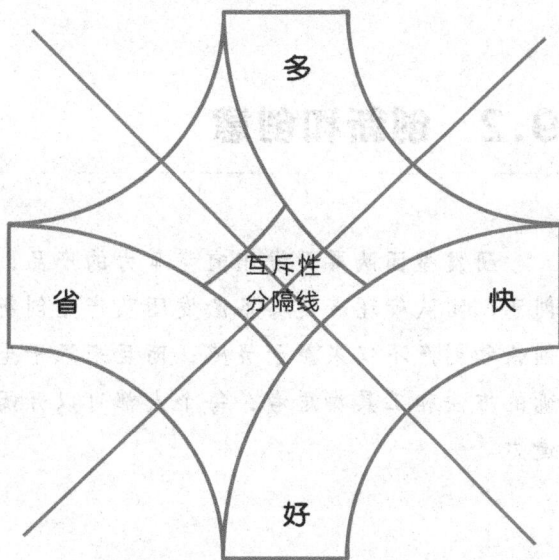

多

省   互斥性
分隔线   快

好

"好" 在项目评价的 4 个维度中是个比较特殊的维度，它与其他 3 个维度都存在比较强的互斥性，追求"好"，可能就不"多"、不"快"或者不"省"。

小贴士

设置项目目标时，不能过于追求完美。要"多"，可能就不"快"；要"快"，可能就不"好"；要"好"，可能就不"省"。"多快好省" 4 个维度如果全想要，最后大多会失望。每个项目可以从"多快好省"中选择 1 ~ 2 个维度作为核心目标，对于其他维度不要过分苛求。

9.2 创新和创意

　　研发型团队要开发出有竞争力的产品，就需要有创新和创意。团队管理者要具备激发团队产生创新和创意的能力。创新和创意不仅来源于灵感，而且来源于生活，只要运用正确的方法和工具去思考，每个人都可以开阔思维，生发出创造力。

9.2.1 那么多想法等待发掘

🔒 **问题场景** 如何激发创新和创意

现在我们遇到了产品创新乏力的问题，我们的产品和市场同类产品相比缺乏创意。有没有什么方法能激发出更多的创意呢？

可以试试头脑风暴法。

这个方法我知道，之前我们用过几次，可好像没什么效果，所以就没有再用。

你们是怎么用的呢？

就是团队成员在一起开会讨论问题，可是讨论到最后创意太多、太发散。有时候你一句我一句的，说着说着就偏离主题了。

那结果是不是创意和想法很多，可有用的却很少，很难聚焦是吗？

没错！所以后来我们就没有再用这种方法了。

也许不是头脑风暴法这个工具不好，而是你们使用这个工具的方法有问题。

问题拆解

群体智慧总是大于个体智慧，运用头脑风暴法能够激发出群体智慧。但是激发群体智慧需要多人参与讨论，如果管控不得当，激发群体智慧的过程也可能产生比较多的内耗，反而达不到效果。

工具介绍

头脑风暴法

头脑风暴法是一种群体决策的工具，通过所有参与者平等地提出关于某个主题的思考，获得比较丰富多样的想法，并经过讨论得出最佳的可行性方案。这种方法被广泛应用在各类团队场景中，可以用来做工作讨论、产生新的想法或解决复杂问题。

应用头脑风暴法的 5 个步骤

在进行头脑风暴前一天确定待解决的具体问题，并提前告知参会人员。	通过引导，激发参与者的想法。让思维充分地发散和延展，所有参与者平等地提出创意和想法。	对激发的创意做应用讨论，一般聚焦在创意的相关性、可行性和可操作性等方案应用层面讨论。	对激发的创意做区别分类，也就是在所有具备应用性的方案中做优先级分类。	将区别分类后的创意形成方案，为优先级高的创意形成更加具体的落地方案，并且采取行动。

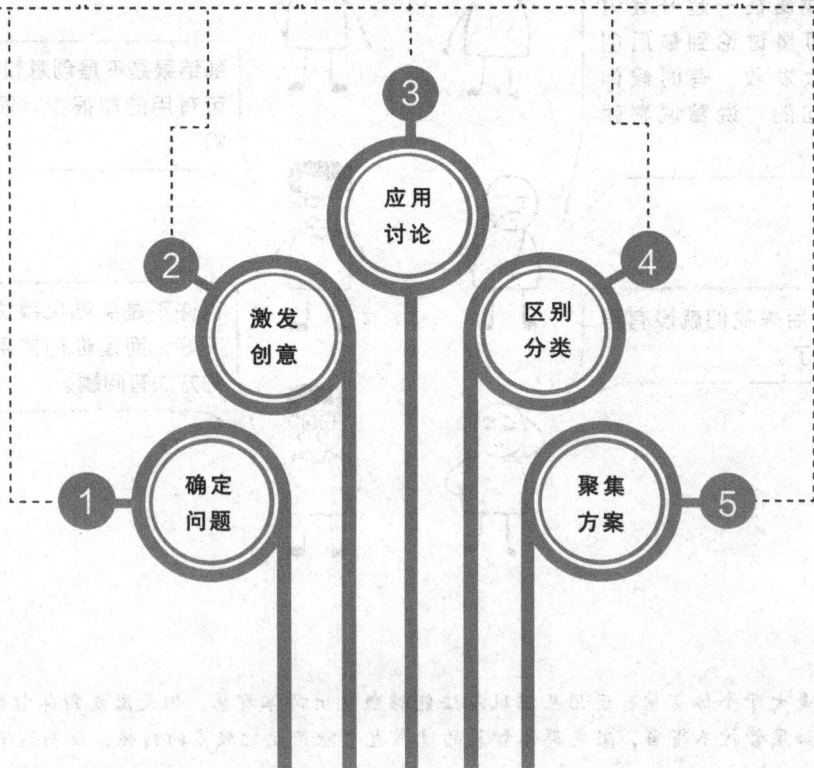

3 应用讨论

2 激发创意

4 区别分类

1 确定问题

5 聚集方案

实施头脑风暴法常见的四大问题

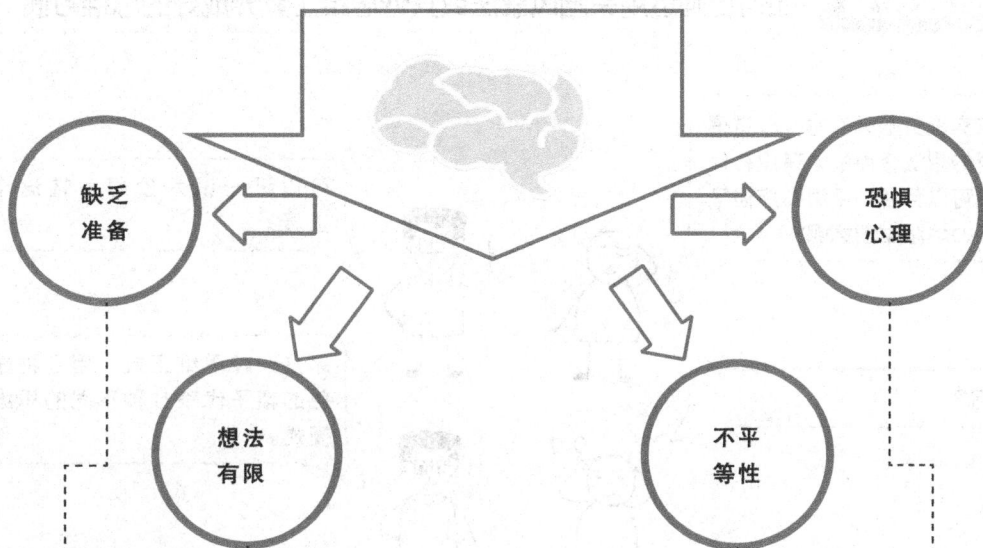

缺乏
准备

恐惧
心理

想法
有限

不平
等性

没有提前做好会议准备会导致参会人员不知道会议的目标，不了解讨论的主题，从而使会议的大量时间浪费在了解目标和主题上，占用了思考的时间。

很多头脑风暴会议产生的点子很多，但有用的想法有限。会议最后变成了天马行空的思维漫游，没有形成有用的解决方案。

在有一些头脑风暴会议中，外向的参会人员表达了大量的意见，内向的参会人员没有机会表达意见。类似情况还表现在职位高低的差异上。

很多人参加头脑风暴会议时，担心自己的想法和别人不同会给自己带来负面评价，所以会故意迎合别人的想法，隐藏不同意见。

小贴士

很多团队实施头脑风暴法的效果达不到预期，不能帮助团队解决问题，这不是因为头脑风暴法这个工具没有用，而是因为没有正确运用它。具体表现为应用头脑风暴工具之前没有做好准备，应用的过程中没有做好管控，应用之后没有做好总结。

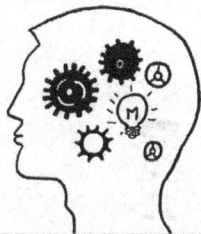

9.2.2 戴上帽子，说出想法

🔒 **问题场景** 如何正确运用头脑风暴法或其他思维工具养成好的思维习惯

我们在实施头脑风暴时，总觉得团队里的想法有点乱，有没有什么工具可以帮我们平稳有序但又不失活力地激发创意呢？

可以试一试六顶思考帽这个工具。

什么帽？

这是一种思维工具，用6种颜色的帽子代表6种不同的思维模式。

有什么用呢？

这个工具既可以激发思维，又不会导致思维混乱，有助于思维的发散和聚焦。

这个工具听起来挺全面的，具体怎么用呢？

使用这个工具的关键在于对不同颜色的帽子进行排序，不同的排列顺序能够得出不同的思维结果。

问题拆解

很多团队在创意想法的产生、发散、扩展、聚焦、整合等环节做得不好，原因之一是没有按照正确的方法思考。思考方法同样有工具可以应用。

工具介绍

六顶思考帽

六顶思考帽是一种思维工具,是指用 6 种不同颜色的帽子代表 6 种不同的思维模式。这个工具可以在一个人思考问题的时候应用,也可以在多人参与的会议中应用。它能激发大家的思维,有助于思维的发散和聚焦。

六顶思考帽示意图

中立之帽
（白色）
代表着客观和中立
更关注事实、数据等客观事物

想象之帽
（绿色）
代表着想象和创造
更关注创意、想法等发散思维

肯定之帽
（黄色）
代表着价值和肯定
更关注乐观的、积极的、建设性的部分

否定之帽
（黑色）
代表着怀疑和否定
更关注悲观的、消极的、不可行的部分

直觉之帽
（红色）
代表着预感和直觉
更关注情感、感受层面的想法

管理之帽
（蓝色）
代表着规划和管理
更关注思维的排序、控制、调节

六顶思考帽在头脑风暴中的应用

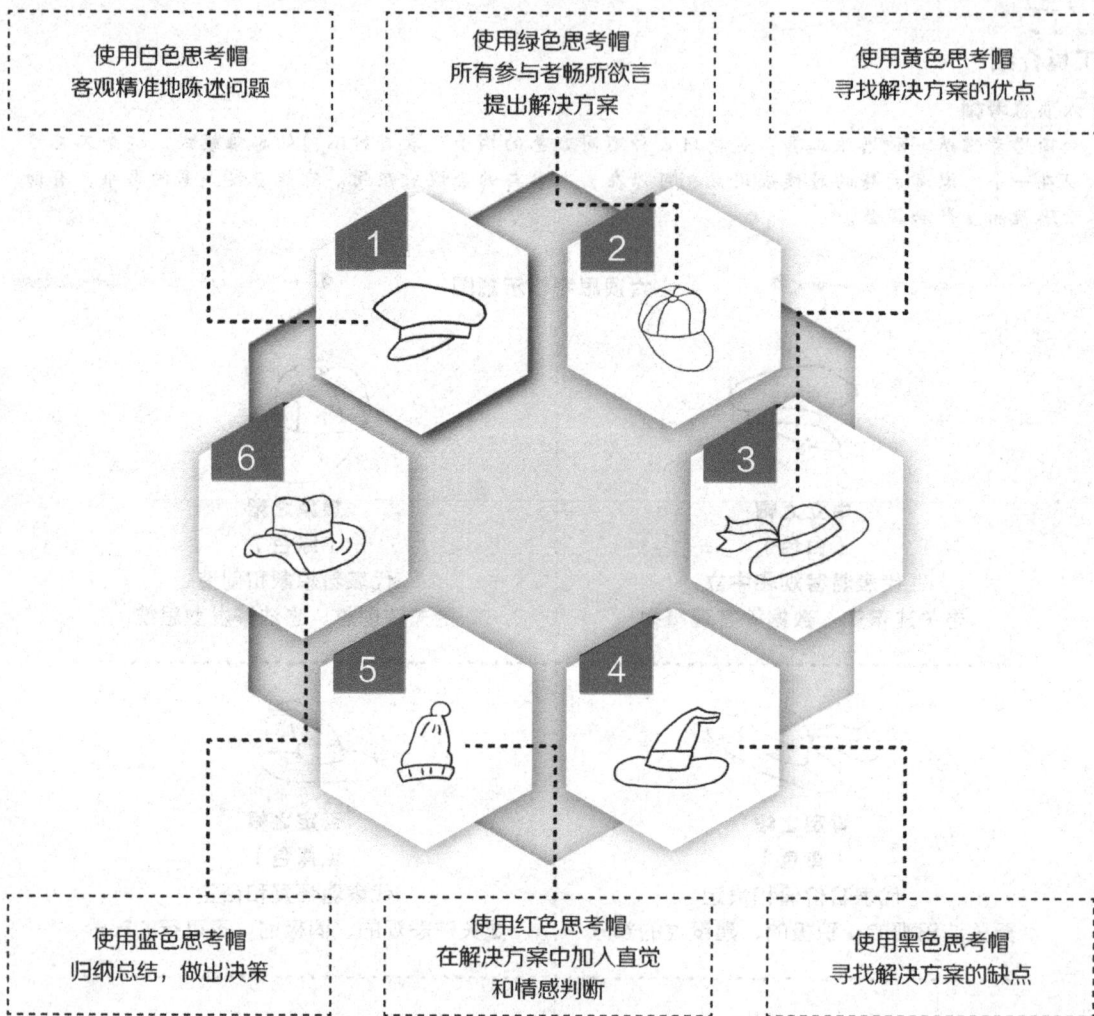

使用白色思考帽
客观精准地陈述问题

使用绿色思考帽
所有参与者畅所欲言
提出解决方案

使用黄色思考帽
寻找解决方案的优点

使用蓝色思考帽
归纳总结，做出决策

使用红色思考帽
在解决方案中加入直觉
和情感判断

使用黑色思考帽
寻找解决方案的缺点

小贴士

六顶思考帽是个非常灵活的工具，针对不同的场景、不同的问题，可以有不同的使用顺序。要想有效应用这种工具，团队管理者就要掌握六顶思考帽背后的思维逻辑。

9.2.3 假如现在已经是未来

🔒 **问题场景** 如何引导团队成员积极思考

有的下属想法比较少，有什么方法可以启发他们思考呢？

可以试试运用**假设引导法**。

就是抛出一些假设问题来引导下属思考，例如"假如这个产品已经完成，而且获得了市场的广泛认可，它会是什么样子呢？"

那是什么？

听到这个问题，我都忍不住开始思考了。

如果下属说"这不可能"，那就可以用"如果可能""假如可以"等句式继续引导。

如果我问出假设引导问题之后，下属还是不愿意思考，该怎么办呢？

下属不想回答问题，有可能是假设问题和他的认知距离太远，他比较难以接受这个问题，这时候依然可以用这个方法，不过需要尝试多转换几种问法。

问题拆解

有的人天生思维比较活跃，想法多到收不住，而有的人思维活跃度却比较低。这时候就需要团队管理者通过一些方法去激活他们的大脑，不断引发联想，引导他们思考。

工具介绍

假设引导法

假设引导法指的是运用引导人们思考的假设性问题，让人们突破思维的限制，引发人们思考。这种方法不仅适合用在一些不善于思考的人身上，也可以持续应用在日常工作中，引发团队成员不断思考。

假设引导法的常见话术

假如你有预见未来的能力，这时你看到了这个产品，它是什么样子呢？

假如现在有一位设计大师正在设计这个产品，你觉得他会怎么设计呢？

假如这个产品已经完成，而且获得了市场的广泛认可，你觉得它会是什么样子呢？

假如这个产品已经获得了某个创新大奖，你觉得它应该具备什么样的创新点呢？

应用假设引导法的 3 点注意事项

应用假设引导时，最好以问句的形式呈现，因为人们对问句天然会产生寻找答案的冲动。

假设引导的问句要和待解决的问题具备比较强的相关性，不能漫无边际。内容不相关反而会起到负面效果。

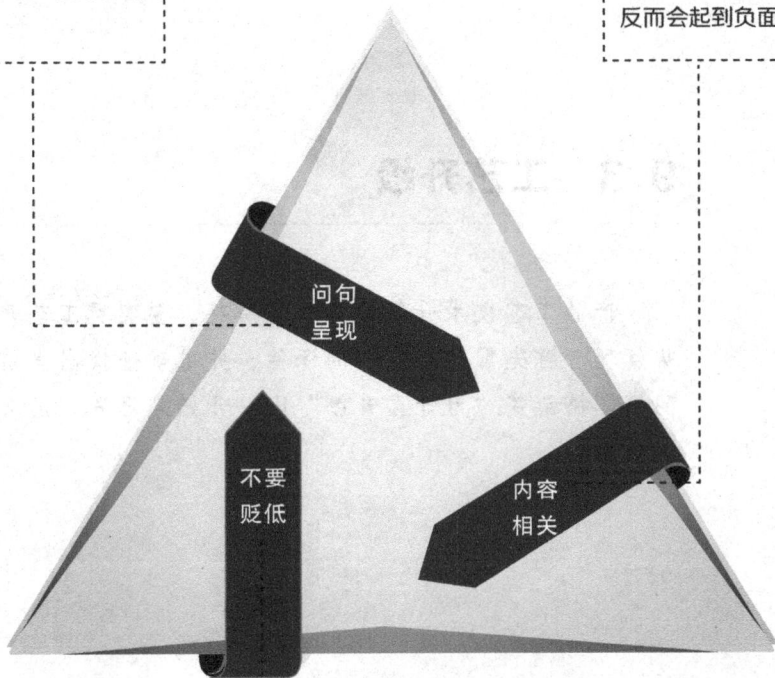

问句
呈现

不要
贬低

内容
相关

假设引导本身不要带有对下属的贬低、埋怨或责怪。例如"假如你是高手……"，就暗含着管理者认为下属现在的水平比较低，对下属不满的意思。下属很可能对这类问题有所抵触，不愿意回答。

小贴士

不管在什么时候，做着什么事情，团队管理者都可以多问一些假设引导的问题来引发下属思考，从而可以得到更多的想法和创意。例如，如果 A 是什么，会怎么样？如果 B 那样设计，会怎么样？通过假设、记录、筛选、论证，得出下一步的行动方案。

9.3 工艺升级

　　产品工艺技术升级能够节能降耗。要实现工艺升级，团队管理者首先需要做有效的评估，并准确查找出当前的工艺问题。搞清楚"为什么升级"比一开始就思考"怎么升级"更重要。

9.3.1 原来鱼骨头还有这用处

🔒 **问题场景** 如何准确查找工艺问题

最近有一类产品经常出现质量问题，生产部门一口咬定是因为生产工艺出了问题，可是我去现场看过，没有发现工艺上有问题。

看来这不是研发部门的问题。

对，不过这个产品的质量问题到现在也没有解决，研发部所有人都认为自己蒙受了不白之冤，导致现在我们的团队士气很差。

要查找和分析这类问题的真正原因，可以试一试**鱼骨图法**。

鱼骨图？

鱼骨图法是一种用来分析问题和原因之间因果关系的方法，这种方法用到的工具长得很像鱼骨头。

研发部门直接用这个工具查找问题就可以吗？

你可以和生产部门以及其他相关部门一起用这种方法找出问题的根源，并做出改进。

问题拆解

对于复杂的问题，其原因可能是多方面的。要搞清楚问题根源，最好多方参与，共同查找问题，并且借助思维工具，确保查找问题的时候不会缺项。

工具介绍

鱼骨图法

鱼骨图法是一种可以用来分析问题和原因之间因果关系的图形式方法。运用鱼骨图法分析问题有助于揭示问题产生的潜在原因，找到问题存在的根本原因。与团队一起运用鱼骨图法，能促进团队内部就问题产生的原因及应对方法达成共识。

●────────────────── **鱼骨图法应用示意图** ──────────────────●

> 生产制造类的相关问题，通常可以分成人员、机械设备、材料、方法、环境、测量 6 个相关因素。

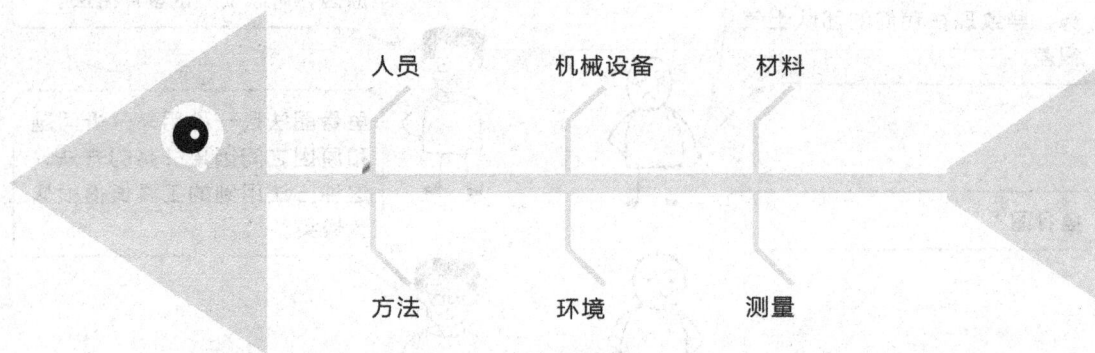

人员　　　机械设备　　　材料

方法　　　环境　　　测量

> 管理服务类的相关问题，通常可以分成政策、人员、程序、地点 4 个相关因素。

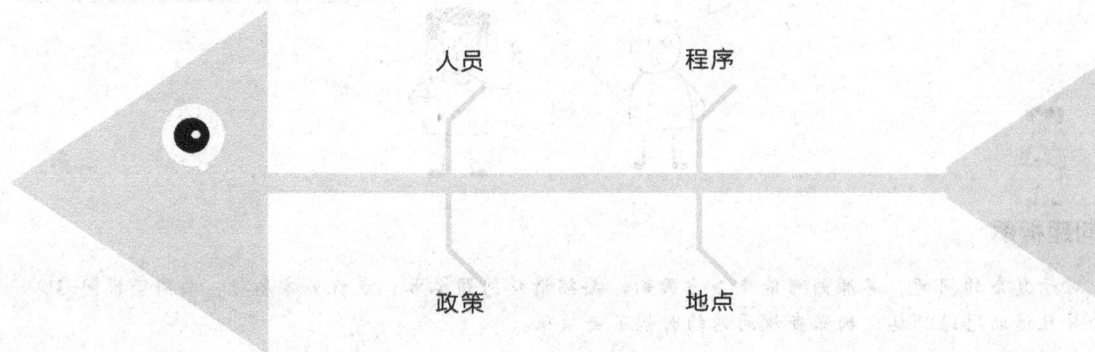

人员　　　程序

政策　　　地点

💡 **应用解析**

鱼骨图法应用案例

第1步 明确问题	第2步 影响因素	第3步 查找原因	第4步 检查整理	第5步 原因判断

简明扼要地把待解决的绩效问题填入鱼骨图的"鱼头"中。

根据鱼骨图需要解决的问题，列出影响该问题的相关因素类别。

利用头脑风暴法把所有可能产生该问题的原因按照其不同的分类填入各分支中。也可以根据需要在分支中继续分支，也就是可以进一步探讨和分析更深层次的原因。

对得出的鱼骨图进行进一步的检查和整理，对比较含糊的内容给予补充，对重复的内容进行合并。

进行进一步的小组讨论，对原因进行充分的比较和探讨，对引起问题的可能性最高的几个原因进行进一步的数据收集和整理，并把它们作为下一步问题分析和改进的重点内容。

举例如下。
源智公司近期连续接到多起某产品质量原因引起的顾客投诉。经过调查发现核心问题是该类产品的质量很不稳定。针对此问题，该公司以鱼骨图法为工具，对产品质量不稳定的问题进行了梳理。

人员　　　　机械设备　　　　材料

员工离职率高	设备精确度低	性能不稳定
夜班容易导致疲劳	设备老化	缺乏入厂检验
缺乏激励	设备调试存在问题	库存时间长

某产品质量不稳定

操作流程存在问题	气候潮湿	量具不精确
操作方法易变	温度变化大	量具没校验
操作方法复杂	操作场地有粉尘	检验不及时

方法　　　　环境　　　　测量

小贴士

使用鱼骨图查找问题的过程最好有多人参与。在绘制鱼骨图的时候，可以采用头脑风暴法，把参与者的意见和想法全部收集起来，并通过鱼骨图把它们展示出来。经小组进一步充分讨论，得出所有可能原因中可能性最大的影响原因，并针对这些原因采取行动。

例如，上例中经过讨论，引起该产品质量不稳定最可能的原因有以下3点。

1.操作方法不固定，且较复杂。

2.操作场地有粉尘，且潮湿、温度变化大。

3.原材料不稳定，缺乏入厂检验。

针对这3点原因，可以通过小组讨论来制订出相应的解决方案，并采取行动。

9.3.2 装上车轮，跑得更快

🔒 **问题场景** 如何持续改进工艺，形成良性循环

要改进工艺的话，有没有什么工具或方法可以在团队中应用呢？

可以试试 ECRSI 分析法。

那是什么？

ECRSI 分析法是查找工艺问题的一套步骤和思路。

这个方法很实用！我要回去试一下！

要持续发现和改进工艺问题，还有一个工具非常重要，就是 **PDCA 管理循环**。

这个工具我知道，不过不常用。

当发现某个工艺有问题的时候，你可以和团队一起用 PDCA 管理循环来实施工艺改进。

问题拆解

工艺改进不仅在出现问题后进行，更应当形成一个不断发现问题、进行分析、提升改进、持续评估的循环过程。这种管理循环可以不断实现工艺价值增值。

工具介绍

PDCA 管理循环

PDCA 管理循环是全面质量管理的思想基础，分别是 Plan（计划）、Do（执行）、Check（检查）、Act（处理）。这个工具是一个循环往复的方法，就像一个旋转的车轮，可以运用在各个领域，坚持使用能帮助团队持续获得提高。

团队管理者刻意在团队内部不断应用这个工具，有助于下属养成管理的思维习惯，能让下属在不经意间拥有管理意识。

PDCA 管理循环在工艺改进中的应用示意图

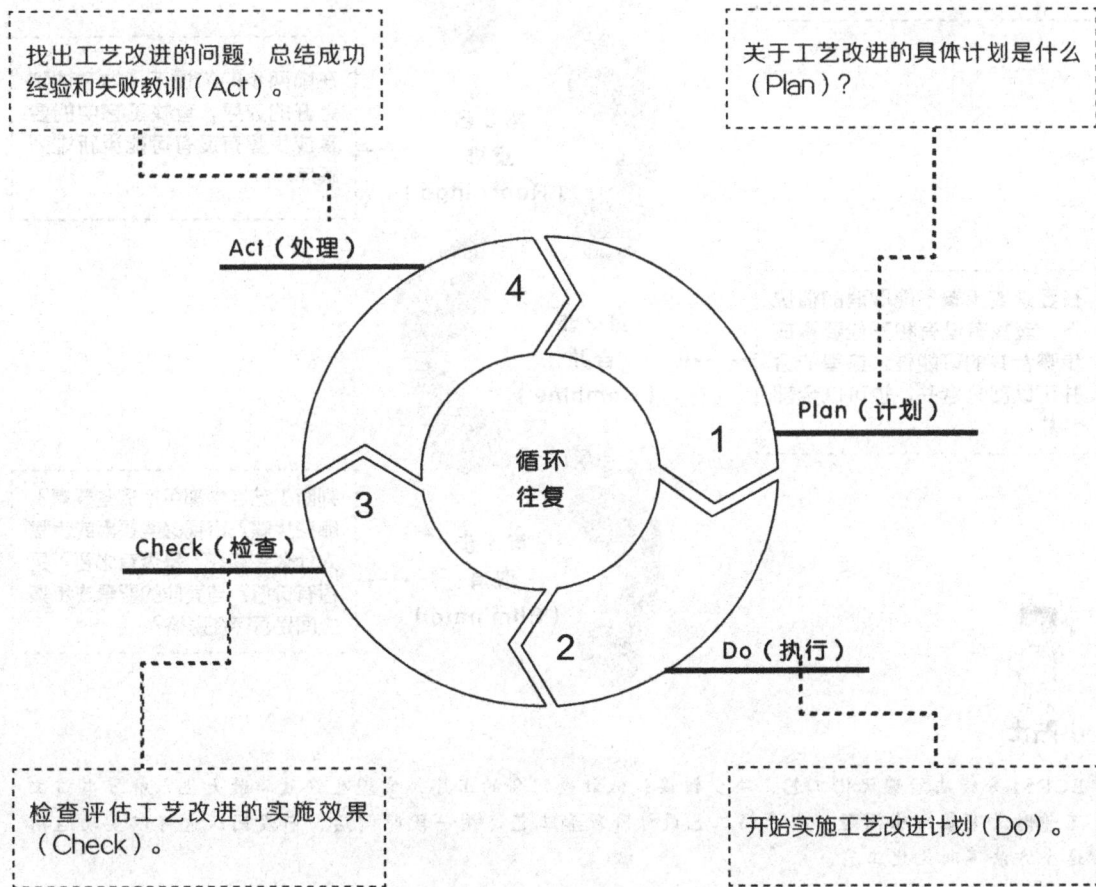

找出工艺改进的问题，总结成功经验和失败教训（Act）。

关于工艺改进的具体计划是什么（Plan）？

Act（处理）

4

Plan（计划）

1

循环往复

3

Check（检查）

2

Do（执行）

检查评估工艺改进的实施效果（Check）。

开始实施工艺改进计划（Do）。

工艺改进的 ECRSI 分析法

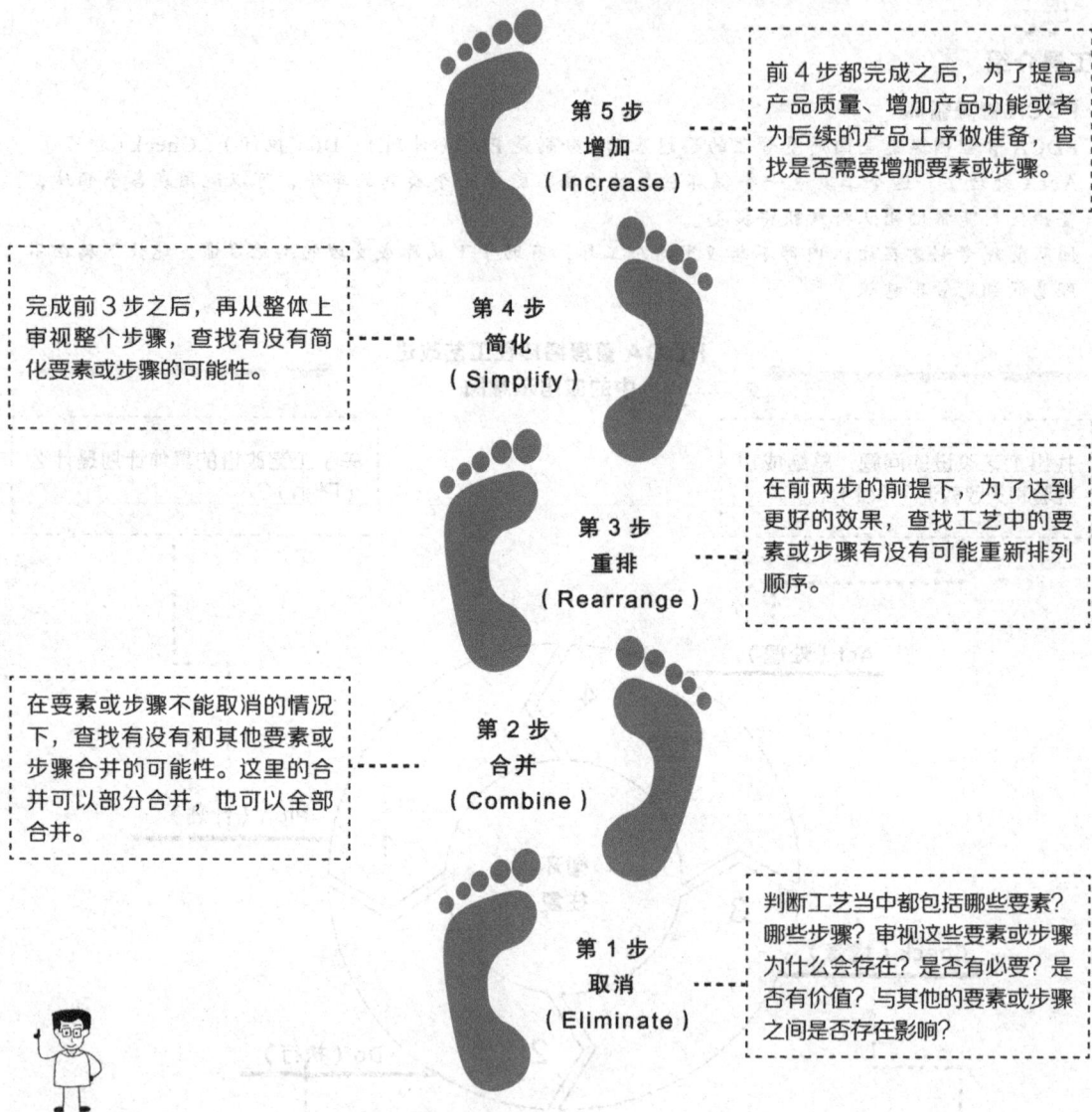

第 5 步
增加
（ Increase ）

前 4 步都完成之后，为了提高产品质量、增加产品功能或者为后续的产品工序做准备，查找是否需要增加要素或步骤。

第 4 步
简化
（ Simplify ）

完成前 3 步之后，再从整体上审视整个步骤，查找有没有简化要素或步骤的可能性。

第 3 步
重排
（ Rearrange ）

在前两步的前提下，为了达到更好的效果，查找工艺中的要素或步骤有没有可能重新排列顺序。

第 2 步
合并
（ Combine ）

在要素或步骤不能取消的情况下，查找有没有和其他要素或步骤合并的可能性。这里的合并可以部分合并，也可以全部合并。

第 1 步
取消
（ Eliminate ）

判断工艺当中都包括哪些要素？哪些步骤？审视这些要素或步骤为什么会存在？是否有必要？是否有价值？与其他的要素或步骤之间是否存在影响？

小贴士

ECRSI 分析法能够优化工艺，减少错误、低效或冗余的工序，实现生产效率最大化。就算当前工艺暂时没有暴露出问题，在产品工艺设计阶段和工艺运用一段时间后，研发团队也可以主动运用这个方法不断优化工艺。

9.3.3　全局思维更容易解决问题

🔒 **问题场景**　如何构建全局思维，更全面地认识工艺问题

我的团队里大部分人运用管理工具的意识比较差，做事缺乏逻辑性和条理性。有没有什么方法能让团队成员提高管理意识？

除了 PDCA 工具之外，还有个工具可以经常使用，它能整体提升下属的管理意识——5W1H。

那是什么？

5W1H 分别是：What、Why、Where、When、Who、How。

要怎么用呢？

例如当要开启一个新的工艺升级项目时，你可以和团队成员一起用 5W1H 的工具来讨论问题。

明白了，这样对整个项目的思考和把握会比较全面。

没错，这个工具可以用在管理工作中的各个方面，能够帮助人们更全面地了解事情的全貌。

问题拆解

管理工具可以帮助团队解决各类管理问题，可是很多人不习惯应用管理工具，也不具备管理的基本思维。学习最好的方式是应用，要改变这种情况，就需要团队管理者和员工一起养成持续应用管理工具分析问题、解决问题的习惯。

工具介绍

5W1H

5W1H 分别指的是 What（什么事 / 什么对象）、Why（为什么 / 什么原因）、Where（什么场所 / 什么地点）、When（什么时间 / 什么程序）、Who（什么人员 / 责任人是谁）、How（什么方式 / 如何做）。所有的方法、工具中都能找到这 6 个维度的影子，做任何事情都可以从这 6 个维度思考问题。

● 5W1H 在工艺改进项目中的应用示意图 ●

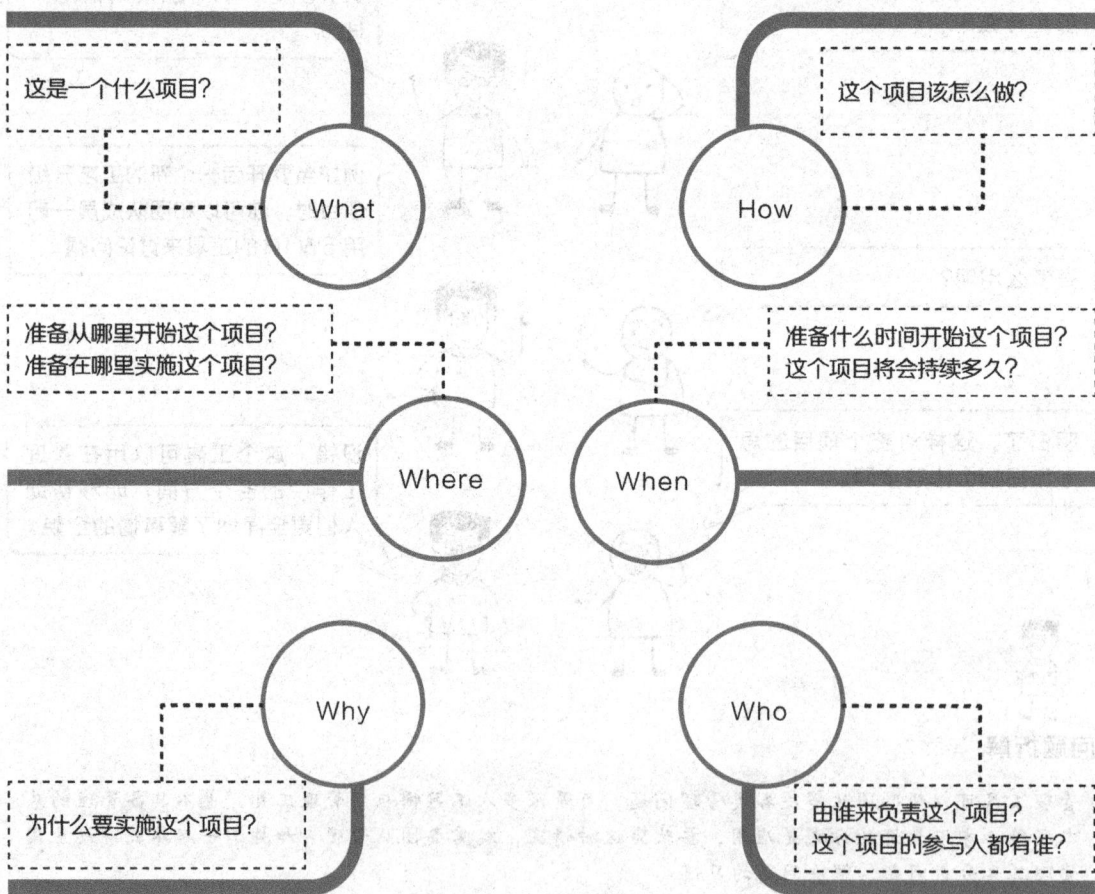

这是一个什么项目？

这个项目该怎么做？

What

How

准备从哪里开始这个项目？
准备在哪里实施这个项目？

准备什么时间开始这个项目？
这个项目将会持续多久？

Where

When

Why

Who

为什么要实施这个项目？

由谁来负责这个项目？
这个项目的参与人都有谁？

5W1H 应用案例

举例如下。

某公司的研发部门将要开展某产品的研发项目，按照5W1H对该项目进行全面分析，得到内容如下表所示。

5W1H	现状	原因	改善	确认
What 产品	要研发什么产品	为什么要研发该产品	能不能研发别的产品	确认研发什么产品
Why 目的	研发该产品有什么目的	为什么是这样的目的	还有没有其他的目的	确认目的是什么
Where 场所	从哪里入手	为什么从那里入手	能不能从别的地方入手	确认从哪里入手
When 时间	什么时候开始做	为什么在那个时间开始做	能不能在别的时间做	确认在什么时间做
Who 作业人员	由谁来做	为什么由那个人做	能不能由其他人来做	确认由谁来做
How 方法	具体怎么做	为什么那么做	还有没有其他的方法	确认用什么方法做

小贴士

5W1H不仅是一种工具，还是一种分析方法、思考方法，甚至是一种创造方法。它告诉我们不论什么事都可以从6个方面提出问题、进行思考。团队管理者通过持续练习，不断应用这个工具，能够让思考方式更加科学化、结构化，从而更高效地解决问题。

第 10 章 生产型团队的管理

生产工作真是不好做呀……

怎么说呢?

事情杂、风险大,最主要的是下属不好管理!

生产型团队有它的特点,我这里有一些实用的方法和工具,可以帮你带好生产型团队。

太好了!我正想向你请教呢。

让我们从**风险防控、质量意识**和**降低成本** 3 个方面来探讨如何管理生产型团队吧。

背景介绍

源智公司(化名)生产管理部经理张云峰(化名),男,30 岁,优点是兢兢业业,忠厚老实,责任心强;缺点是不愿意和人打交道,不爱说话。

10.1 风险防控

    风险无时无刻不存在，生产型团队会接触大量的工具、设备，生产环境中存在大量的安全隐患。千里之堤，溃于蚁穴，安全面前无小事，风险防控是需要生产型团队管理者常抓不懈的一项重要工作。

10.1.1　谁说风险不能被量化

🔒 **问题场景**　如何将风险量化

很多一线员工为了赶进度，不重视生产中的风险。我总感觉自己平时对安全问题的强调没效果。

如果只有这类宣导工作，没有生产安全的**预防**和**排查**工作，生产安全隐患很难有效降低。

也就是说，我必须主动出击，主动查找生产过程中的安全隐患，主动采取措施，减少生产安全的风险是吧？

是的，通过主动查找和降低生产安全风险，也能够起到让生产团队成员全员识别风险、防控风险的效果。

我也这样觉得，在车间走一圈之后我经常能发现很多问题，可是问题太多了，我也不知道该从何处下手。

识别出风险源之后，可以做出**风险等级评价**。然后根据风险等级排出风险整改顺序，制订对应的控制方法或整改方案。

怎么做风险等级评价？风险有可能量化吗？

在设定一定的规则之后，是可以实现**量化风险**的。

问题拆解

安全是生产管理的头等大事，哪怕牺牲生产进度，也不能存在安全隐患。可是生产安全要落实到团队中并不容易。日常对生产安全的宣传、强调和教育非常重要，这些工作虽然不能保证不会发生安全事故，但可以让员工在一定程度上提高安全意识。除此之外，团队管理者持续对风险源实施检查、评估、改进同样非常重要。

工具介绍

风险量化方法

在一定的规则之下是可以实现量化风险的。在识别风险源之后，可以把风险按照可能性、频繁度和后果划分成 3 个维度，并给这 3 个维度分别量化打分。对这 3 个维度进行综合分析和计算后，得出风险等级。

经过工作检查，生产型团队管理者能在生产现场发现比较多的风险源。要完全改变这些风险源，需要一定的时间和相应的方案。这就需要团队管理者在识别出风险源之后，做出风险等级评价，然后根据风险等级制订出对应的控制方法或整改方案。

风险量化的 3 个维度

风险源转化为事故的概率大小。概率越大，风险源转化为风险的可能性越大。

可能性

在一定时间内，风险源出现的次数。有时候虽然风险源转化为事故的概率比较低，但当频繁度足够大时，风险依然可能比较大。

频繁度

发生风险产生的后果。后果本身并不代表风险大小，有的风险发生的可能性极小，但是一旦发生后果就比较严重，例如火灾。

后果

风险量化方案应用案例

举例如下。

某公司生产部门对风险发生的可能性、频繁度和后果的评分定义如下。

分值	风险发生的可能性
10	极为可能
6	很有可能
3	可能，但非经常
1	可能性较小，若发生属于意外
0.5	不太可能，但可以设想
0.2	几乎不可能
0.1	完全不可能

分值	风险发生的频繁度
10	每天不定时连续发生
6	每天工作时间内发生
3	大约每周发生一次
2	大约每月发生一次
1	大约每季度发生一次
0.5	大约每年或更多年发生一次

分值	风险发生的后果
100	群死群伤
40	数人死亡
15	一人死亡
7	出现重伤
3	出现残疾
1	有人受伤

计算风险等级的公式为：风险等级分值＝可能性分值×频繁度分值×后果分值。

根据风险得分判断风险等级如下表所示。

风险等级分值	风险等级	代表的风险程度
大于320	重大风险	极其危险，坚决停止作业，立即整改，整改完成前不得开始作业
160（不含）~ 320（含）	较大风险	高度危险，停止作业，立即整改，整改过程中视情况恢复作业
70（不含）~ 160（含）	一般风险	明显危险，需要整改，视情况可以不停止作业
20 ~ 70（含）	较低风险	一般危险，需要引起注意，可以在作业过程中整改
小于20	低风险	危险较小，能够接受

根据风险评估，确定风险管控的优先级顺序和行动方案如下表所示。

序号	可能的风险源／危害因素	可能发生的事故类别	风险等级评估				现有的控制方法／整改方案	责任人	完成时间
			可能性	频繁度	后果	风险等级			

小贴士

团队管理者根据风险源／危害因素的不同，判断可能发生的事故类别。这时候可以把控制方法或整改方案作为团队除生产工作之外的工作重点，并设定相应的责任人和整改完成时间，以使生产安全工作的检查和落实。

10.1.2 不积跬步无以至千里

🔒 **问题场景** 如何评估每个作业步骤的风险系数

在查找生产车间存在的风险时，我总觉得自己查找得还不够仔细。

为什么这么说？

我现在主要的做法是到生产现场巡查，我觉得这样巡查看到的风险好像只是表面现象，可是又不知道该怎么深入发现风险。

生产管理中不安全的因素通常来源于两方面，一方面是**生产过程中不安全的条件**，另一方面是**员工不安全的行为**。要注意实施作业步骤风险评估。

也就是说，除了查找生产条件上的安全隐患之外，还要规范每个员工的每个作业步骤，做到每个作业步骤的风险最低，是吧？

是的。当每个员工的作业步骤都做到了防止风险时，就实现了从根源上降低风险。

查找不安全行为的工作量似乎比较大。

如果只靠你自己来发现确实工作量大，如果让更多的基层管理者或老员工参与，甚至能发动全员，那查找不安全行为就比较容易了。

问题拆解

通过巡查生产现场发现的生产安全隐患大多属于生产环境中不安全的条件，而员工不安全的行为需要更细致的核查才能被察觉、预防和管理。例如生产过程可以分解成不同的作业步骤，每一个步骤都有它的潜在风险、可能造成的危害和对应的控制方法。

工具介绍

作业步骤风险评估

作业步骤风险评估用于识别员工作业步骤的潜在风险，包括可能出现的问题、偏差、故障，可能产生的后果，发生的原因及可能性等。可根据评估结果采取改进措施，减少风险。

这是一种从根源上防止发生生产事故的方法。当每个作业步骤的风险都降低的时候，整体的生产风险自然会降低。

作业步骤风险评估的 5 个基本步骤

作业分解 → 识别风险 → 控制方法 → 落实到人 → 评估效果

作业步骤风险评估样表

岗位	作业步骤	潜在风险	可能危害	控制方法	责任人	完成时间	备注

作业步骤风险评估改进示意图

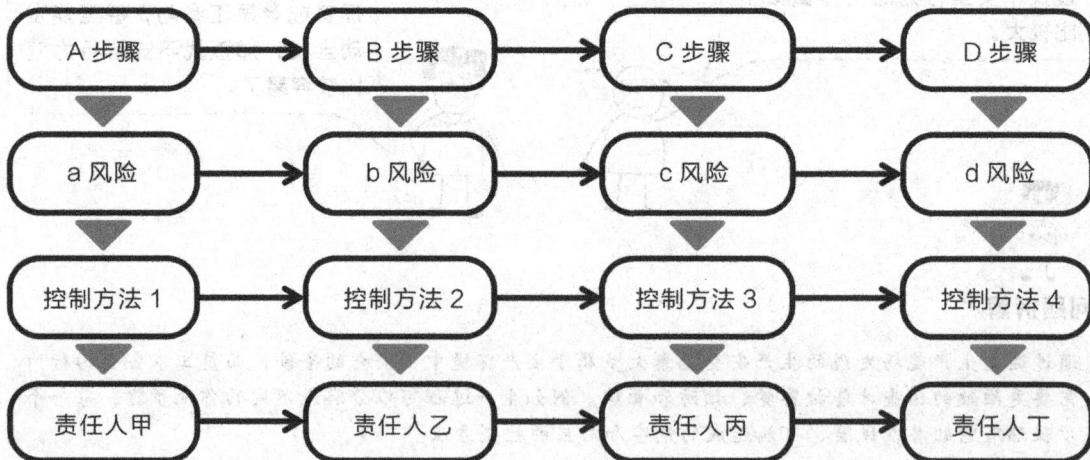

A 步骤	→	B 步骤	→	C 步骤	→	D 步骤
a 风险	→	b 风险	→	c 风险	→	d 风险
控制方法 1	→	控制方法 2	→	控制方法 3	→	控制方法 4
责任人甲	→	责任人乙	→	责任人丙	→	责任人丁

作业步骤风险评估三大注意事项

1. 什么样的作业需要评估作业步骤风险?

需要进行作业安全分析的作业包括: 高风险作业; 暴露在危险环境下的作业; 没有常规标准可借鉴的作业; 工作任务变换的作业; 曾经发生过危险的作业; 首次进行的作业; 技术条件不成熟的作业; 全部由新员工操作的作业; 比较复杂的作业; 有污染物产生或泄漏的作业; 员工单独在隔离区域的作业。

3. 降低风险的措施包括哪些?

降低风险的措施可以分成两大类: 一是预防, 降低发生风险的可能性; 二是保护, 降低发生风险的严重性。
例如安装安全阀、漏电保护器、熔断器等预防风险发生; 或者使用安全帽、防砸鞋、防护屏等降低风险的严重性。

2. 划分作业步骤需要注意什么?

小贴士

每一个步骤都要具体明确, 最好有步骤的编号。
一般来说, 每项作业划分的工作步骤为 3 ~ 8 项, 不能太笼统, 也不需要太细致。每个步骤简单说明具体要做什么, 而不是如何做。
对步骤的描述要使用具体的动作描述, 例如打开……, 关闭……。

对每个作业步骤的风险评估同样可以从可能性、频繁度和后果 3 个维度进行风险量化和判断风险等级。作业步骤风险评估在应用的时候要注意形式简单、措施实用、改进方便, 以所有一线作业人员易于理解、易于掌握为原则。

10.1.3　从喊口号到全员行动

🔒 **问题场景**　如何让全员重视风险，参与到风险管控中

在识别出作业步骤的安全隐患之后做出相应的作业规范，这样生产安全问题基本上就能够有效防控了吧？

恐怕不行，没有持续的**检查**、**评估**和**改进**，团队很难自发做到好的结果。所以还需要对生产一线岗位持续做**行为观察**和**行为纠偏**。

可是我管理的车间面积比较大，人数很多，每天能用来检查的时间有限，而这种行为观察需要的时间又较长，怎么办？

可以设置**安全员**，由安全员定期对本车间内的作业人员实施观察。

这是个好办法，有了安全员，安全问题就能好转很多。不过，这样新增岗位恐怕会提高用人成本吧？

安全员没必要设置成专职，**兼职安全员**就可以，可以找有经验的老员工担任，而且可以让团队每个人轮流担任。

对呀！轮岗可以培养团队全员的安全意识！这比只喊安全管理的口号有用多了，还能节省用人成本。

是的，如果很多员工都曾经担任过安全员，整个团队的安全意识就会提高。

问题拆解

生产上的安全管理很难做到一劳永逸，就算设定了作业规范，有培训，有要求，员工也可能不按照作业规范操作。所以需要持续做行为观察和行为纠偏，不断查找和改正员工操作过程中的不安全行为。这种行为观察管理者一个人很难做到，所以可以通过每个员工轮流做兼职安全员来增强全员的安全意识，实现全员的安全管理。

工具介绍

全员安全管理

全员安全管理指的是通过规则和机制，让团队中的每一个人都参与到生产安全管理中。

有一种全员安全管理的方式是全员轮流做兼职安全员。兼职安全员要负责对周围岗位的工作行为实施检查，对周围岗位作业人员规范的操作给予鼓励，对不安全的行为实施纠偏，并把观察的结果形成记录，交给上级安全管理部门，由上级部门定期做统计分析，再反馈到团队工作中。

通过每一个员工轮流做兼职安全员，员工们的安全意识提高了，实现了团队全员参与安全管理工作，并逐渐形成了安全管理工作最坚实的防线。

● **行为观察中常见的 6 个不安全行为种类** ●

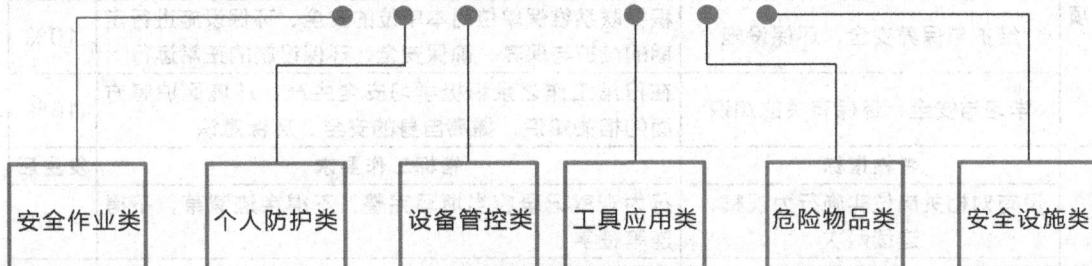

安全作业类	个人防护类	设备管控类	工具应用类	危险物品类	安全设施类

● **持续的行为观察对作业人员的影响** ●

行为随意	感知环境	开始重视	做出改变	形成习惯
员工通常不会重视团队工作行为的规范要求，尤其不会重视一些关于安全的规范。其表现为工作行为上具有一定的随意性。	如果周围的环境中一直有来自团队管理者、全职安全员、兼职安全员等持续的行为观察与纠偏，员工将会感知到来自环境的压力。	当员工感受到团队对工作行为的持续关注，尤其当持续看到有人因为工作行为得到正激励或负激励的时候，就会开始重视这件事情。	如果这时候员工发现自己的行为和规范的要求不一致，因为环境的压力以及个人的重视，他会及时做出行为上的改变。	当员工在良好的环境中长时间按照正确的行为方式工作，他们将会形成好的工作习惯。这种习惯很可能会伴随员工整个职业生涯。

● **兼职安全员月度考核样表** ●

举例如下。

某公司生产部门给每个生产班组设置了一名兼职安全管理员，每季度轮值。该公司对兼职安全管理员实施月度考核，如果考核通过，则发放绩效奖金；如果考核未通过，则无绩效奖金，且一年内不得担任兼职安全员，对晋升和评优都有影响。考核表如下。

分类	考核指标	指标定义	占比
主考核项	按照安全标准化体系进行行为观察	严格按照安全标准化体系要求开展相关岗位的安全行为观察工作，并做好相关记录	40%
	安全生产检查	1. 按照统一安排开展每日安全检查和电缆检查； 2. 及时参加公司级安全大检查、专项检查等	25%
	组织各相关部门、人员开展安全隐患整改工作	在发现安全隐患并上报后，应当积极组织各相关部门、人员开展安全隐患整改工作，并监督整改工作的落实	15%
	维护与保养安全、环保设施	积极联系维保单位对本单位的安全、环保设施进行定期的维护与保养，确保安全、环保设施的正常运行	10%
	学习与安全、环保有关的知识	在日常工作之余积极学习安全生产、环境保护等方面的相关知识，提高自身的安全、环保意识	10%
	考核指标	**指标工作要求**	**发生后**
一票否决项	没有对相关岗位实施行为观察，连续两次	行为观察记录应当填写完整，不得字迹潦草，不得连笔签字	-100
	当月每日安全检查、电缆检查缺失两次	1. 因特殊原因不能进行当天的安全检查时，应当主动与其他安全管理人员进行互换检查； 2. 若当日均无安全管理人员可以进行检查，应当及时向领导说明，并在第2天及时进行补查	-100
	无故不参加当月公司级安全大检查	因特殊原因不能参加公司级安全大检查，应当至少在会议召开前一天向领导说明情况	-100
	检查时未发现安全隐患而被上级领导发现安全隐患，连续两次	在安全检查规程中必须积极、负责	-100
	未将发现的安全隐患及时上报安保部，连续两次	在检查过程中发现有安全隐患的，必须在当日的安全检查报告中明确说明	-100

小贴士

为了鼓励兼职安全员工作，应当为从事兼职安全员岗位的人设置一定的奖金。员工在履行兼职安全员岗位职责后可以获得这部分奖金。为提高兼职安全员岗位的价值，对于在安全方面做出突出贡献的人员，可以设置更多的物质激励或精神激励。

10.2　质量管控

　　要有效控制产品质量，需要的不只是某一个人在某个时间对某方面认真负责。它需要每一个生产一线操作人员都具备质量意识，需要他们的每一个操作动作都准确无误，需要每一个设备都正常运转。

10.2.1 从此不要说不知道怎么做事

🔒 **问题场景** 如何通过标准化作业保证产品质量

最近有个车间很多产品出现了质量问题，那个车间以手工劳动为主，我觉得原因是员工生产操作不规范。

针对这个情况你有没有采取什么措施？

我到那个车间检查和纠正了好几次，可还是没有效果。

那个车间的生产操作人员有**标准作业程序**吗？

还没有……

也许这才是问题所在。

确实应该有这样一套标准作业流程。

对于手工类操作的生产岗位，标准作业程序能够保证其质量的稳定性。

问题拆解

如果生产操作岗位没有标准作业程序，就很难保证产品的标准化和一致性。标准作业程序能够把岗位应该做的工作流程化、精细化，使任何一个处于这个岗位上的人都知道该怎么正确地工作。同时，标准作业程序还能降低这个岗位的技能门槛，让员工经过标准的培训之后都能快速胜任这个岗位。

工具介绍

标准作业程序（SOP, Standard Operation Procedure）

标准化是生产管理过程中保证产品生产高效率和高质量的有效方式。标准作业程序就是把某项工作分解成具体的操作步骤，并把这些操作步骤标准化、规范化，然后用来指导日常工作的方法。

标准作业程序是一种操作层面的动作，是具体的、可操作的，而不是简单的理念。

有效实施标准作业程序可以节省资源，稳定产品质量，也能在一定程度上降低成本和风险。

标准作业程序并不是一成不变的，应当在实践操作过程中不断进行总结、优化和完善。通过对每个岗位标准作业程序的优化，团队整体的工作效率都将得到提高。

编制标准作业程序的 4 个步骤

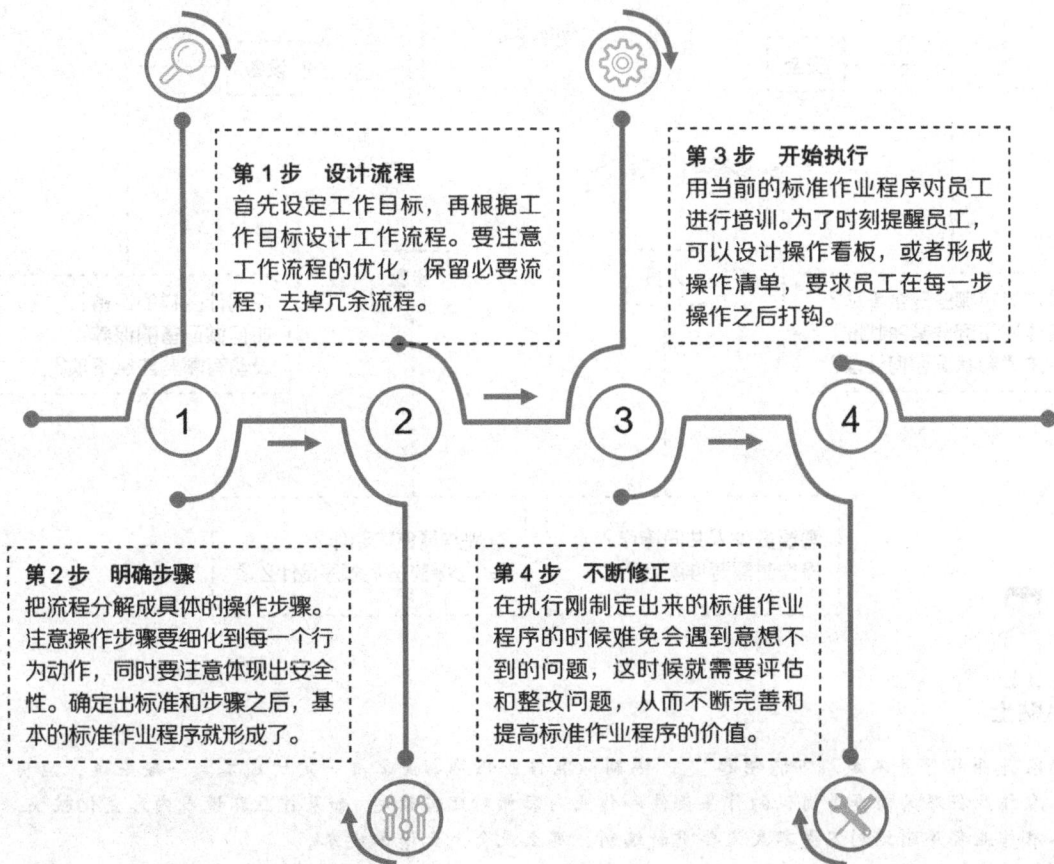

第1步　设计流程
首先设定工作目标，再根据工作目标设计工作流程。要注意工作流程的优化，保留必要流程，去掉冗余流程。

第3步　开始执行
用当前的标准作业程序对员工进行培训。为了时刻提醒员工，可以设计操作看板，或者形成操作清单，要求员工在每一步操作之后打钩。

第2步　明确步骤
把流程分解成具体的操作步骤。注意操作步骤要细化到每一个行为动作，同时要注意体现出安全性。确定出标准和步骤之后，基本的标准作业程序就形成了。

第4步　不断修正
在执行刚制定出来的标准作业程序的时候难免会遇到意想不到的问题，这时候就需要评估和整改问题，从而不断完善和提高标准作业程序的价值。

应用解析

标准作业程序的 6 要素

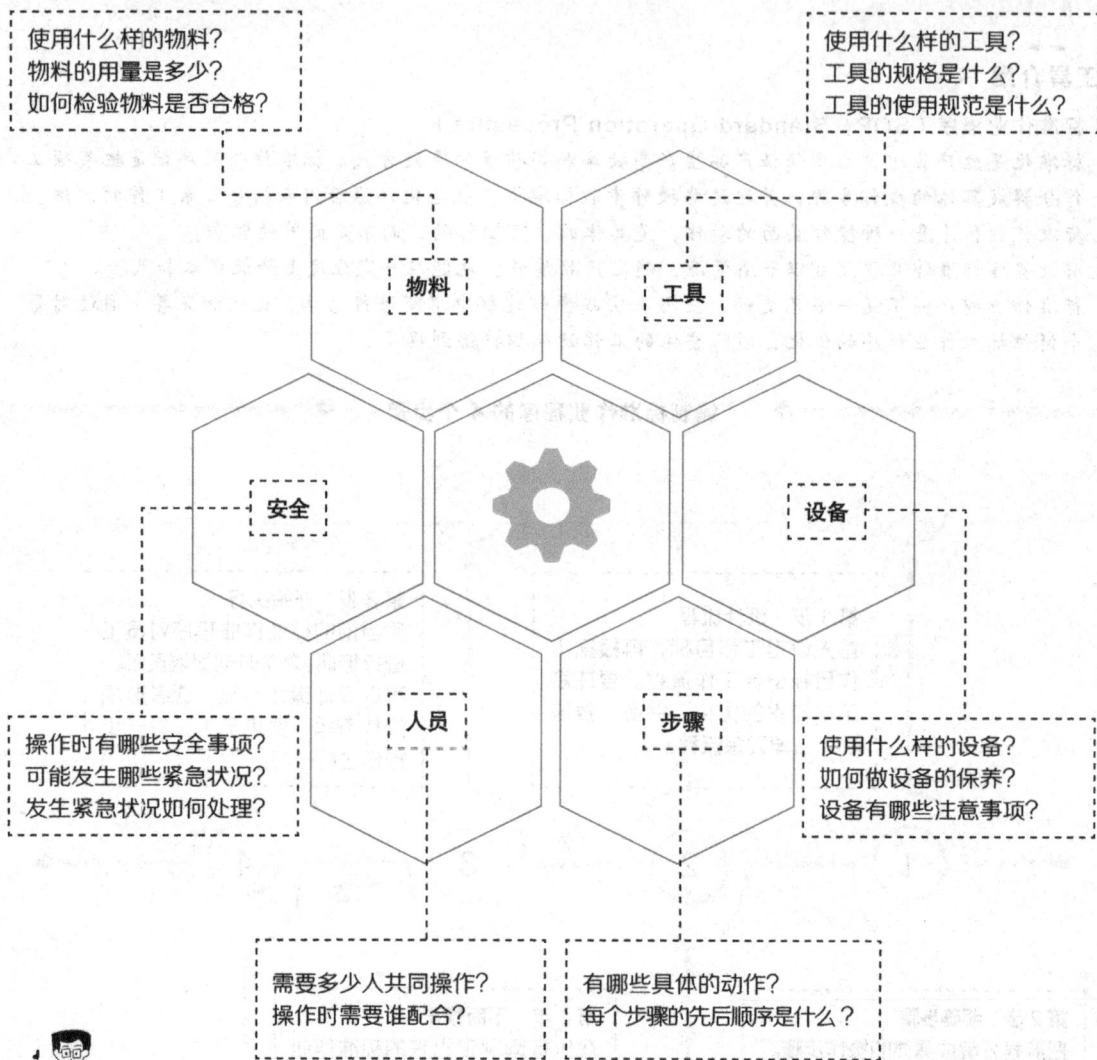

使用什么样的物料?
物料的用量是多少?
如何检验物料是否合格?

使用什么样的工具?
工具的规格是什么?
工具的使用规范是什么?

物料

工具

安全

设备

人员

步骤

操作时有哪些安全事项?
可能发生哪些紧急状况?
发生紧急状况如何处理?

使用什么样的设备?
如何做设备的保养?
设备有哪些注意事项?

需要多少人共同操作?
操作时需要谁配合?

有哪些具体的动作?
每个步骤的先后顺序是什么?

小贴士

标准作业程序并不是"万能钥匙"。编制标准作业程序本身需要一定的成本。一般来说,应用标准作业程序的前提是岗位的作业条件和作业内容相对比较稳定。如果作业环境或内容变化较快,标准作业程序刚编制完成不久又要重新编制,那么就会大大增加成本。

10.2.2 拒绝生产现场脏乱差

🔒 **问题场景** 如何养成管理生产现场的意识和习惯

除了生产操作之外，我觉得很多车间对生产现场的管理也很不到位。

都有哪些表现呢？

生产环境脏乱差、用完的生产工具乱放、低值易耗品乱丢、杂物随处可见，这种状态怎么能搞好生产呢？

发现这些情况后你是怎么做的？

我强调过多次，可情况依然没有好转。这种情况是不是团队成员的素质较差所导致的？

与其追求下属的高素质，不如培养他们的**好意识**。

有道理，那我该怎么办呢？

可以培养和要求团队实施 5S 管理。

问题拆解

团队成员的基本素质差，并不影响他被培养成一个优秀的生产岗位人员。一线生产岗位简单重复性的工作较多，并不需要员工具备很高的知识水平或者很强的创造力，而是需要员工具备好的工作意识。想要生产岗位人员具有好意识，就需要团队管理者有计划、有目的、有要求地对他们不断进行培养。

工具介绍

5S 管理

5S 管理指整理（SEIRI）、整顿（SEITON）、清扫（SEISO）、清洁（SEIKETSU）、素养（SHITSUKE）。5S 管理是管理生产现场的有效工具。对生产现场持续推行 5S 管理，不仅能让生产现场有条不紊、井然有序，而且能让员工的素质逐渐提升。既能从表面上解决生产现场的脏乱差问题（治标），又能从根本上解决员工的意识问题（治本）。

5S 管理示意图

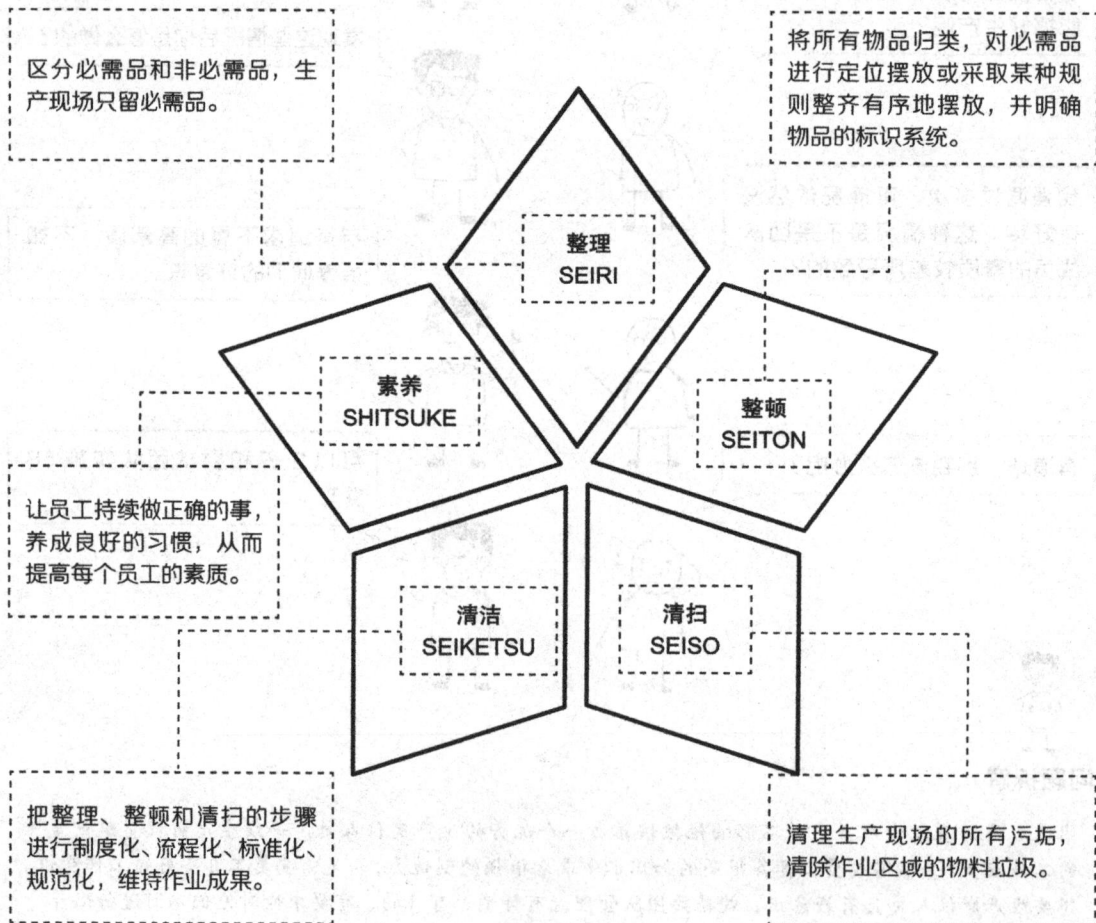

区分必需品和非必需品，生产现场只留必需品。

将所有物品归类，对必需品进行定位摆放或采取某种规则整齐有序地摆放，并明确物品的标识系统。

整理
SEIRI

素养
SHITSUKE

整顿
SEITON

清洁
SEIKETSU

清扫
SEISO

让员工持续做正确的事，养成良好的习惯，从而提高每个员工的素质。

把整理、整顿和清扫的步骤进行制度化、流程化、标准化、规范化，维持作业成果。

清理生产现场的所有污垢，清除作业区域的物料垃圾。

推行 5S 管理的六大难点

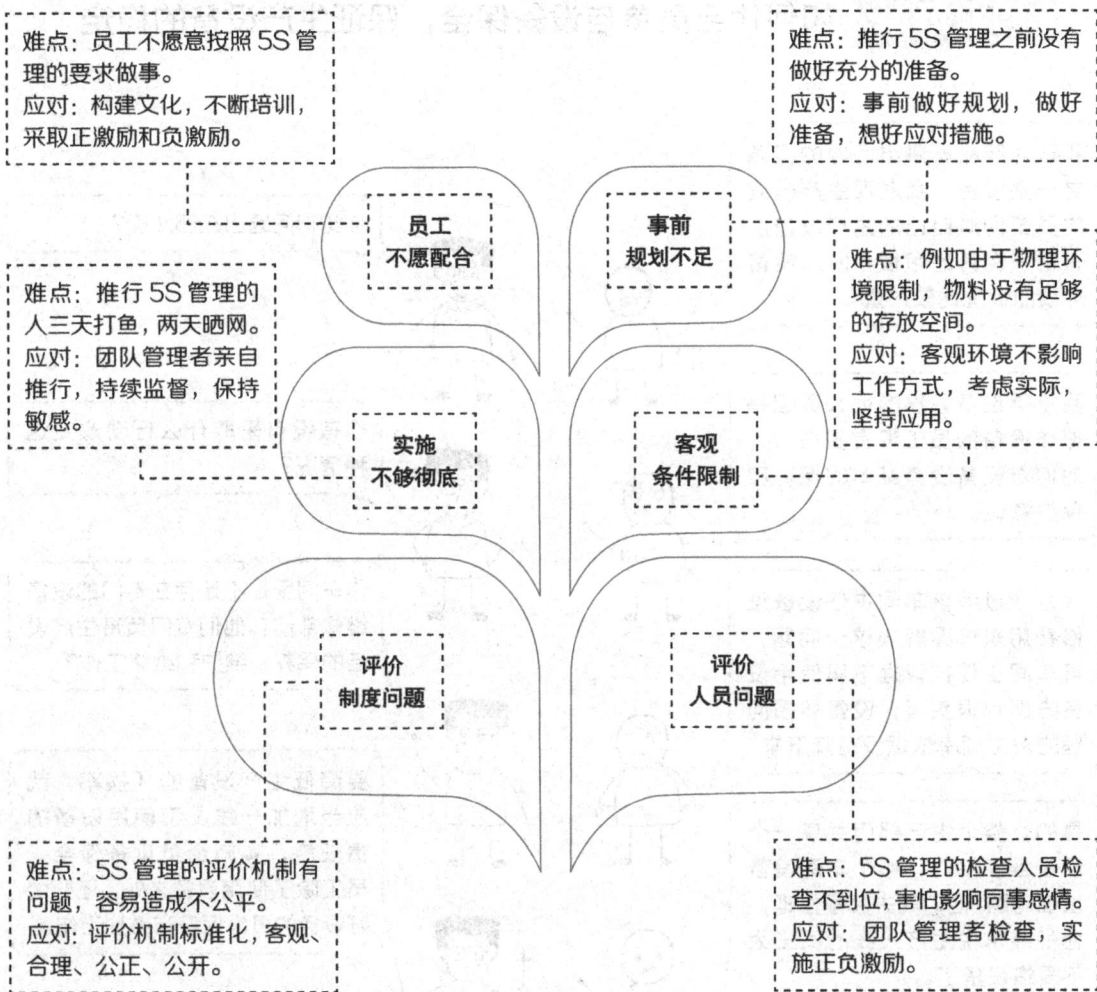

难点：员工不愿意按照 5S 管理的要求做事。
应对：构建文化，不断培训，采取正激励和负激励。

难点：推行 5S 管理之前没有做好充分的准备。
应对：事前做好规划，做好准备，想好应对措施。

难点：推行 5S 管理的人三天打鱼，两天晒网。
应对：团队管理者亲自推行，持续监督，保持敏感。

难点：例如由于物理环境限制，物料没有足够的存放空间。
应对：客观环境不影响工作方式，考虑实际，坚持应用。

员工
不愿配合

事前
规划不足

实施
不够彻底

客观
条件限制

评价
制度问题

评价
人员问题

难点：5S 管理的评价机制有问题，容易造成不公平。
应对：评价机制标准化、客观、合理、公正、公开。

难点：5S 管理的检查人员检查不到位，害怕影响同事感情。
应对：团队管理者检查，实施正负激励。

小贴士

5S 管理在实践应用中有很多延伸，有的公司实施的 8S 管理，就是在 5S 管理的基础上增加了安全（SAFETY）、节约（SAVE）、学习（STUDY）3 个项目，意在强调生产安全管理、生产成本管理以及员工能力管理。

10.2.3 问题在于只管使用，不管保养

🔒 **问题场景** 如何让全员参与设备保全，保证生产设备的稳定

我认为产品质量出问题的根源之一是设备，我发现生产一线的员工们对自己的生产设备没有爱护保养的习惯，所以设备坏损的情况比较严重。

你觉得问题出在哪儿呢？

我觉得设备坏损的很大原因是操作设备的员工没有责任心，他们对设备没有基本的保养和保护意识。

你有没有采取什么行动改变这种情况？

我曾通过考核车间主任设备维修费用来试图解决这个问题，可车间主任在管理下属使用设备方面也很头疼，设备坏损问题的发生频率依然没有降下来。

你车间里是不是存在专门的设备维修部门，他们专门负责生产设备的保养、维护和维修工作？

是的，整个生产部门共享一个设备维修部门，哪个车间设备出现问题，他们就去哪里修理。他们经常说生产一线的员工太不爱惜设备了。

要降低生产设备的坏损率，就应当增加一线员工使用设备的责任感，实施**全员设备保全**。员工除了使用设备之外，还要做好设备的日常保养和维护工作。

问题拆解

生产一线员工直接使用设备，专门的设备维修部门负责保养、维护和维修设备，这种安排存在很大的问题。生产设备的使用、保养和维护应当是一体的，这些是避免设备出问题的预防工作。如果预防工作做到位了，维修工作就不会发生。

工具介绍

全员设备保全（TPM，Total Productive Maintenance）
全员设备保全指的是使用设备的人同时负责保全设备，也就是"自己的设备自己来保全"。对于使用设备进行生产制造的岗位，不要把生产制造的职责和设备保养的职责分开。如果可能的话，最好把设备维修也纳入其岗位职责中。
让全体一线设备使用人员参与到自己使用的设备的保全工作中，能实现整个团队生产设备的有效控制、全面管理和异常预防。

全员设备保全理念示意图

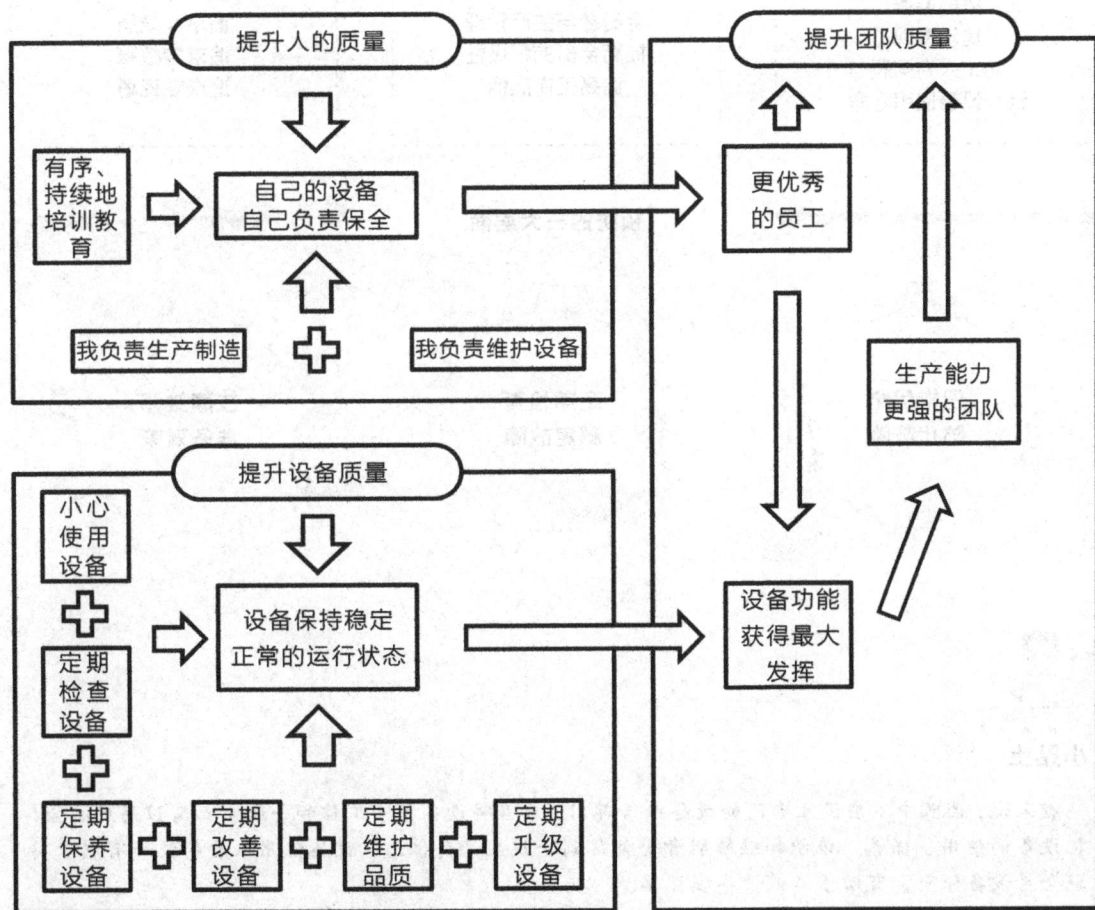

全员设备保全三大核心思想

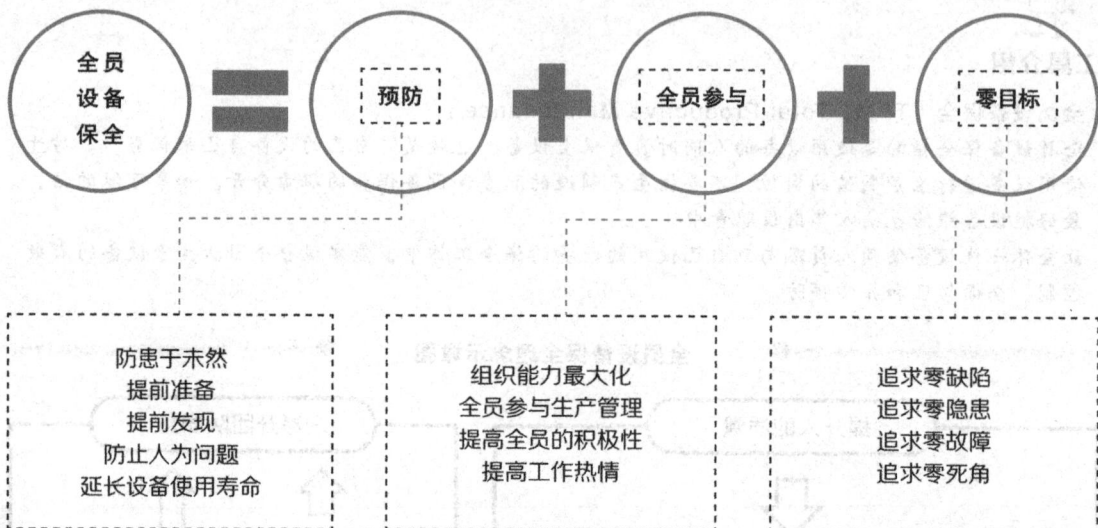

全员设备保全 ＝ 预防 ＋ 全员参与 ＋ 零目标

防患于未然 提前准备 提前发现 防止人为问题 延长设备使用寿命	组织能力最大化 全员参与生产管理 提高全员的积极性 提高工作热情	追求零缺陷 追求零隐患 追求零故障 追求零死角

预防的三大层面

日常保全 防止故障	定期检查 测定故障	故障维修 准备对策

小贴士

一般来说，团队中不应设立专门的设备维修部门，应当将设备维修工作和一线生产岗位高度融合，把设备的使用、保养、维护和维修职责全部落到一线生产岗位上。设备使用权责的统一有利于实现全员设备保全，有助于降低设备损坏率。

10.3　降低成本

　　降低成本是生产型团队能够从财务层面直接体现出来的价值，它比较直接地反映了生产型团队的管理质量。要管控成本，就需要全员参与，需要提高全员的成本管控意识，甚至需要细化到每个员工的每个动作。

10.3.1　当每个人都与此有关

🔒 **问题场景**　如何让成本控制与每个员工有关

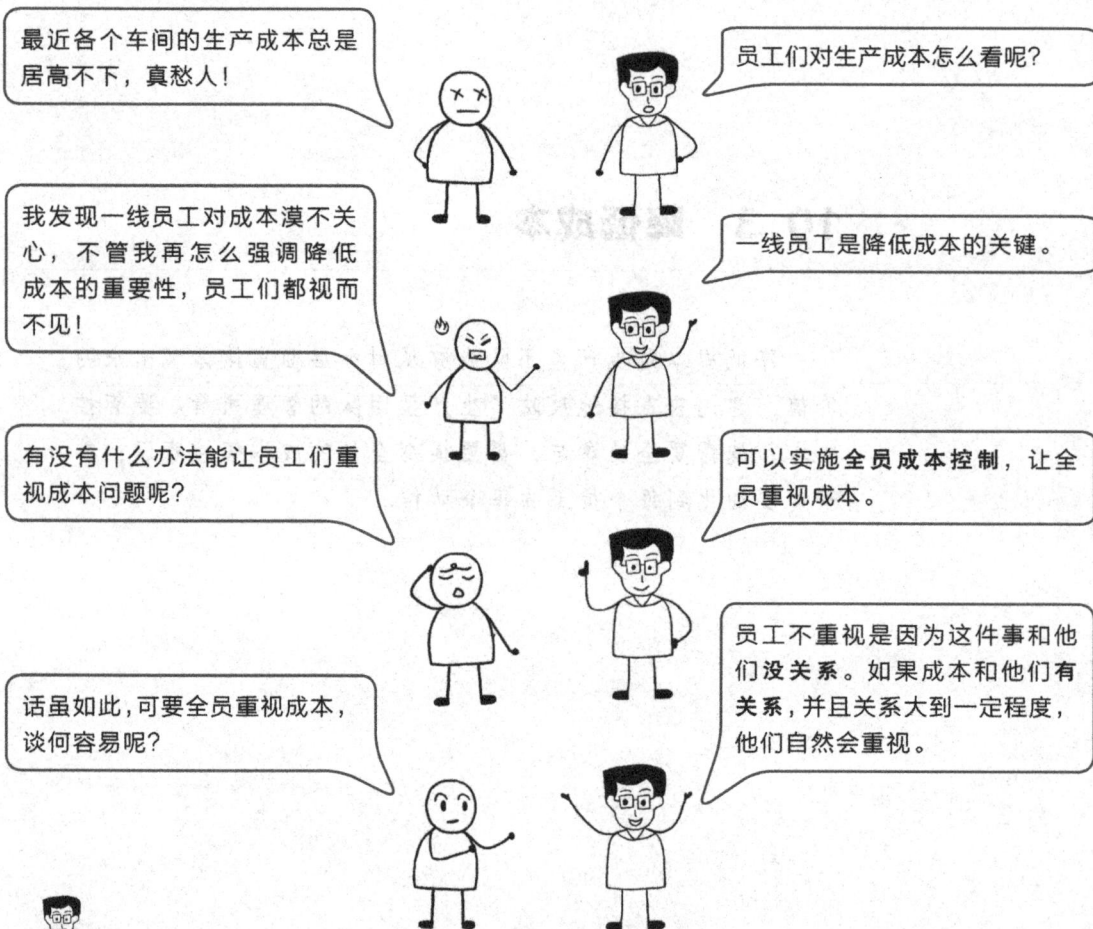

最近各个车间的生产成本总是居高不下，真愁人！

员工们对生产成本怎么看呢？

我发现一线员工对成本漠不关心，不管我再怎么强调降低成本的重要性，员工们都视而不见！

一线员工是降低成本的关键。

有没有什么办法能让员工们重视成本问题呢？

可以实施**全员成本控制**，让全员重视成本。

话虽如此，可要全员重视成本，谈何容易呢？

员工不重视是因为这件事和他们**没关系**。如果成本和他们有**关系**，并且关系大到一定程度，他们自然会重视。

问题拆解

要有效降低生产成本，最佳的方式是让生产团队中的所有人都重视成本问题。如果大家都不重视，只有管理者干着急，那就起不到好的效果。人们会重视和自己利益相关的事，利益相关性越大，人们越重视。

工具介绍

全员成本控制

全员成本控制是指通过建立成本和全员的相关性，让全员都主动自发地参与到成本控制中来。

要提高全员控制生产成本的意识，可以在3种机制上做出努力：利益机制、约束机制和监督机制。

持续运行这3种机制，能够让团队中每一个人都意识到生产成本和自己息息相关，从而实现全员生产成本的管控。

全员成本控制的三大机制

1. 利益机制
这种机制就是将生产成本与员工薪酬挂钩，产品利润越高，员工薪酬就越高。也可以设置成本管控专项奖励，在成本降低到一定程度之后，给员工发放成本管控的专项奖金。

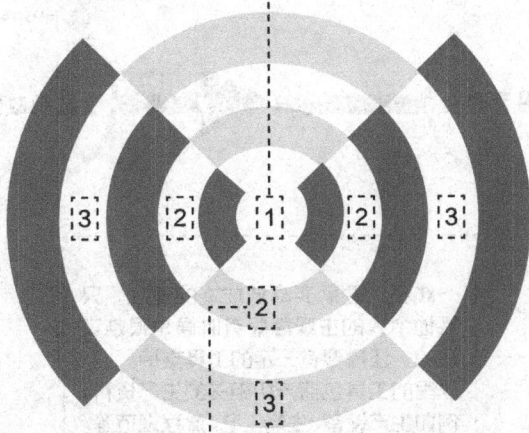

2. 约束机制
这种机制就是制定生产成本控制相关的制度、流程等标准化规范。除了这种制度层面的顶层要求之外，还可以通过营造管控成本的文化氛围来完成行为约束。

3. 监督机制
这种机制就是团队管理者要定期监督员工在成本管控方面做得怎么样。做得好的，可以实施正激励；做得不好的，可以实施负激励。

全员成本控制的三大环境

组织文化是最重要的环境因素。要让全员具备成本意识，就需要组织文化中体现出这种理念。组织的最高管理者对组织文化有深刻的影响，所以团队管理者在节省成本上要以身作则，不能说一套做一套。

这里的政策不仅包括与薪酬相关的惩罚性政策，还包括激励性政策，例如员工降低成本后的正激励。激励性政策中应当鼓励创新。因为在一定的生产工艺之下，生产成本不可能无限制降低，这时候就需要有一定的创新，让全员从更多维度思考降低成本的方法。

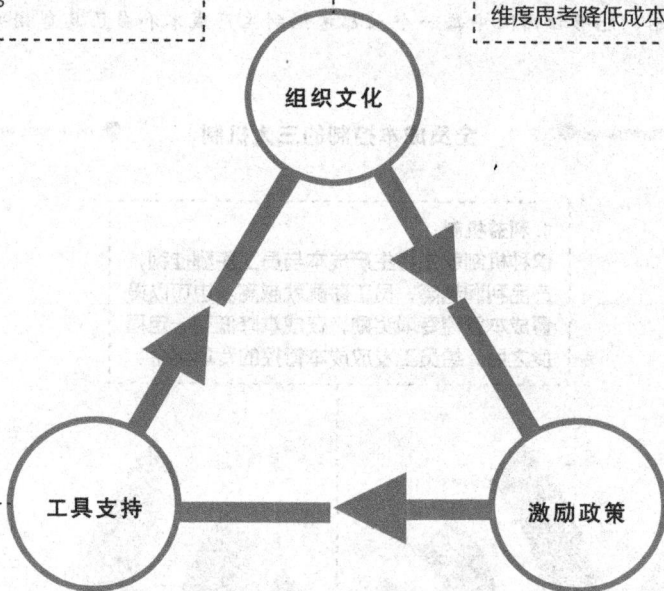

组织文化

工具支持

激励政策

一线员工要落实降低成本的理念，只靠他个人的主观意愿有时候是很难实现的，还需要有一定的工具支持。
这里的工具包括一切相关的生产资料，例如生产设备、生产工艺、流程规范等。

🧑 **小贴士**

要让全员参与到成本控制中来，除了建立全员和成本控制之间的相关性以外，环境同样起着非常重要的作用。环境就像土壤、水和空气一样，决定着管控成本这颗理念的种子能否在人们心中扎根、发芽、开花、结果。

10.3.2　你的意见对我非常重要

如何让全员参与到生产改进工作中

我觉得一线员工最了解生产经营过程中的浪费。要是能让他们表达出来就好了。

当员工从意识上重视成本之后，最好能建立一种渠道，让员工有机会参与到降低成本的管理中去，这样能使他们主动提出降低成本的方法。

具体要怎么做呢？

可以通过**合理化建议**的方式来鼓励员工广泛提建议。

合理化建议这种方式我之前也使用过一段时间，不过后来发现很多员工把这种形式当成了"吐槽"的渠道。

可能因为员工表达个人意见的渠道比较少，所以他们就把合理化建议当成了抒发自己不满的渠道了。

那要怎么办呢？

可以在设置合理化建议的同时增加**员工投诉渠道**。

问题拆解

有的团队没有设置投诉渠道，员工有苦不能言；有的团队没有设置合理化建议渠道，员工有好的想法不知道找谁说。员工合理化建议和员工投诉是两种不同的工具，有不同的功能，团队管理者应当区分应用，并鼓励员工把心里的想法说出来。

工具介绍

员工合理化建议

员工合理化建议不仅是加强公司和员工之间沟通的方式，同时也是公司充分调动员工积极性、发挥员工集体智慧、群策群力、改善公司的技术水平、完善公司的经营管理的有效举措。

员工合理化建议的上报渠道不应过于单一，可以设置得宽泛一些，例如内网系统、外网邮箱、公开信箱等，以最大化方便一线员工为原则。

为避免员工合理化建议效用走偏或者内容天马行空、行文各异，可以给合理化建议设置固定格式。格式中可以包括现状分析、改进措施以及预期结果，内容要包含一定的可行性分析和经济性分析，要做到有理有据。

员工合理化建议申报模板

建议人		职位		所在部门		提案日期	
建议内容/领域							
建议类别请打（√）	销售提高		技术改进		风险管控		
	成本降低		制度改进		其他		
现状分析							
改进措施及行动方案							
预期结果							
相关人意见							

预期结果中应包含一定的可行性分析或经济性分析。

改进措施和方案要可落地、可实施，不能天马行空、随意想象。

现状分析应有理有据，以事实或数据作为基础，不能凭感觉随意分析。

合理化建议不是员工投诉，反映的问题应当与生产经营相关。

员工合理化建议实施流程

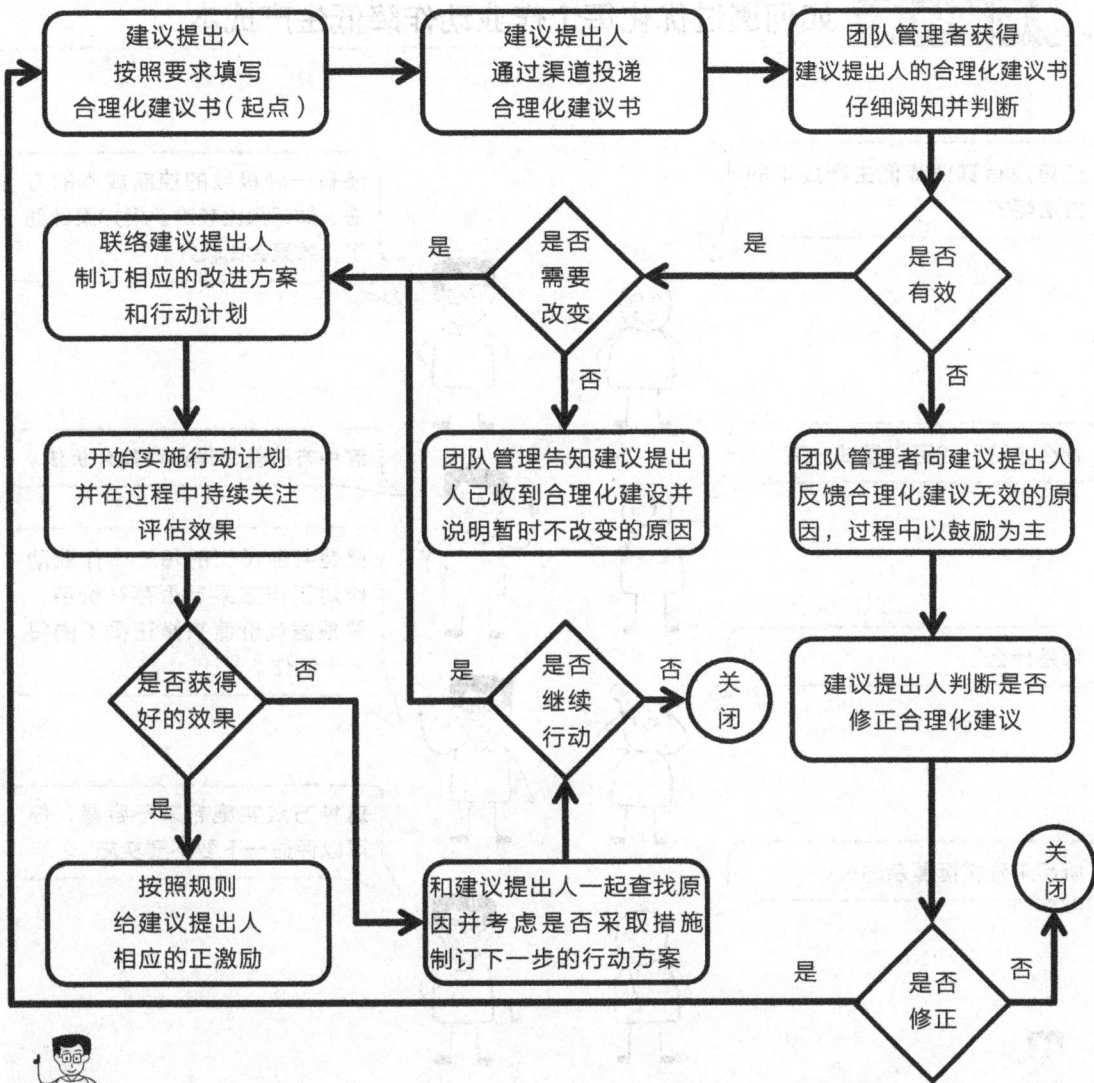

```
建议提出人
按照要求填写        →    建议提出人          →    团队管理者获得
合理化建议书（起点）       通过渠道投递              建议提出人的合理化建议书
                        合理化建议书              仔细阅知并判断
```

```
联络建议提出人      ←是    是否          是    是否
制订相应的改进方案         需要                 有效
和行动计划               改变

                        否                  否

开始实施行动计划          团队管理告知建议提出      团队管理者向建议提出人
并在过程中持续关注         人已收到合理化建设并      反馈合理化建议无效的原
评估效果                 说明暂时不改变的原因      因，过程中以鼓励为主

是否获得    否                                建议提出人判断是否
好的效果         是    是否      否   关闭        修正合理化建议
                     继续
          是          行动

按照规则          和建议提出人一起查找原                           关闭
给建议提出人       因并考虑是否采取措施
相应的正激励       制订下一步的行动方案        是          是否       否
                                                    修正
```

小贴士

因为一线员工可能掌握的信息量有限、思维格局有限，所以团队管理者在收到一线员工合理化建议的时候应抱有开放、宽容的心态。但也不能让一线员工随意提报合理化建议，至少不能只提问题、不说方案。想要鼓励一线员工多提合理化建议，就需要给予相应的正激励。

10.3.3　每个动作都意味着成本

🔒 **问题场景**　如何通过优化每个作业动作降低生产成本

还有没有其他降低生产成本的方法呢？

还有一种极致的控制成本的方法，做起来比较难。但如果做到了，效果会比较好。

什么方法？我可以尝试一下。

这种方法就是**作业动作分析法**。

就是判断员工的每一个作业动作对工作结果是否存在价值，并根据其价值来修正员工的每一个动作。

那是什么？

听起来确实挺复杂的……

这种方法实施起来不容易，你可以评估一下要不要实施。

问题拆解

虽然员工每天按时出勤，但员工生产作业过程中的每一个动作并非都是有价值的。在员工的生产作业环节存在着大量"看不见的成本"，这些成本来源于员工作业过程中的每一个行为。如果能持续减少员工作业过程中的无价值或有副作用的作业动作，就能够提高生产效率、降低成本。

工具介绍

作业动作分析法

作业动作分析法是可以显著提高生产效率，降低成本的一种方法。通过观察，管理者可以发现并分析员工作业的每一个动作背后哪些是能产生价值的，哪些是无价值、甚至产生副作用的，然后对员工的作业动作持续修正，让员工在未来的工作中保持正确的动作，减少错误的动作，从而规范作业流程。

员工的作业动作可以分成有价值的动作、无价值的动作和有副作用的动作3种。

要实施作业动作分析法，就需要设置观察员来观察、记录、分析员工的每一个作业动作。

作业动作分析法观察表

有价值的动作代表这个动作能够对工作结果起到正面作用。	无价值的工作代表这个动作不能对工作结果起到正面作用，但也不会起到负面作用。	有副作用的动作代表这个动作会对工作结果起到负面作用。	观察人可以由管理者担任，也可以由有经验的员工担任。

部门	岗位	姓名	有价值的动作	无价值的动作	有副作用的动作	观察员	观察时间

某生产团队运用作业动作分析法结果举例

动作名称	动作分类	动作定义
拿取	A	手或身体某个部位充分控制某物体
移动	A	手或身体某个部位让物体移动
装配	A	将不同的零件组合成一个物体
拆卸	A	将某个物体分离
检查	A	比较物体的数量或质量
寻找	B	找寻某个物体
选择	B	在多个物体之间挑选
发现	B	找到某类物体
休息	C	缓解疲劳的状态
延迟	C	主动或被动的延缓

动作分类定义	
A	能够有效推进工作的动作
B	不能推进工作的动作
C	造成工作延误的动作

● **作业动作分析法实施的 4 个步骤** ●

分析的对象可以是已经出现的问题，例如某班组生产效率比较低，也可以是没有标准工作程序的岗位。分析的时候要客观，应当运用数据进行分析。注意要先查找其他原因，当发现主要问题出在作业环节后，再实施作业动作分析法。

在实施作业动作的观察分析之后，观察员能够对动作进行分类，归纳正确的作业动作和一些典型错误的作业动作。要改变员工当前的作业行为，就需要制订相应的改进方案，并确保员工在未来一段时间按照正确的作业动作实施作业。

现状分析

拟定方案

业债

形成标准

效果确认

当关于作业行为的分析和结论被判定为有效后，把正确的作业动作固定化、标准化，形成标准工作程序，并在整个团队同类岗位中进行推广。再按照 PDCA 的原则，在未来工作中持续关注，如果有问题可再次实施作业动作分析法。

在改进方案实施的过程中，持续观察员工的作业行为，并评估改进方案和关于作业行为的分析和结论是否有效。
评估方式可以是查看实施之后的生产效率、生产成本、产品质量等指标与实施之前的差异。

小贴士

作业动作分析法的管理成本比较高，而且对观察员（管理者）的分析能力和管理能力要求也比较高。不过这种方法的好处是一旦对一个岗位的作业动作进行了全面分析，后续的管理成本就会降低，对岗位日常作业的管理也会更有依据。团队管理者应视情况决定是否实施该方法。